谢子长

◎张锋 著

中共党史出版社

图书在版编目(CIP)数据

谢子长/张锋著.—北京:中共党史出版社,2015.1
ISBN 978-7-5098-2693-5

Ⅰ.①谢… Ⅱ.①张… Ⅲ.①谢子长(1897～1935)—生平事迹
Ⅳ.①K827=6

中国版本图书馆 CIP 数据核字(2014)第 115465 号

出版发行:中共党史出版社
责任编辑:黄　艳
复　　审:李亚平
终　　审:汪晓军
责任校对:龚秀华
责任印制:谷智宇
责任监制:贺冬英
社　　址:北京市海淀区芙蓉里南街6号院1号楼
邮　　编:100080
网　　址:www.dscbs.com
经　　销:新华书店
印　　刷:北京汇林印务有限公司
开　　本:170mm×240mm　1/16
字　　数:240 千字
印　　张:17.25　21 面前插
印　　数:1—3000 册
版　　次:2015 年 1 月第 1 版
印　　次:2015 年 1 月第 1 次印刷

ISBN 978-7-5098-2693-5
定　　价:35.00 元

谢子长烈士肖像
（1933 年摄于北平）

谢子长家乡子长县李家岔乡枣树坪村

瓦窑堡子长烈士纪念馆

序

曲子贞

谢子长同志的事迹，我在延安那时候，就听说过一些了；解放后，也听到过一些，但都是零零散散的，像这本传记这么全面、系统地介绍的，我还是第一次见到。

这是一本值得一读的好书。因为它写得真实。

要写传记，就必须详细地占有材料，因为“研究必须搜集丰富的材料，分析它的不同的发展形态，并探寻出这各种形态的内部联系。不先完成这种工作，便不能对于现实的运动，有适当的说明”。[①]一般研究工作是这样，写传记也应该是这样，真实是传记的生命！

为完成这本小册子，据我所知，从搜集资料到动笔、脱稿，前后共经历了8个年头（1978—1985），其中搜集资料花的工夫最大，直到脱稿了，誊写清楚了，他还在注意材料的搜集、订正工作。

为写这本书，张锋同志那些年利用了他全部的业余时间，新正大月，家里人还在帮他誊稿子哪！为这本书，他曾三去陕北，实地进行采访（他曾任过甘肃人民广播电台的记者和中共庆阳地委的报道组长、宣传部副部长），多次到过谢子长同志战斗过的南梁、林镇、太白、西坡、湫头、山河、三嘉等子午岭山

① 马克思：《资本论》第1卷，第2版《跋》。

区；另外，他也曾利用工作之便，去过太原、兰州、西安、北京，访问过子长同志的夫人尤祥斋、儿子谢绍明、侄子谢绍宣，子长同志的入党介绍人白超然，以及熟悉子长同志的王世泰同志等数十人，另外还有子长同志闹革命那些地方的许许多多的群众。

此外，张锋同志还参考了一些有关的书籍、党史资料和熟悉子长同志的一些老同志的回忆文章；查阅了当时敌我有关子长同志革命活动的报刊资料，比如安定县基层农民协会的组织情况，就是从1927年在西安出版的《陕西民国日报》4月15日第4版上查阅到的。有些材料是以"抢救"的精神得到的，比如子长同志的入党问题，当白超然同志谈过以后，不到一周时间，他就去世了。

19世纪法国的伟大作家巴尔扎克有句名言："获得全世界闻名的不朽的成功的秘密在于真实。"作为一个中年作者，要写老一辈的革命家，不在资料上下苦功夫，只凭热情和文笔，是万万使不得的。张锋同志很懂得这条道理。实事求是是我们党的传统，张锋同志就是努力地遵循和牢牢地掌握着这个优良的传统从事这本书的写作的。

在大量的资料面前，作者的态度是严谨的。因为科学的态度是掺不得一点假的。有时为一件事，他不怕三番四复地去查对、印证，比如对子长同志在学兵团的时间，他一直在太原查到了"山西陆军学兵团第二期同学录"，才把时间最后确定为"1921年入、1923年毕业"的。他的这种认真的态度，直到他已经把原稿誊清，准备付印了，只要发现还有些不切实的地方，他仍是认真地予以改正的。比如子长同志在北京相谈得十分投机的朋友里，有位叫耿炳光的，原稿是"很快就和在北京求学的耿炳光（关中人，北大学生，当时任北京市委委员）……"后来根据新资料，在誊写得清洁、秀气的原稿上，改为"很快就和在北京求学的陕西籍共产党人耿炳光（关中人，北大学生，中共早期党员，当时任中共北方区委团的负责人）”。就是在带有文学色彩的段落里，同作者谈起来，他也是各有所本的。

在提到怎样对历史人物作出历史的、全面的、具体的分析的时候，列宁当年曾说过这样一段话：“要真正地认识事物，就必须把握、研究它的一切方面、一切联系和‘中介’。我们决不会完全地做到这一点，但是，全面性的要求可以使我们防止错误和防止僵化。”[①]张锋同志是严格地遵循这一条来搜集资料和从事写作这本传记的。他紧紧地扣住了子长同志当时所处的社会环境和子长同志在这个环境里的具体活动，规规矩矩，一步一个脚印地按着子长的历史写下去的。使我们既看到了当时的历史情况，看到了敌、我和人民群众的情况，也看到了子长同志在这个环境里成长成熟的过程。从行文里，你可以感到作者的那支谨慎、有力的笔，是怎样理清、理顺了当时错综复杂的社会关系，又可以看清在这些复杂的关系里，时势又是怎样地创造出了这位英雄人物，而当这位英雄人物一出现，他又是怎样推动着历史的发展的。

“一个人的发展取决于和他直接或间接进行交往的其他一切人的发展。单个人的历史决不能脱离他以前的或同时代的个人的历史，而是由这些历史决定的。”《德意志意识形态》里说的这些话，今天看还是很对的。要研究和叙述谢子长的历史，就必须研究当时和谢子长有关系的一些人。我没有对这本小册子里出现的人物作过详细的统计，仅就“附录”上看，谢子长同志一家为革命牺牲的烈士就有8人，《陕甘著名革命英烈小传》中的30多位烈士，几乎都直接间

---

① 《列宁选集》第4卷，第453页。

接地与子长发生过关系。我觉得敌我双方与子长活动有关的重要人物，几乎全出场了。仅就本书的第五章第二十八节《从靖远兵暴到西华池起义》看，就出现过王儒林、孙作宾、邓宝珊、王子庄等47人，对一些重要人物的来龙去脉，作者还都为他们专门作了介绍，我觉得这本小册子可以作为研究中国革命史特别是陕甘宁初期革命史的一份重要的参考材料。我想也不过分。

在这本书里，你看不着什么花里胡哨的辞藻，也发现不了让作者去代替历史人物思想的痕迹。张锋同志时时注意归还历史的本来面目，让历史上的事实说话，按子长同志的历史老老实实地介绍子长同志的一生，顺畅、自然。他虽然不像一般的文学作品，但你只要耐心地读下去，却是越嚼越有味。其实有些章节里，文学味也是很浓的，如“谢子长太白遇险”、“风雪子午岭”……就是这些，他也是依据当时采访到的资料，在不失历史面貌的前提下加工写成的。

张锋同志在使用材料上，对那些不确切、不“保险”的，是该删的就删，该粗的就粗，但对一些关键问题，关键时刻，却是该增的就增，该细的就细。比如他写到魏野畴二次回到榆林中学任教时，原稿曾有“创办了《塞声》杂志”，后来因为“有些含糊”，便把它删掉了。在第二部第二十八章里，提到杜衡的讲话时，引用的就相当多了，这是因为从这份讲话里，你不仅可以感到杜衡那股子装腔作势，借以吓人的架势，“左”的嘴脸，也可以感到谢子长的正确以及他工作的艰巨性。作者是不去平均使用力量的。

这本小册子里的“附录”，对研究中国革命史，特别是陕甘宁革命史和进一步研究谢子长同志，是很有参考价值的。

这确是一本好书。老同志们看了，可以帮助你回忆当年艰苦奋斗的岁月；

青年朋友看了,可以帮助你了解老一辈的过去,了解他们是怎样走过来的。因为“忘记了过去,就意味着背叛”。

1988年9月8日

再版序言

马文瑞

为纪念谢子长同志诞辰110周年，由张锋同志撰写的《谢子长》一书，即将再版发行，深感欣慰。

谢子长同志是西北红军和革命根据地的主要创始人之一，是中国共产党一位杰出的军事指挥员和无产阶级革命家，是西北人民热爱的革命领袖，在西北人民群众中享有崇高的威望。早在1927年大革命失败后，同年10月，在中共陕西省委的领导下，他与唐澍、白明善、李象九等同志在陕北组织发动了著名的清涧武装起义，在西北地区向国民党反动派打响了第一枪，从此揭开了西北地区革命武装斗争的序幕。1928年春夏之交，在陕西省委的领导下，他与刘志丹、唐澍等同志领导发动了渭华起义。起义失败后，他与志丹等同志在以后的岁月中，出生入死，并肩战斗，为创建西北革命根据地和红军建立了不朽的功勋。正如中共中央党史研究室在党的十六大召开前夕编著的、由中共党史出版社出版的《中国共产党历史》在论述党中央、中央红军经过长征到达陕北时的情况写道：

“11月7日，中共中央机关到达陕甘根据地中心瓦窑堡。

陕甘根据地是谢子长①、刘志丹等领导红二十六军和红二十七军经过多年艰苦战斗创建的。”

---

① 谢子长（1897—1935），于1934年夏在第一次反“围剿”中负重伤，1935年2月逝世。

谢子长同志曾任西北工农革命军游击队副总指挥、西北抗日反帝同盟军总指挥、中国工农红军陕甘游击队总指挥、中共中央北方局派驻西北军事特派员兼陕北游击队总指挥、红四十二师(红二十六军)政委和西北军事委员会主席等职。不幸的是,他在指挥红军粉碎国民党对陕北根据地第一次反"围剿"战斗中负伤,于1935年2月21日牺牲,终年38岁。

谢子长同志短暂的一生,在中国革命史上写下了光辉的一页。他的革命事迹至今仍在陕、甘、宁一带人民群众中广为流传。他同刘志丹同志的高大形象,将永远耸立在西北人民的心中。

党中央和毛泽东同志对谢子长同志给予高度的评价。毛泽东主席曾先后三次挥笔题词,称赞谢子长同志是"民族英雄"、"虽死犹生"、"谢子长同志千古　前仆后继打倒人民公敌蒋介石",并亲自为他撰写了碑文。为了褒扬子长烈士的英雄业绩,1935年,中共中央西北工作委员会决定将子长同志的家乡安定县改为子长县(瓦窑堡)。1946年中共中央西北局、陕甘宁边区政府在子长县修建了子长陵园,中共中央和中央军委领导毛泽东、刘少奇、朱德、周恩来、任弼时、陈云、彭德怀、刘伯承、贺龙、彭真、林伯渠等为子长陵题词立碑。中共中央西北局的题词是"一生为人民创造红地,百姓到如今叫你青天"。遗憾的是在解放战争中,国民党反动派占领子长县时,将子长陵园全部捣毁,领导人题词石碑全部被打碎修碉堡。建国后,党和政府重新修建了子长陵园,随后几经维修,邓小平同志题写了"子长陵"匾额,陈云、彭真、薄一波、聂荣臻、徐向前、刘澜涛、萧劲光、习仲勋、李鹏、杨尚昆、程子华、马文瑞、方毅、邹家华等同志题词立碑以示纪念。

谢子长同志热爱真理,一生都在执着地追求真理。他有着坚定不移的革命意志和百折不回的革命精神。他胸怀坦荡,无私无畏,忠于革命,忠于党,忠于人民。

我与子长直接交往过两次：第一次是1929年春在中共陕北特委第一次全委扩大会上；第二次是1931年秋我担任中共安定县（今子长县）县委书记时。这两次见面，虽然每次相聚只有两三天时间，但他给我留下了深刻的印象。他穿着朴素，平易近人，眼睛炯炯有神，言谈举止透出一股对革命事业火一样的热情。他善于阐述自己的见解，令人心悦诚服。第二次见面，一连几天几夜，我们都在那孔土窑洞里交谈。从兵运工作谈到地方工作，从革命事业的发展谈到辉煌壮丽的未来。他热情奔放，生气勃勃，对革命事业充满了必胜的信念。这次交谈使我对子长有了更深的了解，他对党的革命事业艰苦奋斗的奉献精神深深地感动了我。他的坚定乐观的革命精神和密切联系群众的工作作风对我影响很大，他在创建红军和根据地艰苦卓绝的革命实践斗争中，培养了一大批同劳苦大众血肉相连的群众领袖和党的骨干，形成了艰苦朴素和密切联系群众的作风和传统，成为党立于不败之地的最大的政治优势。在以后的岁月里，我们虽然再没有机会见面，但间接的联系一直保持着。

将子长烈士短暂战斗的一生写成书，以告慰英灵，教育后人，这是我多年来的愿望。张锋同志花了8年的时间，在深入调查研究的基础上撰写的这部《谢子长》，于10年前出版。看过的老同志都觉得史料翔实，文笔流畅，真实地再现了子长短暂而光辉的一生，是一本值得一读的好书。这次再版时，作者又作了修订补充，更显得充实了。

我在这里向大家推荐，希望广大读者能认真一读，了解子长战斗的一生并汲取精神营养。

2003年11月3日

目录 CONTENTS

第一章 青少年时代
(1897—1923)

一、小康人家的宝贝儿

清清的秀延河，在陕北重镇延安府以北200余里的群山中，由无数涓涓细流汇集而成后，缓缓地向东流去。它在安定旧县城（今子长县安定镇）西北20里的地方转了一个弯，又向南流去。在这里，常年冲积，形成一个坪。坪上长满了枣树，人们便叫它枣树坪。

公元1897年元月19日，即光绪二十三年，农历十二月十七日，中国共产党的优秀党员、陕甘红军和陕甘革命根据地的创始人之一——谢子长同志就出生在这里。

子长的家在爷爷手里的时候，过活不好，日子清贫，吃了上顿没下顿。家里的地很少，爷爷常常出去给人揽工。到子长父亲手里时，日子才渐渐好起来。

子长的父亲名叫谢彪鹏，自小跟着父亲务农，但他聪明好学，碰上识字人，总要缠住教他认两个字。在陕北这个偏僻的穷山沟里，识字人很少，认两个字可真是艰难。每年待到秋庄稼打碾后，他都要跑几里山路去向人求教。几年工夫，谢彪鹏就识了不少的字，并且练就了一手好字。这个庄稼汉，由于自己的刻苦努力，竟成了山沟里的“先生”。加上他心地善良，为人正直，办事公道，又没有读书人的架子，附近村里谁家有个红白喜事或家庭纠葛，都请他去主个事或说个公道。因此，很受人敬重。

这位农民出身的“先生”，仍然耕种着祖传的薄地。老伴也是个勤俭持家的农家妇女。日子虽不宽裕，却还过得去。后来，家口大了，儿女们也长大成人了。谢彪鹏便决计利用家住在安定通往横山、靖边大路边的条件，开个柴草客店，既解决家里生计问题，又便利过往行人投宿。在谢彪鹏父亲手里的时候，就曾开过柴草店。这次客店开业后，人们听说德高望重的“谢先生”开的客店待人诚恳、平等，没钱人和有钱人的对待一个样：有钱了交，没钱了打个招呼，下次来同样欢迎，都愿意到这里来投宿。有些可住可不住的也住下来，晚上好和谢先生拉拉家常，听他讲讲古今趣闻。这样，客来客往，虽说在这小山沟里，生意还比较兴旺。

这时候，彪鹏已有了两个儿子，四个女儿。大儿子德惠和父亲一个样，聪明好学，彪鹏就让他念了几年书，回来帮他开店理家。二儿子占元，忠厚老实，就在家种地务农。既开店，又务农，渐渐地，日子就过得好起来了，还算是个小康之家。

子长排行老七，是个老生儿。彪鹏老两口晚年添子，按照旧的说法，算是福中加喜，老两口高兴得合不拢嘴。哥哥姐姐们也都喜欢这个小弟弟。父亲先给他起名世元，以后又给他改名德元。他简直是家里的宝贝蛋，一家人都很疼爱他，给他吃好的，穿好的。但他对这些全不在乎，生活上很不讲究，经常吊鼻涕，倒趿着鞋，喜欢和穷人家的孩子在土里玩。穿新衣服还觉着受束缚，不自由。父亲看他这样子，既疼爱他，又常常责备他。

子长在吃喝穿戴这类生活细节上一点不讲究，小小年纪却很懂道理，父亲很喜欢他，经常给他教字。后来还特地请了个姓刘的教书先生，到家来教过他一段。到子长年纪稍稍大一点，就主动帮着哥哥姐姐到地里干活。到14岁时，子长开始在本村上冬学。

子长从小就受到家庭的良好教育。父亲的善良正直，母亲的贤惠勤劳，耳濡目染，从小就给他打上了深深的家庭烙印。从他开始懂事起，父亲就一边教他识字，一边给他讲授孔孟之道等儒家道德。比如人要以“修身为本”，要“重义轻利”；只有“格物、正心、修身”，才能“齐家、治国、平天下”；要修身就必须“见贤思齐”，“见不贤而内自省”；要“吾日三省吾身”，要“慎独”，要“去私心，行公义”，要“舍生取义”，“穷则独善其身，达则兼济天下”。这些儒家传统文化，通过父亲的言传身教，给幼年的子长打下了深厚的思想基础。一次，家里宰杀了一只羊，一下没吃完，羊肉味道不太好了，觉得扔掉了又太可惜，就说送给住店的脚夫吃去。子长听到这话，忙说：“孔子说‘己所不欲，勿施于人。’我们不能吃，怎能送给别人吃呢！”父亲听到这话，高兴地说：“德元说得对！‘己所不欲，勿施于人’。对圣人的话我们就是要‘笃行之’。”

这时候的子长，看到了社会上的种种不平，他觉得穷人受欺压，是因为没本事，如果练就一身硬功夫，不会受欺负，还能抱打不平。因此，他一心想学一套真功夫。起初，他经常缠住常来他家住店的一位姓朱的脚夫求教，后来又拜北区立一川路家坪的魏敬德为师，还把魏师傅请到枣树坪来传武习教。这魏敬德从小习武，游过少林寺，上过五台山，受过高师指点，在陕北武林中还算是一条好汉。加上他为人正派，性情豪爽，见多识广，嫉恶如仇，颇具盛名。子长跟上他，一边学拳习武，一边也学到了做人的道理。比如说，为人要公道正派，堂堂正正，敢作敢为，路见不平，拔刀相助；要“立志”、“立身”、“立言”、“立德”，“养吾浩然之气”；要“富贵不能淫，贫贱不能移，威武不能屈”，这些中华民族做人的传统美德在少年子长的心中也打下了烙印。

谢子长的父亲谢彪鹏，1927年病逝，终年70余岁。母亲贺氏，清涧县黄河畔崖头村人，1926年病逝，终年70岁。

子长出生后，母亲在月子里就瘫痪了。子长从小缺奶，由三姐嚼米浆喂养，拉扯他长大。姐弟俩有特殊的感情，真可以称为“姐娘”。他的这位三姐，和母亲一样，都是性情和善、勤劳俭朴的农村妇女，后出嫁到安定县城。她出嫁的时候，子长也不愿离开，只好把他和三姐一起用花轿抬到姐夫家里。子长到安定城内上学时，就住在三姐家里。

后来，子长参加革命，三姐对他也很支持，从安定城内给他传送过很多情报。

二、“这个学生长大不得了！”

陕北这地方，偏僻贫穷落后，孩子上学都比较迟。1914年，子长16岁，才进到县城“文笔书院”读书。

子长虽说16岁了，个头长得却不高，背还稍有点“拥肩子”样，穿着也很不讲究。平常，生活琐事他很少言谈，整天埋头书本，学习十分刻苦，成绩一直名列前茅。特别是他的作文，有独到见解，文笔流畅，很受老师赏识，常常作为“范文”在全校传阅。但是，这些却引起了一些富家子弟的嫉妒，还以为他仅是个软弱可欺的书生，就找事欺负他。每遇这种情况，子长完全变成了另一个样子：他高高颧骨上面神采炯炯的两只大眼睛射出愤怒的光芒，平常紧闭的口，顿时变成了唇枪舌剑，驳得那些色厉内荏的草包张口结舌；若动起拳头，由于从小习武，他瘦小的身体这时也变得十分机灵敏捷，那些花花公子根本不是他的对手。加之他生性豪爽，见义勇为，正直善良，乐于助人，功课学得又好，老师、同学都很喜欢他。这样，他在同学中就很有威望了，那些平常受欺负的穷学生都自觉地团结在他的周围。慢慢地，他就成了“娃娃王”。就连那些富家子弟也只好乖乖地按他的“号令”行事。

一次，老师外出不在，子长就指挥同学在教室里演起了“包公审贪官”：

他们把课桌摆成县府大堂的样子，用墨把脸涂得黑黑的子长，扮演包公坐在大堂正中。学生中有的扮王朝，有的演马汉，有的扮衙役，押着一个平常好仗他父亲在县衙当执事的权势欺负同学的富家子弟跪在堂前。其他胆小怕事的都围在两旁看热闹。起初，他们还按照戏文中的审词一问一答。后来坐在“大堂”上的“包公”突然把墨盒当作惊堂木往讲桌上猛地一拍，大声喝道：

“胆大奴才！你为何倚仗你父亲的权势欺压同学，且给我从实招来！”

堂上一呼，堂下两旁的“武将”、“文官”看到出气的时候到了，也都齐声喊道：

“狗奴才，你不招，就打你的屁股！”

跪在堂下的那个“贪官”，起初就不愿演这个不光彩角色，但不敢违抗子长的安排（当时，学生们都不愿扮“贪官”，子长最后决定“谁爸是‘贪官’谁就演‘贪官’”），只好硬着头皮跪在地上答话。现在看假的演成了真的。吓得趴在地上直叫喊：

“你们欺负人！你们欺负人！我要告老师！我要告老师！……”

“胆大奴才，你不从实招来，还胡言狡辩！王朝、马汉！且打他三戒尺再说！”

这个“贪官”一听还真的要打屁股，吓得大喊了起来。

这时候，教室门打开了，一位先生走了进来。霎时，教室里变得鸦雀无声。有些学生干脆钻到桌子底下躲起来。受了委屈的这位“贪官”，哭着向老师告状说：

“他们说我是狗官，要打我的屁股！”他边说边擦泪，原先用白粉笔末、墨汁、红墨水画的小花脸这时变成了一道白、一道黑、一道红。惹得先生又好气，又好笑。

先生看着满教室的桌凳被摆得乱七八糟，学生的脸上一个个画得五颜六色。为了维护他的师长尊严和教学秩序，责令参与其事的站成一行，伸出手来，每人挨三戒尺。

一听说打戒尺，学生都怕得你瞅我，我瞅你，有的直吐舌头。

这时，满脸墨黑的子长站出来向老师行了个鞠躬礼，态度诚恳地说：

“老师，这都是我领着他们干的，要打，就打我一个人好了！”

那位受了委屈的“贪官”同学这时也凑上说：“对！我们都不干，他硬要我们干！”

老师看满脸墨黑的子长挺身而出替同学挨打，心里不禁一动：平常他只知道这个学生学习好、品行好，不了解他还有这股精神，于是就决计试一试，看这个“英雄”到底是真是假！就让其他学生站着看子长挨打。他用戒尺狠狠地打了子长的手，又使劲打他的屁股。子长一声也没吭，动也没动一下。打罢，这位先生感慨地说：“这个学生长大不得了！”

这件事发生后，子长在同学中的威信更高了。

子长同志由于受父亲的影响和良好的家庭教育，从小就同情穷人，不满压迫，富有反抗斗争精神。他的这种可贵的品质和精神，在学生时代就表现了出来。

三、状告县长

1918年秋，谢子长考入西安省立第一中学学习。

从陕北农村，来到省城西安，使子长的眼界大开。当时的中国，正处于五四运动的前夜，以陈独秀创办的《新青年》为标志的新文化运动在神州大地勃然兴起。拥护"德先生"和"赛先生"（即民主和科学）的口号也响彻在西安这座历史古城的上空。追求民主，追求真理的思想解放潮流打开了子长的心扉，使他接受了深刻的思想洗礼。他开始把个人的命运和国家、民族的命运联系起来，思谋怎么能为国效劳，为老百姓谋利。

这时，子长的家乡安定县还被封建正统思想牢牢地禁锢着。爱国进步人士郭海宽听到袁世凯称帝的事，便跑到石宫寺庙会上，跪在观音菩萨像前，诉说袁世凯倒行逆施的罪行，祈求神佛显灵惩办袁世凯。这件事，被县长章尚武知道了，以"反袁即反己"为由，把郭海宽关进了县大牢。现在袁世凯都倒台几年了，这名反袁人士还被关在大牢里。这年寒假，子长从西安回到安定，被新文化运动的清风吹醒了头脑的他，听到这事，更加感到了陕北封建官僚统治的"严寒"、"冰冷"。

在家住了没几天，他就听到了县长章尚武许多贪赃枉法的事实：把自己的哥哥委任为县府的粮草官，将粮草摊派给百姓，无价收入，高价支出，中饱私囊。老百姓交不起，就随意关进县大牢打得死去活来……受苦受压的老百姓，只能把苦水往肚里咽，天下乌鸦一般黑，到哪里去喊屈伸冤呢！听着这一桩桩血与泪的控诉，子长的肺都要气炸了，他花了几天时间，把这些罪状核实整理出来，决计上榆林府去控告县长章尚武。

陕北的冬天，滴水成冰。两天两夜的大雪，把山山峁峁，沟沟岔岔，盖了个严严实实，白茫茫一片，路都看不清。西北风一刮，人踩出的路，又变成了冰溜子。子长就是这样一步一滑，整整走了6天，才赶到了300公里外的榆林府。

这时候，已过了腊月二十三，人们祭了灶神，杀猪宰羊，都准备过年的事。子长费了好大的事，才把状子递到知府衙门。他每天都到衙门大门外去等候消息。直到腊月二十八了，还一点消息都没有。血气方刚的子长，再也无耐心等下去了，他带上状子底稿，就径直往知府衙门里闯。刚迈进府衙大门，就被两个府役架着推了出来，遭到一顿训斥：

"小伙子，还想大闹公堂吗！"

"不赶快回去过年，还在这里等什么！老爷要过年了，哪有时间接你的狗屁状子！"

无奈的子长，只好向围观的群众诉说情由。这时候，榆林中学一名叫李波涛的学生恰好路过。听到子长的述说，忙把子长拉到一旁说："你这事只有找到我们校长帮忙，才有成功的希望！我们校长杜斌丞先生可是一位主持正义的大好人！他一定会支持你的！"

在李波涛的指点下，子长在榆林中学见到了杜斌丞先生。杜先生一见子长的面，一下就喜欢上了这位热血青年。对他那种关心百姓疾苦、关心国家命运的襟怀和不畏权贵、敢作敢为的精神大加赞赏，满口答应帮助子长。

德高望重，在社会上很有影响的杜斌丞先生出面，榆林府的道台只好接了谢子长状告县长的案子。正月二十一过，这位道台只好硬着头皮开堂审案了：

"谢子长，你为什么要告县长？"

"身为父母官，本应为民谋利办事，可章县长却身在其位，不谋其政，贪赃枉法，欺压百姓，勾结富豪，为所欲为。"

"你可有事实！"

"有！"子长坚定地说。

"第一条，无故关押爱国人士郭海宽。袁世凯倒行逆施，复辟帝制，自然要遭到国人的唾弃和反对，郭海宽反对袁世凯，表现了他忧国忧民的无比热忱，为什么不表彰他反而要关押他呢？现在，袁世凯已经成了不齿于人类的狗屎堆，为什么还不释放郭海宽？难道他章县长还要抱住袁世凯的阴魂倒行逆施吗？

“第二条，私任其兄为粮草官，横征暴敛，中饱私囊……”

子长义正词严，有理有据，一条条地控诉章尚武的罪行。说得道台也张口结舌，没想到这个年轻学生有如此胆略和文才。便问道：“你一个学生，年纪轻轻，不好好念书，为何要干预政事？”

“天下兴亡，匹夫有责！这句话，我想道台大人不会不知道吧！我上学念书，是为了报效国家。眼见贪官污吏，贪赃枉法，我置若罔闻，再学得多，又有什么用？”

“看来你还很有志气，有抱负！”道台心中深为子长的一番答话所叹服。在杜斌丞等社会知名人士的过问下，他不得不下令，革掉了安定县令章尚武的职。年轻学子谢子长状告县长的事，一时传为佳话。老百姓编顺口溜说：

安定章县长，枉法又贪赃，
逼民交粮款，关押郭海宽。
学子谢子长，血气正方刚。
北上榆林府，为民去告状。
求助杜校长，状子递上堂。
道台见子长，一副学生样。
子长把理讲，道台答不上。
革了县长职，准了子长状。

四、在榆林中学的思想启蒙教育

这次状告县长的胜利，使子长同榆林中学校长杜斌丞先生成了莫逆之交。校长喜欢子长年轻有为，子长敬重校长的学识为人。第二年，他便转入榆林中学学习。

榆林中学前身是“陕北二十三县联立中学”，由前清举人王麟辉兴办，沿袭旧制，读经尊孔，搞得死气沉沉。在行将办不下去的时候，1917年7月，从北京高等师范学校史地部毕业的杜斌丞先生毅然离京来到偏僻的榆林中学担任教务主任兼史地教员，次年担任校长。杜斌丞先生担任校长后，苦心策划，一改常态，先后分别从北京和地方上聘请了一批思想进步、学识渊博的教师到校任教，传播新文化和革命思想，学校面目顿时为之一新，生机勃勃，成为陕北最早推行进步的文化教育和传播革命思想的学府。杜斌丞先生除努力改革旧学制、改进教学内容外，还积极组织学生成立自治会、读书会，在学生中宣传革命思想，介绍苏联十月革命及新文化运动的情况，并且结合中国社会的实际情况进行教学，启发学生树立救国救民的远大抱负。

谢子长在榆林中学学习刻苦，关心时政，思想激进。他在一篇谈理想的作文中针砭时弊，痛斥军阀列强，同情劳苦大众，抒发了读书救国的抱负，受到国文老师的赞扬。课余时间，他常给同学讲一些家乡土豪劣绅欺压农民的罪行，鼓励大家从小树立“以天下为己任”的远大理想，立志改革社会，救国救民。他的脸长得有些猴形，被他的同学霍世杰、闫揆要和杜聿明戏称为“谢猴”，他则笑而对曰：“想当大闹天宫的孙猴！”由于他胸怀大志，好学上进，性格开朗，处事果断，被同学推举为学生会的负责人。

当五四爱国运动的消息传到陕北后，在校长杜斌丞的支持下，谢子长领导学生会发动全校罢课3天，支持北京的学生运动。他们在校内外集会，高呼“打倒帝国主义！”“打倒军阀官僚！”，高唱“打倒列强，除军阀……”在街头演讲宣传。同时，他带领学生会开展了反对封建迷信团体“同善社”和帝国主义文化侵略办教堂的活动。经过宣传和斗争，使部分学生退了教。他还组织进步学生深入乡镇破除迷信，反对买卖婚姻和童养媳制度，宣传妇女放足。

谢子长在这里学习，特别是接受了俄国十月革命及中国五四新文化运动的思想，使他受到崭新的思想启蒙教育。他仿佛走进了一个新天地，这为子长尔后成为一个无产阶级革命家奠定了思想基础。

当时，新文化运动正在全国蓬勃发展。以五四运动为开端的新民主主义革命在神州大地兴起，新文化运动的激流猛烈地冲击着这位热血青年的心扉。子长成长过程中，先后赶上了辛亥革命、第一次世界大战的爆发、二次革命、卖国的“二十一条”的签订、袁世凯称帝、张勋复辟、俄国十月革命、五四运动等重大历史事件，在这动荡的十多年里，他目睹袁世凯之流的卑鄙无耻，北洋政府的腐败无能，帝国主义列强的野蛮侵略，人民涂炭，中华民族的生存危在旦夕，常常夜不能寐，起而吟诵岳飞的《满江红》：

怒发冲冠，凭栏处，潇潇雨歇。抬望眼，仰天长啸，壮怀激烈。三十功名尘与土，八千里路云和月。莫等闲，白了少年头，空悲切。　　靖康耻，犹未雪；臣子恨，何时灭！驾长车，踏破贺兰山缺。壮志饥餐胡虏肉，笑谈渴饮匈奴血。待从头，收拾旧山河，朝天阙。

灾难深重的中华民族啊！你有数千年的悠久历史，你养育了几万万的子孙儿女。近百年来，你却不断地遭受奇耻大辱。可爱的母亲啊，你何时才能从耻辱的地位站起来，自立于世界民族之林！

震撼全国的五四运动，使子长进一步认清了帝国主义的侵略本质和北洋军阀政府的腐败无能，也看到了人民群众的力量，在他的心头燃起了民族解放的希望。但陕北地处偏僻，当时，马克思主义的学说还没有传播到这里来。

这个时期，他尊敬的校长杜斌丞先生教育救国的思想对他影响很大。杜先生当时认为中国要富强，不受帝国主义的侵略、压迫，首先就得大办教育事业，从培养人才入手。他常引用陆游的话说：“士气峥嵘未可非，人才泯灭方堪虑。”他曾多次表示要先发愤搞十年教育，为国家培养一批人才；再置身政治，承担救斯民于水火的重担。

受这种思想的影响，子长仅在榆林中学上学一年，未及毕业，后半年便回到家乡安定办学，实践这种思想。

五、教育救国行不通

1920年间，新文化运动已在全国蓬勃兴起，而偏僻的安定小县城，军阀官僚、封建主义的毒雾还密密地笼罩着。辛亥革命给这里带来的变化，仅是县府旗号印信的改变——清朝变民国。一些顽固守旧的人还依然拖着长长的辫子。尽管这些年头，中国先后发生了二次革命、袁世凯称帝、张勋复辟、五四运动等重大历史事件，等消息传到这里的时候，早成了过时的旧闻，只能给少数“知文识礼”的先生增加一些饭后茶余闲谈的资料。管他什么人称帝也好，复辟也罢，这里还是陕北土皇帝、军阀井岳秀的天下。知县虽也换过几任，但那也无关紧要。按理，县公署（当时人们都习惯称为县衙门）是全县最高权力机关。但是，这个只能向老百姓滥施淫威的最高权力机关却为李耀辉、王伯阳、孙子鸿三个老元绅和史、贾几家大户土豪劣绅所把持。历任县长知事者，都要仰他们的鼻息，执行县政。下面各村镇区乡的公干人员，自然更要顺着他们的意志行事。县衙门内外的各种执事人员，都由他们这些有声势的老少人丁来充任，就连那看守门户的，也是巴结他们才能谋这个营生。在这种情势下，若有人要在安定县占据一席之地，过问一点事，谈何容易。弄不好，连脑袋也保不住哩。这情势，初出茅庐、和社会并无多少交往的子长当然是不熟悉的了。仅凭他满腔救国救民的热情，岂能熔化这千百年来铸成的铁笼！

在这种情势下，教育救国仅是一种美好的爱国心愿，如何能行得通！北一区王家沟村的王枚臣老先生就碰了壁。这位老先生当初从西安中学毕业后，回到他家所在的村子创办“公立小学”，治校有方，后来被人推荐当了安定一高校长，也雄心勃勃地想教育救国。结果得罪了三老绅，未及一月时间，每到夜晚他的宿舍就砖块横飞，险些砸烂他的头，只好急忙交了校务，回转家乡。有些声望的“老先生”尚且如此，初出茅庐的青年学生“教育救国”，其结局可想而知!

子长在安定高小执教不久，就深深地感受到了这一点。且不说在三老绅之一的王伯阳的统管下如何能谈到教育救国了，在军阀土豪的压榨下，学生娃娃连上学受教育的机会也难得啊! 当时安定高小的校长是老绅王伯阳，他名宪，平时沉默寡言，能哼几句古文，写一笔好字。看样子，倒怪斯文，但实则心毒手狠。他有钱，又是县里数得着的人，把持全县的文教大权，其思想守旧反动，作风恶劣，动辄打骂学生，师生对他都很反感。按规定，安定完小的学杂费由县府供给，学生不缴学杂费。可是，王伯阳为了中饱私囊，私自规定要缴学杂费，名义上说是作为办公补贴费，实际上，这笔经费有一半就装进了王伯阳的私人腰包。当时安定完小100多学生，只有二三十个才能缴得起校长王伯阳规定的一年800个麻钱（清代铸的铜钱）的学杂费。开学后，一些学生还是缴不起学费。王伯阳又规定缴不起学杂费的立即退学。

一天，子长很赏识的一个品学兼优的学生石万元（该生后参加革命，在西安被敌人杀害）来向他辞行。这个啃着糠窝窝求学的学生平时很得子长的喜爱，看他含泪向自己告辞，子长心里真不是滋味。尽管他平时省吃俭用，把节余下来的钱买成笔墨书本送给穷学生用，也仅仅是杯水车薪!

子长痛心地抚摸着万元的头，听着他的哭泣，真有说不出的难受。他给石万元同学擦干了眼泪，安慰他说：“哭有啥用! 我们得跟他们起来斗才顶用!”他让石万元去联系同学进行斗争。

石万元当时是学生会负责人，在学生中威信很高。他出头组织，连已回了家的又都回来了，一下有七八十名学生找校长王伯阳要求免缴学费。子长和贺延年、王士英等六七名进步教师也起来支持学生。子长向王伯阳说：“这些学生连肚子都吃不饱，一下哪来的钱缴这么多的学费呢? 即使硬要缴，也得让他们慢慢设法才好，怎么能勒令他们退学呢?”

但是这个掌管全县文权的老绅却摇晃着瘦脑袋蛮不讲理地说：“学者缴

费，古之理也！连学费都缴不起的穷光蛋，念书还有什么用！”

受了侮辱的学生被激怒了。在子长的组织鼓动下，他们集合起来到县公署去请愿，要求免缴学费，罢免校长王伯阳。子长也多方奔走，亲自找县知事说理，动员社会舆论的支持。经过他们几天的斗争，县知事最后只好答应学生们的请求。此后，学生们再不额外缴学杂费了。王伯阳看无油水可捞，也只好被迫辞去了他的校长职务。

这次斗争的胜利，使子长赢得了全校师生的信赖和尊敬。这时的子长，已思谋着如何改造这黑暗的社会了。他觉得，这次学生斗争的胜利，仅取得了免缴学费的成绩。王伯阳的校长当不成了，但丝毫未动摇他的社会地位，他文权掌不成了，又当上了县财政科长，执掌了全县的财政大权。这些寄生虫赖以生存的社会不改变，这黑暗的旧世界不推翻，人民大众仍难见天日。办学，并不能解救水深火热之中的劳苦大众。

教育救国，此路不通！

六、斗争求生存

当时的陕北，是一个军阀割据横行的局面。1917年间，井岳秀从关中来陕北，当了榆林道的镇守使。他乘各地军阀混战之机，利用陕北这块地处偏僻的“世外桃源”，大肆招兵买马，扩充势力，很快将他来时带的不足一营的兵力，扩编成一个师，成了独占陕北的土皇帝。他和地方上的土豪劣绅互相勾结，一个以其为支柱，一个以其为基础，狼狈为奸，横行无忌，残酷压榨老百姓。井岳秀独揽陕北军政财务大权，委派官吏，敲榨人民。县长由他委任，粮款归他征用。各地税务局卡的头目，也都由他任用。庞大的军费和官僚行政经费开支都要从老百姓身上榨取。贫瘠的陕北山区，十年九旱，正常年景，农民连肚子都吃不饱，这么大的负担他们哪能承受得起啊！当时的苛捐杂税多达七八十种，除了官府明文规定应缴的田粮税、人口税、买卖税、牲畜税、屠宰税、印花税等等以外，当地的驻军也随意向群众勒索什么维持费、修造费、粮秣费，购置军械费、棉夹单衣费、鞋袜费、开拔费、年节费等等。当地的官吏也乘机敲榨勒索，真是名目繁多。种了大烟的收烟税，不种的收白地税，养羊得上活羊税，杀猪得上猪头税，甚至栽棵树也得上树头税，还有各类巧立名目的摊派也接踵而来。他们还随意预征钱粮税款，民国十年就预征到民国十二年。老百姓连肚子都填不饱，哪来这么多粮款缴税捐呢？缴不上，则被随意捆打。有的还被提上大堂，严刑拷打。有的冬天拷打后，拴在大堂外的石柱上，剥了衣服，浇上水，让活受罪，更令人气愤的是官兵吊打了人，还说是出了力，被打的人还得出挨打的“手棍费”。当时流传着一首民谣说：“鬼门关里几道坎，一道更比一道难。官府打人常有理，百姓挨打还出钱。”官吏贪赃枉法，对于诉讼案想押就押，要打就打，不管是非曲直，谁有钱谁就有理。官、兵、匪互相勾结，残害群众，无恶不作。“土匪”来了，不见官兵的影儿（其实有些“土匪”就是官兵），“土匪”走后，官兵才摊粮要款，说是去打“土匪”，来后又重骚扰抢劫一空。老百姓有苦无处诉，有冤无处伸，被拷打，遭监禁、冤死的不计其数。

当时陕北最厉害的还有一种烟亩款。这是军阀官僚向农民勒索巨款的一个手段。他们开放烟禁，让农民种洋烟（即鸦片烟，当地群众称“洋烟”或“大烟”），又按地亩抽收罚款。无论种烟与否，均得按摊派的款数缴钱。安定县气候环境，宜于种洋烟。洋烟赚钱利大而又容易收获，农民便将所有水地和山湾沟滩的好地，都种了洋烟。但到头来还是一场空。每年六七月间洋烟成熟了，农民便发愁了。井岳秀派出的提款委员带领大批提款人员到各县，和县府区乡贪官污吏勾结，乘机敲榨勒索。委员超征有奖，县长超缴提成。结果农民种一亩洋烟，得缴纳五至十亩的税款，当时规定每亩缴烟税十元零二角，实则要缴纳五十至百元。不种的也得缴款。这些提款委员，连淫乱的妓女也得由县府给找。所有官兵人马，均待若上宾。这些家伙把敲榨搜刮来的钱，再以每月二三十分的高利贷给缴不起款的穷人。这样钱又可以生钱。不用说这些提款大员，就是跟随的兵卒马弁，跟上提一回款也能勒索百把十元以至上千元。当时安定县就流传着“洋烟蛋蛋多，没有收税的官吏多；

洋烟水水苦，没有烟农的生活苦”的民谣。那时节，商人门前一般贴的对联是：“满树梅花放出无穷的生意，一渠活水流来不尽的财源”，有人就改写成“满地烟花放出无数的苛捐杂税，一群乘马驮来不尽的提款委员”来讽刺当时的捐税之多，官兵勒索之甚。

农民被迫无法，便不得不向豪绅富户高利借贷了。高利贷息最少五分，最多一角，到期缴不上，即将利作本，继续生息。这样，驴打滚，利生息，就成了永远还不清的债。只好卖儿卖女，有的连老婆都卖掉了！

灾难深重的陕北人民啊，在水深火热中呻吟、挣扎！

哪里有压迫，哪里就有反抗和斗争。陕北人民是富有光荣的革命斗争历史的，早在隋朝年间，刘迦论在延安聚众十万反抗荒淫昏暴的隋炀帝。明朝末年，震撼全国的闯王李自成，就是陕北米脂人。他领导的农民起义军，就是在陕北首先扯起“造反”的大旗，打向全国的。远的不说，单从辛亥革命后，在安定县就发生过两起农民造反的事。

陕北土地辽阔，有养羊的便利条件。贫苦的陕北农民一靠羊粪往地里上，二靠羊皮、羊毛卖点钱，解决吃盐穿衣问题。养羊，在陕北很普遍。但狠心的官府，连老百姓的这点生存权也不给。他们又巧立名目，设立了羊圈税。即每个农户每年在羊圈内，将羊数点清，每只羊收六个铜钱的羊圈税。然后再分次收皮毛捐、屠宰税、交易税、出境税等等。一只羊一年能有多少收入呀，光这捐税能付得清吗？养着，除了上羊圈税，又得交皮毛捐；杀了，得上屠宰税；卖吧，得上交易税；送给人吧，还得上出境税。老百姓哪有个活路呀！

1914年，走投无路的安定人民群众起来反抗了。斗争首先从安定东区水园子川（现马家砭乡）和北区立一川（现玉家湾乡）掀起。这两地人民联合其他各区人民，集合起两三千人，拿着铁锨、镢头、铁叉、木叉，包围了县衙，要求取消羊圈税，把个县衙门围得水泄不通，县知事吓得不敢露面。这时候，县衙的爪牙赵有胜出来向百姓解说。这赵有胜是瓦窑堡人，原在安定县城开个酒房，他不以此为主，却凭他的三寸不烂之舌，能说会道，专事钻营。他勾结官吏，包揽词讼，并包收皮毛税捐等，后来在县衙混了个科员。据说，安定县征收这羊圈税的点子，就是他给县知事出的，老百姓早就恨透他了。这天，他又凭他的巧言利嘴，给老百姓灌迷汤了。

立一川的袁进是这次造反的领头人之一。这位彪形大汉大喊一声：“这就是立羊圈税的坏种！”愤怒的群众，一下拥上来，一把将这赵有胜扯倒，用棍子挖掉了他的眼睛。县知事吓得直打颤，只好出来向老百姓说好话，当众宣布停止征羊圈税，才把群众的愤怒暂时平息了下去。

这次抗羊圈税斗争后不久，又爆发了抗盐税斗争。大家知道，盐是人们的生活必需品，谁不吃盐也不行。官府被迫不收羊圈税了，又立了盐税，在瓦窑堡设立了盐税机关，专收盐税。

取得抗羊圈税斗争胜利的北区立一川人民，又带头起来抗盐税了。1916年他们在路家坪的魏敬德、袁家湫沟的袁进等人的带领下，会集起两三千人，包围了瓦窑堡盐税房，捣毁了税房税牌。但延安知府王操权调动延安驻军陆建章团的一哨人马（约现在一连人）来瓦窑堡，残酷进行了镇压，捕杀了魏敬德等人，血洗了立一川。

这两件事发生的时候，谢子长正在安定县城小学读书。这两件事他印象很深。抗羊圈税那年，他挤在人群看热闹，看着平日官气凌人的县太爷作揖求饶的那副可怜相，心里真痛快极了！抗盐税被残酷镇压后，他为魏敬德师傅的壮烈就义悲愤不已！魏敬德被抓住后，敌人对其进行百般威逼利诱，企图使他变节投降。魏敬德大义凛然，威武不屈。在刑场上痛骂延安知府王操权是刽子手，不会有好下场！之后英勇就义。谢子长望着挂在城头上那一颗颗血淋淋的人头，肃然起敬：这些壮士是为了人民的生存而献身的呵！

经过在安定完小和王伯阳的这场斗争后，谢子长又联想起安定县人民的这两次斗争，深深地感到：斗争才能求生存；只有武力才能打垮旧世界！要改革这个黑暗的社会，就要靠武力，搞军事。

七、投笔从戎

正在子长思谋“以武力打垮旧世界”的当儿，从山西太原传来消息说，阎锡山办起了“学兵团”，在各地招收高小毕业的青年学习军事。

听到这消息，1921年夏季，子长毅然辞去教务，翻山越岭，步行13天，行程800里，东渡黄河来到了太原市投考阎锡山办的“学兵团”。

待子长风尘仆仆地赶到太原后，这个“学兵团”早就招收满员开学了。他找到团部驻地伟武楼，说明来意后，一名执事的公务人员看了看他瘦小而又稍带点“拥肩”的身材，轻蔑地说：“早都满员了！你这个样也能学军事？”说罢，“砰”地一声就关上了门。

满怀信心学军事的子长碰了一鼻子灰。回到客店，他买来纸和笔，连夜疾书，把自己有志于学兵救国和求学不得的苦衷写成《秦人在晋言志书》的文章，张贴到“学兵团”的驻地门口。

秦人在晋言志书

秋到落叶萧萧下，不尽黄河滚滚来。昔重耳于秦之北（吾家乡）避难，还晋而终成霸业；今秦人赴晋投笔从戎，岂料尔等以貌取人，不问鸿志与否？实有违秦晋之好。人岂可貌相，海水又何斗量。历来成就大业者不在体貌伟岸，而在是否立远大志向也！人言吾体小弱瘦，安知吾红心跃动，热血沸腾乎！中原逐鹿、谁主沉浮，貌美体壮而胆小如鼠者能担此乎！治乱在于军，救民出水火，吾辈之重任了。呜呼！燕雀安知鸿鹄之志哉！此处不留人，自有留人处，中华大地任吾驰骋。鹿死谁手，岂在一时，天将降大任于斯人也，鼠辈能知乎！！！

谢浩如　壬戌秋

第二天，“学兵团”的青年学生看到这篇志向远大、文笔流畅的言志书，争相传阅。不少人还深为他长途跋涉、远道求学的精神所感动。有位同情者还把它抄下来拿给教官看。一些教官看后也称赞："此人有才。"一些有志青年为他的精神所感动，找到子长的住处访问他。他们和子长彻夜交谈，越谈越投机，回团便当了他的义务宣传员。由于一些青年学生和教官的积极赞助，多方说情，子长终于进了这个"学兵团"。

出乎主事者所料，这位其貌不扬的青年却有坚强的奋斗精神和惊人的毅力。他两年学习期间，没回过一次家，加之他有习武的基础，又聪慧好学，勤练苦钻，各门功课都名列前茅。特别是步兵操典、野外操作之类的军事课，他的成绩尤为突出。他行动敏捷过人，在一次野练实习中，负重一昼夜行军200里，教官和同学都极为佩服。

这个"学兵团"，原是阎锡山为其培植军官而设立的，用的是步兵第九团的番号和编制，按军事编制，训练严格。为了索取经费，在伪教育部注的却是"斌业中学"的册。子长当时上的是学兵团第二期。这期学员编为3个营12个连。子长被编在二营六连。六连共78人，连长由山西武乡县人窦桂五担任。子长只不过是借这个地方学些军事知识以图报国，在这种励精图治的精神鼓励下，两年后，他以优异的成绩在这里毕业。

毕业时，连长窦桂五口占两绝相赠：

其一

祖逖鞭先独让君，更期学术冠全军。

他年鹏翮凌云愿，一举能警四座闻。

其二

两载同仇一旦分，殷殷海誓与山盟。

将来有事边防日，弹雨硝烟叙别情。

当时的学生，一般都视学业为求官之工具，在学校熬毕业证书，入社会则猎取官职。这里的毕业生，不少人后来成了阎锡山反动统治的工具。对于高官厚禄，子长根本不屑一顾。

1923年6月，子长从学兵团毕业后，毅然离开了山西，去探求革命道路。

八、求　索

当时的中国，一片漆黑。陕北，更是黑暗、落后，军阀专制，横征暴敛；土匪遍地，民不聊生。在山西“学兵团”这两年的时间里，谢子长倾心于学军事，和外界接触不多，心绪倒平静些。现在一毕业，倒觉得不知所往。来山西之前，只觉得要打垮这黑暗的旧世界，非得武力不可。现在学得了军事知识，到底该如何动作，又觉无从着手。

“路漫漫其修远兮，吾将上下而求索。”此时此地，他不免想起了屈原《离骚》中的名句。他决计到五四运动的发源地北京去。

1923年夏，子长从山西“学兵团”毕业后，家也未回就直接来到了北京。

在北京，他结识了中国共产党陕西组织的创始人之一魏野畴同志。当时，魏野畴正在北京进行“共进社”的整顿工作。这“共进社”是陕西籍旅京进步学生1922年10月10日在北京成立的一个进步社团，它“由志愿革新之青年组织而成，以‘提倡文化，改进社会’为宗旨”。社员绝大多数是在北京上学的陕西青年知识分子，也是北京学生运动的活跃分子。“共进社”所出的刊物名《共进》，是“五四”以后全国最进步的刊物之一。它在反帝反封建和传播新文化、新思想方面，对全国都很有影响，特别对陕西的革命发生过重大影响。“共进社”的领导成员，好些都是中共党员，后来有许多社员都参加了中国共产党。它的主要领导人魏野畴、李子洲、刘天章、刘含初等同志都是陕西党组织的创建者和著名活动家。

子长来北京后，就住在三眼井吉安所左巷六号“共进社”总部里。当时，北京学生界思想很活跃，各大学都有许多学生自由组织的社团，如北京大学的“少年中国学会”、“新潮社”，北京高等师范学校的“少年中国会”、“平民教育社”、“工学会”、“同言社”。反映各种思想的杂志刊物，也继《新青年》之后如雨后春笋般地相继出现。子长到这里后，像一个饥饿的人遇到了丰盛的食物，他如饥似渴地学习研究各种思想，汲取着精神营养。特别是结识魏野畴以来，他觉得魏是一位志向远大、品格高尚、学识渊博的人，聚集在共进社的其他青年也都是有志于救国救民的热血青年。由于志趣相投，子长很快就和“共进社”的青年学生相熟了。他仔细地阅读了自1921年10月创刊以来发行的40多期《共进》半月刊，特别对1923年出版的《共进》第33期上刊登的《本社宣言》中说的“我们认为中国目前应解除的两大恶势力，是国际资本帝国主义和军阀政治。但是国际资本帝国主义，实借军阀的恶势力予以澎勃与作恶的莫大机会，所以认为首先努力于打倒军阀。因为打倒军阀，是对内谋政治清明的惟一的第一步方法，而于解除国际资本帝国主义，亦为釜底抽薪的办法”极表赞同；对《共进》第1期上发刊词中的主张“我们认为无论解决现在什么问题，除自己起来，直接行动，做所能做、所应做的事情外，莫有第二个更好的方法了”也极以为是。他到北京不久，就参加了“共进社”的活动。当时共进社员都根据自己的选择，各自加入北大、高师一些团体进行活动，不少人就参加了平民教育讲演团的活动。凡是北京大学等学校有什么活动，共进社的社员都积极参加。子长在北京这一时期也积极投入了当时全国性的学生运动和北大当时的活动。

子长通过这一段在“共进社”的活动，大开了眼界，接受了不少的新思想，对中国社会的性质和改造的方法有了进一步的认识。当时“共进社”出现了一个不太健康的发展苗头，就是过于强调学术的作用，以为有了一些学术，“共进社”就有了基础，因此有些社员就致力于写书，搞学术研究，实际走的还是教育、科学救国的路子。这条路，子长早就走过了，感到是条死胡同。经过慎重考虑，他决定还是回到家乡安定去，利用自己学得的军事知识，去做挖旧社会根基的工作。他认为，尽管自己的力量有限，但在旧社会这个根基上挖下一些砖，总比空说作用大，大家都来“做所能做，做所应做的事情”，那旧世界这座腐朽不堪的大厦总有一天会倒塌的。

于是，谢子长决计回到家乡安定县去做挖毁这大厦根基的基础工作。

第二章　办民团，掌握枪杆子

(1924—1925)

一、老绅们错打了算盘

1924年初春，陕北高原仍是千里冰封。谢子长从北京回到了离别两年多的家乡安定县。

陕北这个地方，土匪比较多，经常有打家劫舍的事发生。一些地主豪绅为了自身生命财产安全，就出头搞武装。但为了好勒索百姓的钱财并便于招收兵丁，他们还要打出民众的旗号，称作“民团”。领头的就叫“团总”，一般都由有钱人家的人员或是他们的亲信充任。

当时，安定县也有民团这种组织，县民团有一二十人，由县衙门供给经费。但团总是个有名的大烟鬼，整天只知守着个烟灯吞云吐雾，吃喝嫖赌。他手下的兵丁，也都是些混饭吃的大烟鬼。老百姓对这帮家伙很厌恶，绅士们也不大满意。因为万一有个好歹，这帮废物也给他们帮不了多少忙。

谢子长回到了家乡安定县城后，了解到这种情况，他觉得笔杆子革命不如枪杆子革命痛快。要改革社会，还得靠枪杆子，用武装才能打垮旧世界，他决计利用县民团这个合法的组织，先掌握枪杆子。

听说上过军事学堂的子长要办民团，绅士们都表示赞同，遂向县知事推荐他担任了团总。他们还满以为子长可以成为他们的得力保镖呢。

1924年春，子长就任团总后，首先动员一些贫苦的农家子弟来当团丁，他还到安定完小、瓦窑堡第二高级小学和米粮山小学亲自动员一些青年学生到民团来，使团丁的成分发生了根本变化。这些贫苦青年后生，看到年轻有为的子长出头办民团，都踊跃来参加。安定县民团很快发展到四五十个人。

团丁招收齐后，子长便开始进行严格的军事政治训练。每天他亲自带着团丁在操场上练瞄准刺杀，学习步兵操典，还安排一定时间，由他亲自向团丁进行政治思想教育。他按文化程度，把团丁编为两种班，不识字的叫低级班，识字的叫高级班。他亲自教团丁们识字，进行时事政治教育，讲穷人为什么受苦，地主压榨剥削穷人的罪恶。当时，有不少青年是抱着当兵抖威风的思想到民团来的，经他循循善诱的教育后，思想都发生了很大变化。懂得了当团丁不光是为了吃粮，照护自己的门户，更重要的是为了保护老百姓。在民团内，子长明确宣布不准欺压老百姓。他说："民团、民团，就是人民的团，就要保护老百姓。"在他的严格训练教育下，安定民团面目为之一新，成为一支生气勃勃的武装力量。对此，老绅们起初也感到十分钦佩和得意，还都摇头晃脑地夸耀他们没有看错人哩。

子长的民团有严格的组织纪律，不准欺压百姓，不准为非作歹。子长自己首先以身作则，秉公执事，一次他的一个乡亲带了包大烟土进城，在城门口被站岗的团丁检查出来，这人就说是谢团总的父亲让带的。这可难住了这名团丁，让他进城吧，谢团总明确规定，任何人不准带大烟土进城，谢团总说话可是算数的；不让带进城吧，他又说是谢团总的父亲让带的。最后没法，就去请示子长，子长回答说："公事要公办，不要说我父亲让带的，就是我父亲亲自往城内带也不行！"这件事传开后，在安定城影响很大，老百姓都称赞年轻的团总是个铁面无私的硬汉子。地主老绅们听了，心里却暗暗吃惊："他六亲不认呀！枪杆掌到他手里，可得小心点！"

慢慢地，绅士们觉得他们错打了算盘。他们发现子长对穷人和和气气，对他们这号穿长袍马褂的却不放在眼里，在街上见了面，理也不理。从民团还传出风来："谁今后再要欺压老百姓，可得小心他的脑袋！"这话传开不久，就应验了。

西区有个姓李的大土豪，横行霸道，作恶多端，人称“山神爷”，也叫“老狼”。他有两个儿子和他一样凶恶，群众分别叫作“大狼”、“二狼”。这“三只狼”干的坏事，罄竹难书。老百姓虽恨之入骨，但只能暗里咒骂，谁也不敢惹。见了面还都要给他们强陪着笑脸，因为他们会“吃人”的呀！

了解到这个情况，子长决定先从“老狼”身上开刀。

一天，子长打发两名团丁去“请”这只“老狼”。别说这只“老狼”横行乡里，听到年轻有为的谢团总来请他，倒也满心欢喜，因为那年月全凭关系行事，能和这位掌握枪杆子的人攀上关系也不无好处。于是便收拾穿戴一番，兴冲冲地随着团丁来到了子长民团的住处——西城门楼上。

一见子长的面，“老狼”便皮笑肉不笑地上前作揖答话：“谢团总，久仰！久仰！久闻大名，未识尊容……”

但子长却坐着动也不动，只冷冷地用手指了一下桌前的条凳，示意让他坐下。接着，便单刀直入地说道：

“有人控告你欺压百姓，残害良民！……”

子长话刚出口，“老狼”便刷地一下变了脸，刚才那假斯文的样子全不见了，咆哮道：

“血口喷人，我倒要看看是哪个狗杂种告老子的状！……”

说着，便站起来，就急于出走。那个疯狂劲，真像只扑食的恶狼。

“慢着，催粮要款，逼死人命的是不是你？霸奸民妻，搞得人家破人亡的是不是你？……”

子长一条一款地历数着“老狼”及“狼儿子”的罪恶。“老狼”直盯盯瞅着子长，恨得牙齿格格作响，看看两旁荷枪而立的团丁，气得浑身打颤。这个平日作恶惯了的家伙，今日猛地遇到这下子，半晌说不出话来，但他毕竟是条“老狼”，突然，他振作起来，走到子长面前猛地把桌子一拍，咆哮道：

“姓谢的！你要把老子怎么样？”

“我要你把吃的人骨头吐出来！”子长也毫不示弱，斩钉截铁地回答。他一挥手，几名彪形大汉立即拥上前，用麻绳将这只“老狼”捆了个结实，吊在城楼的大梁上。开始，“老狼”还嘴硬，几皮带抽过，就像放了气的皮球，蔫了下来。

这时候，城里的老百姓都听说“老狼”被子长吊起来了，都跑来看热闹。一下子，城门楼上挤满了人。连城门洞拥得人都挤不过来。老百姓看到往日作福作威的家伙的这副狼狈相，可开心了！

这只“老狼”从小享惯了福，哪能受得了这罪。活像一只被人捉住了的野狼，耷拉着脑袋，头也不敢抬。有气无力地回答着子长的问话。

“你以后再欺压老百姓不？”

“不，不敢……了。”

“再欺压了怎么办：”

“你说咋……咋办，就……就咋办。”

……

这只凶恶的“老狼”被关了起来，直到他的家人找来了保人，签字画了押，子长才将他放了回去。

此后，这只“老狼”和两只“狼儿子”慑于子长的威力，确实老实了几年。打黑牛惊黄牛，其他一些土豪劣绅看着“老狼”挨了打，也害了怕，都收敛了许多。他们虽然心里恨子长，但枪杆子掌握在子长手里，他们也是干气没办法。县上的三老元绅也都怨自己当初瞎了眼，推荐了个死对头。

二、“谢青天”

陕北的伏天，天气也够热的。已到下午，暑气还未退。

晚饭后，子长出来散步，看见街旁的凉粉摊旁边几个老汉在围着议论什么，说得很起劲，就顺便走了过来。

“唉，这世道，老百姓真没法活了！不喂个驴不行，耕地、推磨、驮水咋办？喂下就光给井大人[1]的大兵支了差！”

“哼，光拉差不消说，还惹事的不行。周老汉今个险乎叫打死！”

……

拉话的老头们见子长过来了便都起来让坐，子长忙扶老汉们坐下，自己也随手拉了条矮凳坐下来。

“你们刚才在嚷啥事呀？”

这几个老头都是安定城里人。虽说和子长没搭过话，但都认得他，知道他为人刚正质朴，不慕利禄富贵，待穷人和气宽厚，便也就和他随便拉呱开了。

原来，他们正议论周老汉挨打的事，今天，西区的周老汉赶上毛驴来赶集，碰上井岳秀的两个兵，硬要他的毛驴给他们支差，给他们把东西驮到瓦窑堡。老汉不愿意，挨了一顿打，还叫人家把毛驴赶走了。

“唉！农民真悽惶，一天东山日头背到西山，吃不完的苦，受不完的气！这年月，天下老鸦一般黑，有苦没处诉，有冤没处伸，谁有啥办法把这号作孽的大兵惩治呀！”其中一个老头叹息道。

……

听着几个老汉东一句、西一句的控诉，子长心里简直像燃起了一团火。这情况，早在他少年时候就听到和看到了。当时，陕北是井岳秀一统天下。这井岳秀，是陕西蒲城人。原是陕西陆军第九混成旅陈树藩部的一个工兵营长。1913年9月，率部到陕北镇压反抗割烟民的斗争有功，1916年冬，升任步兵团长。1917年5月，被当时的大总统黎元洪任命为陕北镇守使，驻防榆林，成了陕北王。在他的统治下，人民群众过着暗无天日的生活。他当了陕北“土皇帝”后，他的家乡关中的本家、亲戚和他带来的官兵们，都各自拉拢自己的户族或亲信纷纷来陕北，当兵求官，谋事掠财。这些人到陕北后，有恃无恐，横行霸道。当地的老百姓知道惹不起他们，多一事不如少一事，啥事也都顺着他们的心思办。因此，给他们支差，就成了很自然很顺当的事。这些当兵的公务

① 指陕北军阀井岳秀，井为陕北土皇帝，老百姓当时都习惯这样称呼。

人员或他们的亲戚随便就可向百姓拉差。甚至有的人会说关中话或借穿一件灰军衣，在路上走倦了或有运送的东西，就可随便在路上向百姓拉差。稍有不从，马棒就劈头打来了。这情景，子长早就忿忿不平，但无奈手中无权，也是干气没办法。现在掌握了枪杆子，他正要刹这乱拉差的恶风，没想到正碰上这件事。

这时候，一位好心的人，对周老汉的遭遇很同情，看到子长正过问这件事，赶紧跑去找见了有冤无处伸的周老汉，让他快去找子长告状。

子长听了这几个老汉的诉说，满腔愤怒，正想再找人查问这件事。看到街上一个衣衫褴褛的老汉一瘸一拐地喊着“冤枉”朝他赶来。这老汉一到子长面前，“扑通”一声跪下，只喊了声：“谢团总，冤枉呀……”便老泪纵横，哭得说不出话来了。

子长赶紧扶起老汉，和蔼地说：“老人家，别哭，有冤慢慢说，有我谢德元给你伸！”

周老汉见这个年轻的团总和蔼可亲，半天才镇静下来，一五一十地述说了今天他挨打的经过，抹起袖子和裤腿，让子长看伤疤。罢了，他长叹一声：“唉，受气挨打是小事，没有毛驴我今后的光景咋过呀！”

这时的子长已怒火万丈，他安慰了周老汉，找了个店先让他歇着。他转身赶回城门楼民团驻地，紧急集合了一班人，命令一个精干的班长带着，跑步赶往瓦窑堡方向，将那两个拉走毛驴的兵抓回来。

半夜时分，那两个兵被抓回来了，赶走的毛驴也同时被拉回来了。子长当晚审问，起初这两个家伙还嘴硬不认错，估计子长不敢得罪他们，没想到子长哪里怕他们，喝令团丁一顿皮带抽得他俩害了怕，只好告饶认错。

第二天，子长让团丁押着这两个兵，拉着毛驴，到客店去找周老汉赔情道歉。多少年来，只有大兵欺压老百姓，哪有大兵向老百姓赔情的事，这消息一下成了安定城里的头号新闻，人们簇拥着跟在耷拉着脑袋的两个大兵后面，熙熙攘攘地看热闹。小小的客店挤得满满的，连街上都站满了人。

这两个大兵向周老汉赔了罪，子长才放了他们，他俩灰溜溜地从人缝中挤出溜跑了，人们发出开心的欢笑声。

昨天挨打受气的周老汉今个消了气，心爱的毛驴又回到了身边，真是感激不尽，当着众人的面趴在子长面前就磕头，边磕还边说着："谢团总，你可是青天大老爷啊！"

子长赶紧扶起周老汉，站在客店的台阶上，当着看热闹人们的面，公开宣布：

"乡亲们！从此以后你们再不要受军人的窝囊气了！凡是过路的兵士，不能任意拉差。就是办公的军人，用差也得通过地方政府正式摊派。吃了饭，买了货，用了草料，都要按实价付钱，不准赊欠赖账，亏损可怜的老百姓。我们的民团，也不例外。以后若有不肖兵士违令损民，欺压百姓，本团总必严厉惩办，决不宽容！"

他的讲话刚毕，人群中就发出了欢呼声。从此以后，"谢青天"的称呼便在陕北老百姓中传开了。

这个"谢青天"的称呼越传越广，传了几十年，后来，中央红军长征到陕北后，也传到了毛泽东主席的耳朵里。1939年，毛主席给子长烈士写碑文时，就在碑文中写道："人民因有谢青天之称。"当然，这是后话了。

人民爱戴，土豪劣绅却对子长越来越仇视憎恨。但已纵虎归山，他们也只好暗地里咒骂、愤恨罢了。

三、帮助李象九成立学兵连

当时，安定县的驻军是石谦的队伍。石谦的连部驻在安定城东30里的瓦窑堡。

这石谦是和井岳秀一块来陕北的，此人腿脚有些拐跛，走起路来，一跛一颠，人们都叫他石拐子。在陕北提起石拐子，人们都知道；提起石谦，一般人却还不知是谁哩。此人虽然腿脚不便，却还有些技能，射击瞄准还很行，据说举枪能打中空中飞鸟。当初井岳秀看上他的枪法，才放了他个连长，这石谦还粗通文字，善写“一笔虎”的“虎”字。由于有这个爱好，还特别喜欢和知文识礼的人打交道，对有些才干的人很喜欢。他平时爱标榜自己是凭本事吃饭，对那些拍马溜须的同事还有些看不起。无奈，他不善于搜刮民财，讨好上司，同他一起来陕北的伙伴们，早都升为营长、团长，以至旅长了，他还是个小小的连长。这时，他也急于求升了。在那些高升了的同伙的帮助下，他即打出营长的旗帜，一面四处招兵买马，一面领戏班，招赌博，筹集军费，还在瓦窑堡米粮山的娘娘庙院内，开办了一个小兵工厂，制造枪支弹药。闻此音讯，他老家白水县的一个青年李象九也前来安定县探访情势。这石谦见象九虽只20来岁，但文雅持重，知文识礼，一眼就看上了。再说，李还是自己的乡党呢。不久，即委任象九为安定县的警察局长。

这李象九虽是生活无路来找石谦，但也是位忧国忧民的热血青年，他同谢子长是太原“学兵团”时的同学。1923年曾去北京与李子洲、魏野畴、刘天章、呼振东等“共进社”社员接触，参加了“共进社”的革命活动，对社会发展前途，社会主义革命等有一定的认识。他来后，不时给石谦谈论些国内情势变化，新旧军队的差别及将来的出路前途等等。这石谦几年来时运不佳，早就有满肚子的气，听了象九有理有据的分析，觉得很有道理，便对象九更器重了。即允许他招收一个“学兵连”，作为自己的骨干力量。

这象九到安定县担任警察局长后，虽也雄心勃勃，想干一番事业，但人地两生，势薄力单，很难行事。谢子长从北京回到安定县后，半年时间，即搞得民团振兴，生气勃勃，象九从心底里佩服。这两位老同学别后相见，谈得十分投机，虽然他俩性格相异，一个刚毅果断，一个老成持重，但都是忧国忧民、志在改革的青年，志趣愿望一致，加上又是“学兵团”时的同学，两人的关系十分融洽，交往甚厚，经常在一起谈论天下国家大事，共商民团和警察局的事。子长在安定惩罚劣绅，禁止拉差，老绅们敢怒而不敢言，也和得到警察局长李象九的支持不无关系。旧社会行事，三分靠理，七分靠情，老绅们也都清楚李象九和石谦的关系，因此只能肚子疼装在心里。

子长得知象九要成立“学兵连”的打算，极力赞助。即为他大力宣传动员和介绍城乡中无力继续上学的青年学生与贫苦的忠实农民子弟，去象九那里当学兵。开始，他先从自己民团内拨去一个班（班长是雷恩均同志），帮助搭起了架子。后来又推荐他的老同学史唯然同志到“学兵连”去担任政治训练工作。这史唯然是一位才华横溢的有为青年，他革命道理懂得比较多，能写文章，后来也成为陕北革命的著名活动家。

此后的学兵陆续增加，陕北的许多有为青年闻讯而来。参加清涧起义、历任晋西游击队的队长、陕甘游击队第三任总指挥、红三十军军长，子长同志的亲密战友阎红彦将军（上将），就是这时候报名投军的。当时，李象九招兵有三个条件：一是年龄在18岁左右，社会经历纯洁；二是五官端正，体魄健壮；三是具有一定的文化水平。当时15岁的阎红彦，只读过半年书，靠打短工度日，三个条件，两个就不符合。但李象九看这个体魄健壮的小青年入伍要求迫切，就破格录取了他，让他在连队当号兵。不久，李象九又发现他耿直勇敢，人小志大，就更喜欢他了，调作自己的勤务。

到1924年底，这个“学兵连”已达90多人。李象九任连长。这个学兵连的成立，为我党尔后在陕北军队中建立党组织打下了良好的基础。

四、革命火种在陕北萌发

1925年，石谦升任了团长。这年三四月间，子长带的安定县民团也被石谦收编为十二连，子长任连长。这时，石谦的兵力有3个营、12个连。第一营营长由井岳秀的师长高双城的部下程钟灵充任。程钟灵带领自己原有的第一、二两连，驻在延安。李象九的“学兵连”编为三连，王有才的连编为四连，名义上也属第一营的编制。但李、王二连长还未见过他们的营长。第二营营长由高双城收编来的土匪康子祥充任。康营的兵力，除康的原有部下，编为三个连，驻防在延长、延川等处。参加清涧起义的骨干、后任红军晋西游击队的政委、陕甘游击队的参谋长、陕北一支队的政委，子长同志的亲密战友杨重远同志的八连也被编在这个营。第三营营长由北草地收编来的土匪崔秀生充任，名义上下属的有石谦原有的有九、十、十一三个连和谢子长的十二连，实际上崔只带了谢子长连，驻在府谷县的麻地镇。崔秀生土匪出身，恶习成性，和子长格格不入，搞不到一起。但好在子长平常治军严明，深得士兵的喜爱，兵士都听他的。崔名为营长，实则一筹莫展，经过和子长的一番争斗后，自知理亏，便自动返回宜川，不知他往。后子长也带兵开回团部驻地宜川。石谦带着原有的第九、十、十一三个连，和谢子长的十二连，李象九的三连，王有才的四连驻在宜川。另有一个骑兵连，连长王正娃，是石谦的警卫连。

在石谦这个团内，由于李象九的三连、谢子长的十二连集中了陕北的有为青年，他们大多都是上过学的学生，有一定文化，加上象九、子长的严格训练，又有严明的军纪，受到老百姓的欢迎，很快就成为一支生气勃勃的武装力量。象九、子长又得到石谦的器重，这样，他俩所带的三连、十二连就变成了石谦的主力连。

1924年1月，在中国共产党的帮助下，孙中山在广州召开了国民党第一次全国代表大会，改组了国民党，决定了联俄、联共、扶助农工的三大政策，实现了国共两党的合作。中国革命统一战线的正式形成，促进了中国革命运动的高潮。自1923年二七惨案以后暂时低落下去的工人运动，又开始活跃起来，广东等地的农民运动又有了显著发展。1925年的五卅运动，掀起了全国革命的大风暴。接着，又有省港大罢工、广东革命根据地的统一和发展。这些，都给谢子长这位忧国忧民之士以极大的鼓舞。

1923年，中共陕西党组织的创建者和主要领导人之一魏野畴，二次从北京回到榆林中学任教。魏野畴早在五四运动时期就参加了爱国反帝斗争，在李大钊同志领导下进行革命活动，是中国共产党的早期党员。他一到榆林中学，就积极组织学生学习马列主义，在课堂上公开给学生讲解《共产党宣言》、《国家与革命》、《马克思主义浅说》以及《社会科学概论》等，给学生讲解帝国主义、军阀的本质，号召学生积极参加政治斗争。他常对学生说："人家拿刀架在咱们的脖子上，不起来救国，国亡了我们还有书读吗？"他指导学生成立了自治会、读书会，宣传新文化、新思想。并且组织学生走出校门，深入城镇、农村宣传革命思想。蓬勃发展的陕北革命形势使子长受到了很大的影响。

1924年，魏野畴被迫离开陕北后，中共陕西党组织的另一创建者和主要领导人李子洲又回到了陕北。李子洲是陕北绥德县城关镇人，五四运动时是北京大学学生会负责人之一，是“五四”游行大会主席团成员，曾参加和领导了火烧赵家楼、痛打卖国贼章宗祥的斗争。他是中共早期党员，在北京大学上学时就在李大钊同志的直接领导下进行革命活动。1923年初，他由李大钊、刘天章介绍，加入了中国共产党。1923年夏，李子洲从北大哲学系毕业后，先在三原渭北中学任教，1924年春受杜斌丞聘请回到榆林中学任教务主任。这年暑期以后，他就任了绥德省立第四师范的校长。

魏野畴在陕北榆林中学点燃的革命火种，继由李子洲的绥德四师培育。在绥师任教的也多为“共进社”社员，李子洲同志一到绥师，就组织了共进分社，把进步教师和青年学生组织起来，进行革命活动。共进社的活动活跃，组织在陕北发展很快。在榆林、绥德都建有分社。陕北王井岳秀曾对人说：“我不怕大共（指共产党），惟怕小共（指“共进社”）！”可见共进社当时在陕北活动的盛况了。

共产党员李子洲、王懋廷、田伯荫，进步知识分子杨明轩等在绥德省立第四师范任教。1924年冬，李子洲等几位共产党员在绥德四师建立起党的小组，成立了团支部。1925年5月，绥德四师党支部成立。同年夏，扩建为中共绥德特别支部。党团组织建立后，大力宣传马列主义，开展新文化运动。他们给学生介绍阅读党的刊物《向导》和《中国青年》、《政治生活》、《共进》等杂志，帮助学生成立了学生会，和榆林中学学生会取得联系，互相配合、支持。还指导学生成立了陕北青年社，出版刊物《陕北青年》。

在李子洲、王懋廷的领导下，绥德师范于1924年10月建立了社会主义青年团小组，从学生中发展了数名团员，于1925年2月建立了绥德团的特别支部。在李子洲和党团组织的领导下。陕北的学生运动不断发展。绥德师范的党团组织建立后，一面派人去榆林中学、延安中学等地发展团组织，于1925年夏在榆林中学建立了团的支部，在延安省立四中建立了团小组；一面领导师生举办平民教育，还利用节假日组织团员、进步学生深入农村、作坊向劳动群众宣传革命思想，建立团组织，使革命力量在陕北地区逐渐发展起来。

1926年初，在绥德成立了党团地委，领导附近各县的党团工作。

在李子洲等同志的领导下，偏僻的陕北高原掀起蓬勃的革命运动。1925年初，为响应孙中山先生提出的召开国民会议、解决国事的号召，李子洲在绥德倡导成立了陕北国民会议促成会，开展国民会议运动。6月上旬，上海五卅惨案的消息传到陕北后。在党团组织的领导下绥德师范学生上街游行，开展援沪募捐，罢课两周，组织讲演队分赴各县宣传。当时的绥德师范在李子洲等同志领导下，成为陕北革命活动的中心。

这时，李子洲和谢子长、李象九也取得了联系。子长经常到子洲处，促膝长谈。子洲给他介绍《共产党宣言》、《国家与革命》、《唯物史观浅说》、《共产主义ABC》、《中国青年》等书刊，为他介绍全国革命运动的形势。子长也向子洲倾诉他不满现实、立志改革的思想和抱负。两人常常谈到深夜。在李子洲同志的影响帮助下，子长同志对马列主义有了初步的认识。

为了进一步开阔眼界，追求救国救民的真理，1925年冬，谢子长联络李象九、史唯然等4人，向石谦告假，再次奔赴五四运动的发源地北京。

五、赴京参加共产党

1925年冬，寒凝大地。从燕山山脉卷来的西北风，横扫北京城，刮得满天风沙。

谢子长、李象九、史唯然几位名义上是告假到京城旅游，但他们到京后，没有住旅馆和会馆，不结交在京的陕西籍官绅、商仕；香山雪景、颐和园万寿山湖光山色他们也全无兴致欣赏，整天冒着寒风奔走在北京大学等几所高等院校，和在京的陕西青年学生交往，探求着革命的真理。

子长这次到北京后仍住在北京大学附近“共进社”总部三眼井的一个公寓里。前面已经说过，这“共进社”是陕西旅京学生的革命团体。这里，集中了一大批陕西的革命青年。一到这里，谢子长就和他们打成一片，相谈十分投机。很快就和在北京求学的陕西籍共产党人耿炳光（关中人，北大学生，中共早期党员，当时任中共北方区委团的负责人）、白超然（北大学生，绥德人，时在北京大学地质系学习）、营尔斌（北大学生，安定人）、白志诚（北京农大学生，清涧人）、李波涛（中俄大学学生，绥德人）等熟识了。

当时，北京各大学的学生运动搞得很活跃。在这革命的大变动时期，各种思想流派都涌上政治舞台，在学生中间都有反映，他们互相辩论、争斗。比如反映资产阶级右翼政治要求的戴季陶主义，以曾琦、李璜等人为首的国家主义派，虽然一出笼就遭到了中国共产党和国民党左派的坚决反击，但是，他们拥有一些大学教授，同时还用了一些“国家”、“民族”、“自由”、“平等”、“仁爱”等堂皇的字眼和提出“外抗强权，内除国贼”等动听的口号，因而也曾欺骗了一些落后、无知的青年学生。

在这种纷杂的思想斗争中，子长刻苦地寻求着救国救民的真理。他精心研读马克思主义的书籍和《新青年》、《共进》等进步书刊，努力钻研《新青年》杂志上登载的列宁关于《中国的战争》、《革命后的中国》、《亚洲的觉醒》等论文及介绍共产国际、共产主义运动史及马列学说的文章。他到北京之初，对各方面的报章、期刊都看，比如梁启超的文章、孙中山的三民主义、胡适等现代评论派办的《现代评论》、国家主义派办的《醒狮》周刊等他都翻阅。中共党、团的机关刊物《向导》、《中国青年》、《前锋》等杂志成了他最爱看的刊物。只要能找到，他就爱不释手，如饥似渴地读。当时刚出版的毛泽东同志主编的《政治周报》一到手，他连饭也顾不上吃，就埋头看了起来。特别是其中关于批驳戴季陶主义的文章，他看后连声称赞批得透彻。他常和白超然、白志诚等革命青年聚在一起，谈论俄国十月革命和国内的各种政治问题。他们热烈地讨论了《共产党宣言》中论述的资本主义必然灭亡，共产主义必然胜利的规律。

这期间，谢子长对政治问题产生了极大的兴趣。他还亲耳听到了李大钊同志的多次讲演。也听过吴稚晖、陈启修等人的讲演。经过他刻苦学习，联系陕北的实际，对各种思想流派进行分析比较，认定政治问题是改造社会的先决问题，接受了共产主义的思想。他觉得只有马列主义才是解决中国问题的惟一武器；救中国只有走无产阶级革命的道路才是惟一正确的方向；中国共产党是惟一能领导中国革命取得胜利的无产阶级政党。因此，他决定加入共产党。他积极参加了正在北京进行的反对帝国主义侵略和封建军阀政府的斗争。

当时，在美、英、日帝国主义的支持下，段祺瑞卖国政府妄图通过召开所谓关税会议这种廉价的交易，来欺骗和麻痹中国人民，缓和人民群众的反帝斗争。谢子长当时在北京，参加了一些群众团体对关税问题的讨论，在“马克思学说研究会”亲耳聆听了李大钊同志的演说，多次参加了李大钊同志亲自组织的要求关税自主、反对关税会议的示威游行。

紧接着，在北京爆发了以推翻段祺瑞政权和建立“国民政府”为目的的“首都革命”。11月28日，在李大钊同志的亲自领导下，北京的学生、工人、市民从四面八方汇集神武门前，举行了声势浩大的示威大会。这天，神武门前，人山人海，红旗蔽空，传单飞舞，口号震天。会后，李大钊亲自率领浩浩荡荡的群众大军进行了示威游行。手拿木棍的学生敢死队，臂缠红布的工人保卫队威武雄壮地走在队伍前面。在组织学生敢死队的过程中，谢子长充分运用了他学得的军事知识，在游行中与军警发生冲突时，他又充分发挥了他的大智大勇，表现得坚强勇敢，受到了革命学生的一致好评。子长置身在这浩荡的群众大军中，包围了段祺瑞的执政府，占领了警察局和邮电局，使得猖狂一时的执政府停止办公。但是由于群众没有用枪杆子武装起来，尽管第二天在天安门前又举行了人数更多的、声势更大的国民大会，通过了“即日解除段祺瑞一切政权，由国民裁判”、“组织国民政府临时委员会，召开国民会议”等决议案，表现了气势磅礴的革命勇气和大无畏的革命精神，但当时群众还没有真正武装起来，还没有无产阶级政党的领导，这次轰轰烈烈的“首都革命”，最后还是没有达到原定的目的。

在这次斗争中，子长结识了中共北京地委负责人刘伯庄。刘伯庄很赞赏子长的大智大勇和斗争精神，多次和子长交谈，还约子长进行了一次长时间的谈话。就在这年冬天，经白超然、白志诚二同志介绍，北京地委批准，谢子长在北大支部参加了中国共产党[①]。是年，子长27岁，他庄重地在《共产党员登记表》上写上了自己的名字[②]，誓为共产主义奋斗终生！

1981年5月下旬，子长的入党介绍人之一——80岁的老共产党人白超然同志临终前夕，在兰州铁路医院的病榻上会见笔者，谈起50多年前他和子长在北京的这段经历，还深深钦佩子长追求真理、勇敢坚定的思想和作风。老人不顾家人的劝阻，在生命弥留的最后时刻，向笔者表达了他的怀念之情。一周之后即与世长辞。他生前任铁道部第一设计院总工程师。

谢子长的另一位入党介绍人白志诚，后来在国民联军驻陕总部政治部任科长，解放前去世。

通过在北京的这段学习和斗争，谢子长参加了无产阶级的战斗行列，他的思想升华到了一个新的高度。他从亲身体会中感到，改变这黑暗的社会，还是要靠枪杆子。于是，他决定仍回家乡抓枪杆子。

---

① 子长的入党时间，一说1924年。经笔者亲自访问子长的入党介绍人白超然同志，白证明为1925年冬。因他是1925年夏季到北京后入的党。

② 据子长的入党介绍人白超然同志回忆，当时入党时，填了《共产党员登记表》。

第三章　大革命时期

(1925—1927)

一、在军队中建党组织

1925年底，一天夜晚，巨大的火车头拖着一长列车厢鸣叫着从北京站开出，在京汉线上朝南飞驰。

车窗外，漆黑的大地，寒风呼啸。车厢内，灯光幽暗，冷气袭人。谢子长瞪着两只炯炯发光的大眼，陷入了沉思。他觉得，这些年，他像一只孤舟，在茫茫的大海中飘荡，尽管他到处求索，总觉茫茫不知所向；他又如一名单枪匹马的骑士，为了中华民族的解放，渴望着奔向民族解放的战场。尽管他奋力操戈刺向邪恶，但总觉得势单力薄，列不成阵。这次到北京，尽管只有两个来月时间，但他找到了真理，参加了无产阶级政党的战斗行列，觉得有了无穷的信心和力量。马列主义像指路明灯，照亮了前进的方向；革命，正如这呼啸飞奔的列车，冲向黑暗的旧世界。轰隆轰隆的铁轮声，划破了宁静的夜空，在祖国的山河间回荡。这时的子长，觉得好像不是坐在火车上，而是跃马横刀，随着革命的大军，杀向民族解放的战场。

这次，子长经中共北方区委的介绍，重回陕北从事革命斗争。一回到陕北，他即到绥德省立第四师范（简称四师）和李子洲同志接上了关系。他和子洲同志早就相识，这次以党内同志关系相聚畅谈，分外亲切。他们一块分析了陕北的形势，决定争取石谦，利用石谦扩大自己力量的机会，在石谦的部队中，建立党组织，发展和扩大革命力量。

稍后，子长才回到宜川会见了石谦团长，讲述了旅京途中的所见所闻，重点向他宣传了全国蓬勃发展的革命形势，并且向他转达了李子洲等对他的期望之意。石谦听后十分高兴，连声说道："你没枉跑一趟，到底开了眼界！"前面已经说过，这石谦平素喜欢结识有学识的人士，一听说素有威望的四师校长李子洲向他问好，更是满心欢喜。此后，他往榆林途中，还专去拜访了李子洲，子洲循循善诱地给他讲了许多民族英雄的故事和救国为民的道理，激发他的爱国思想和正义感，他听后连连称是。并且叫他住在清涧城内的一个儿子石介，专程到四师补习班来补习功课，学习新知识，新思想。他还再三托付子洲代他管教。在李子洲等同志的教育下，石介后来也参加了共产党。

在子洲、子长、象九等人的影响启发下，石谦也逐渐地同情与倾向革命。石谦是个讲义气的人，常常用他粗鲁不堪的话语当着别人的面说："谁不革命就不是娘老子养的！"石谦同情革命，这就给我党在石谦部队中建立党组织创造了有利的条件。

子长这次回到连队，按党的指示，用革命的思想和新的一套办法，改造和建设部队。他首先从自身做起，建立新型的官兵关系，平等对待下级和士兵，不打骂士兵；全连士兵，每天除按规定的时间学习军事、政治课目外，他把带回来的书籍杂志散发给士兵，命令他们阅读《向导》、《中国青年》、《马克思主义浅说》等。子长经常亲自对士兵进行反帝反封建的政治教育，讲解马列主义常识，教士兵唱他编的歌曲。其中一首歌就唱道："孙文在广东，列宁一声唤，双手迎接世界共产党。"子长和李象九还多次邀请杨明轩等共产党人到部队讲演，宣传革命道理。连队成立了"学习励进会"，对所学的东西进行讨论；又成立了"士兵自治会"、"娱乐会"、"打球会"，提倡艰苦朴素，自己缝补衣服，做鞋，禁止抽烟、喝酒，提高士兵们的精神文化生活；连内还成立了"管理伙食委员会"，让士兵推选代表参加，民主管理，改善士兵物质生活。子长的十二连，本来就军纪严明，这样一来，很快就建立起了新的革命生活。全连官兵，团结一致，气象一新。

在对全连官兵进行革命的政治思想教育的同时，子长物色一些本质好、思想进步的有为青年，个别重点培养，发展成党员。子长同志除在本连士兵中发展党员，还积极在同级军官中做工作，1926年，他和李象九一起，先后发展了四连长王有才、十连长李瑞成、十一连长韩子丰等参加了共产党。

1926年春末，中共绥德地委先后派在四师任教的共产党员李瑞阳，学生党员杜振廷（即杜衡）、杨朴和冯景异到石谦团内进行兵运工作。他们分别到连队给士兵教文化课，搞政治宣传。不久，党组织又派来了黄埔军校毕业的阎揆要和上海大学毕业的曹必达任军事和政治教官。此时，在中共绥德地委的领导下，在石谦团中秘密成立了中共特别支部。李象九、谢子长、史唯然同志为特支委员。他们说服石谦，在团内举办了“基层干部训练班”，选调各连内的优秀班长、排长和士兵为学员，共计100余名，进行了3个月的政治、军事训练。训练班由李瑞阳主办，曹必达讲政治课，阎揆要担负军事课。这次训练班是在特支领导下进行的，为尔后我们党在石谦部队中的发展培养了基层骨干力量。

此时，在南方，北伐战争胜利进军，国民革命军节节胜利，迅速向武汉推进；在北方，国民军首领冯玉祥，在我党和苏联的支持、帮助下，9月17日，举行了五原誓师；西安人民奋起反对军阀刘镇华的围城斗争，坚持了几个月。全国革命运动蓬勃发展。这时，冯玉祥整顿他的部队为国民革命军第二集团军，自任总司令，任命井岳秀为第二集团军第九路军总司令。石谦部队的番号遂改为国民革命军第九路军第二师第六旅，石谦升任了旅长。我党在石谦旅中的力量也逐渐发展。

1927年春，石谦旅中的党组织由特支改为军事特别支部，直接受中共陕甘区委领导。子长、象九等为军支委员。几个营、连都成立了支部，100多名官兵加入了党、团组织。由于全国革命形势的影响，在中共军支和子长等同志的努力下，石谦部队的革命活动开展得很活跃，大部分官兵都倾向于革命。

二、兴利除弊*

1927年初，大革命的熊熊烈火在陕北高原渐成燎原之势。为了便于开展农民运动，这年正月十五，谢子长率部由宜川回到安定县驻防。

一回到安定县，子长即找绥师毕业、曾在石谦团搞过兵运工作的共产党员冯景异商议，决定先从解除农民的切身疾苦入手，发动群众，然后组织农民协会，建立农村政权。当时，正值国共合作时期，子长决定利用合法身份与手续开展工作。

子长和冯景异、康忠治、郭光青等几位地方上的共产党员仔细商议后，便去找县知事张鸣盛，提出要召开全县地方行政会议，让全县各界人士、旅外学生及农村中有威望的农民代表参加，商讨全县应兴应革之事。这张鸣盛是个圆滑之人，在地方上混事，求得有碗饭吃。他早知子长的威望，这次子长带兵回防，兵权在握，他哪敢违抗，便连连点头称是。还唠唠叨叨地说个不停："鄙人亦抱兴革之志，奈以地方痛苦，兼以鄙人才拙，虽然煞费苦心，而少见实效。抱歉之至！今谢连长回防，提倡整理地方，共图改革计划，此议极是！亦即鄙人发展宿愿之时机，定当努力实行。"

在子长的积极倡导和努力工作下，1927年2月23日至25日，召开了安定县地方行政会议。为了开好这次会议。子长组织冯景异等地方上的几名共产党员，认真地进行了筹备工作。正式开会前，子长亲自主持召开了筹备会议，选举谢子长、冯景异和思想进步的督学李葆秀三人组成主席团，主持召开会议，审查各种提议案并督促县公署执行。还成立了由共产党员和进步教师、学生组成的文牍、编辑、庶务等股。

这次"以改进地方一切行政事宜解除民众痛苦为宗旨"的地方行政会

* 此节引文除注明者外，均引自《安定县地方行政会议文件》。此件原为与会者徐昌弟同志珍存，现存中国革命历史博物馆。

议在子长的领导和其他共产党员、进步青年的努力下，会议开得井然有序，议案明确可行，十分成功。会议通过了《农民协会案》、《教育案》、《天足会案》①、《保卫团案》、《保董案》、《杂税案》、《皮毛捐案》、《县公署案》8个决议案，共76款。在《农民协会案》（原件存中国革命历史博物馆）中，明确宣布"先组织农民协会促成委员会极力成立各区农民协会"，并成立了以共产党员冯景异、郭光青、任光盛等为主的14人组成的农民协会促成委员会，子长同志也亲自参加。《农民协会案》决议"组织农民自卫军"，"取消警察局将该款拨给农协会。"这就为成立农民协会领导的革命武装——农民自卫军取得了合法地位，并解决了农民协会的活动经费问题。在《教育案》中明确决议，成立了以共产党员冯景异、郭光青等组成的教育会。推举冯景异担任了县教育局长，郭光青担任了一高校长。这就为我党培养人才取得了阵地。在其他决议案中，明确宣布"取消安定全县保卫团"，还明确规定："保董应与平民一样摊款不得私自苛打罚金"、"杂税应按实数摊派不得多摊分文"、"商税局不得任收杂税"、"皮毛捐不得在活羊身上收款，如有违者归县署惩办"、"差役不得向民众勒索"、"粮差催户首不得苛索路程钱烟饭钱等"、"钱粮大粮不能多收分文并预征"、"本县如有摊款情事，县公署宜先将摊款原数及各区所摊之数目公布，收到款时须将所收款数切实公布"、"诉讼者可不向长官跪拜"等，甚至连高利贷者"王玉书在东二、三区苛捐羊户每羊二分，由县公署和驻军会同惩办之"这样的具体事务也列在了《皮毛捐案》内。

为了敦促这次会议的决议案能付诸实行，并造成强大的舆论声势，谢子长会同驻在瓦窑堡的十连连长、共产党员李瑞成共同发布了布告《敬告安定父老昆弟》，称："我们现在逢安定人民开地方行政会议，解决安定应兴应革的各事，这实在是被压迫的民众为自己的利益而欲求解放运动的表现，也就是民众的军队自然以拥护民众利益为前提。誓当随我们亲爱而可怜的父老兄弟姑伯姊妹之后，不但要将这次决议案尽力帮助实行而且对于你们将来兴革事宜，还要当努力……"还敦促县知事张鸣盛也发布布告，保证"嗣后所有大

① "天足会"是劝导妇女将"小脚"放成"大脚"，成为原来的天然足的一种群众教育组织。旧社会妇女被迫缠脚，痛苦至极，这是解放妇女的一项措施。

会决议案件，定当努力实行”。

2月29日，谢子长又亲自主持召开了全县市民大会，会后发布了《各团体宣言》称：“我们安定这次地方行政会，不是突然发生而有这样多的兴利除弊种种的决议案，实是因为我们安定一般人民，屡年受贪官、污吏、恶绅、劣军、土棍……种种的欺苛压迫而促成的。所以我们一般被压迫的人民，不但要督促把这次会议的各种决议案马上实行，而且同时又感觉到产生压迫我们人民的各种坏东西，由于帝国主义和军阀官僚狼狈为奸造成社会不良而成的。我们究非誓死快快起来，自动的互助团结，互相亲爱，组织各种予我们利益的团体（如农民协会等）从根本上改造是不成功的。因此我们的口号是——

督促地方行政会议决议案马上实行！

铲除压迫我们的各种坏东西！

打倒帝国主义！

打倒军阀官僚！

取消一切不平等条约！

改善我们民众的生活。”

2月的天气，陕北高原仍然寒凝大地，但安定县城却被一片革命的气氛笼罩。老百姓们看到过去欺压自己的“丘八”（丘八——旧社会把“兵”称“丘八”。因旧社会的“兵”多祸害群众，人们厌恶，用拆字法把“兵”字拆开称“丘八”）在谢子长的带领下和他们站在一起振臂高呼革命的口号，都心里乐滋滋的。革命的潮流来了，昔日当牛做马的老百姓，要站起来做人了！

三、唤起民众

早在1926年间，中共绥德地委就派人在安定北区任家砭村开展活动，发展了杰出的农民党员任光盛同志。在任光盛同志的影响组织下，在附近几个村里又先后发展了张宗孝、武佑国、赵福祥、景芳等共产党员，开始进行革命活动。1926年后，绥德师范、榆林中学毕业的一些共产党员学生也相继回乡活动。但当时全县还未建立党的组织。全县行政会议之后，谢子长同志积极协助领导建立了中共安定县特别支部，由冯景异（又名卓武）担任书记，康忠治任组织委员，郭光青任宣传委员，统一领导全县的革命工作。

根据中共中央和陕甘区委的指示精神，为了培训农协骨干，尽快在全县各区成立农协，开展农民运动，谢子长和中共安定特支商定，学习广州农民运动讲习所的做法，在安定县城筹办成立了安定县“农民运动讲习所”。从全县14个行政区内，按地面大小、人口多寡，选调了36名思想进步的优秀中、青年来集中培训。当时，正值“国共合作，统一战线”时期，利用国民党名义，以合法地位与手续，来进行革命工作，较为顺利。为了便于开展工作，“讲习所”的所长，名义上由县知事张鸣盛担任，实际上主办的副所长和教务等全由共产党员和农协促成会的进步教师、青年充任。中共绥德地委还特地派来柳长青为专任教师，讲授农运基本知识。子长同志除教《马克思主义浅说》等革命理论课外，还随时来讲习所报告国内外形势和讲时事政治课。

经过两个多月的理论学习后，讲习所的学员们就分头下乡组织基层村、乡的农民协会。谢子长亲自带领学员到瓦窑堡、杨家园、栾家坪、石宫寺、窑台上、李家岔等大的村镇，召开群众大会，讲演宣传。他们从农村的实际事例说起，用通俗易懂的话语，讲贪官污吏、土豪劣绅欺压剥削农民的罪行和成立农协会的作用，号召大家团结起来斗争，并且当场还惩罚了几个典型的土豪劣绅。他们从农民的切身利益出发，提出“打倒贪官污吏”、“反对苛捐杂税”、“打倒恶霸地痞”、“反对高利贷”、“反对兵丁拉差”、“反对军人打骂群众”、“反对官吏浮摊滥收公款”、“反对差役敲榨勒索”这些切实可行的口号。

处在黑暗压榨下的老百姓，早就盼望着能有个出头的日子。在前几年，子长当团总的时候，老百姓就传开了“谢青天”的事，今个看到“谢青天”又回驻安定，发动农民闹革命，一传十，十传百，迅速传遍了全县各个角落。在子长的倡导和支持下，安定县在行政会议后，很快就成立了农民协会促成委员会。促成委员会成立后，推举了28人分赴全县14个区，每区两人分头组织区农民协会。不到两月时间，全县的基层农民协会就都组织起来了。当时在西安出版的《陕西国民日报》4月15日第4版上，还以《安定县农民协会成立》为题作了报道。

5月1日，在各区农民协会成立的基础上，安定县农民协会正式宣告成立。选出了以冯卓武（即冯景异）等共产党员为主组成的七人执行委员会。

5月30日至6月2日，14个区选出农协代表36人，召开了安定县第一次农民代表大会。会议举行了三天，通过了关系农民切身利益的决议案40多条。陕西《国民日报》1927年6月24日在报道这次代表大会经过时写道：大会闭幕时“各区代表及来宾讲演者数十人均慷慨痛切词短意长，听者无不鼓舞奋勉”。

6月中旬，在县城隆重召开了一次声势浩大的全县农民协会会员大会，谢子长亲自担任大会主席。会上先由出席全省第一次农民协会代表大会的任光盛、李蕴生传达了会议精神，报告了全省农民运动的形势，继由各区、乡的会员们，争先恐后地登台表述了他们想说的心头话。有个会员在慷慨激昂的讲话中说：“我们做梦也想不到，今天能在这样的大会上，讲自己心中敢说的话。做梦也想不到，长期受苦的农民还有过好光景的希望！”昔日做牛马，今日要当家。整个大会会场人山人海，群情沸腾，受苦受难的庄稼汉们一个个喜笑颜开，扬眉吐气。

这次大会后，安定县的农民运动在全县如火如荼地展开了。

四、安定怒火

长期压在社会底层的贫苦农民起来造反了，他们的矛头直指骑在他们头上的土豪劣绅。在来势汹涌澎湃的农民运动面前，一些胆小的地主老财都逐渐敛迹了，有的还拜倒在农民权力之下。但有些家伙，还是茅坑边的石头，又臭又硬。安定南二区蟠龙镇一带的大土豪宋运昌就是这样的一个家伙。他是全县有名的劣绅之一，仗着财广势大，根本不把农民协会放在眼里，继续在农村欺压百姓。谢子长早就准备惩办他了。

恰好，这时有位50多岁的老农到县上来找子长哭诉他的冤屈，告发宋运昌的罪恶。谢子长问明了案情，亲自找县知事张鸣盛，让其受理此案。在子长和县农协的督促下，张鸣盛不得不将该宋传讯到县，押在班房里。子长召开群众大会，对宋运昌进行了批判斗争，游街示众，打掉了宋运昌的嚣张气焰。在愤怒的群众面前，宋运昌只好低头认罪。

一天，谢子长又派人将瓦窑堡的放高利贷者王玉书、马子厚找来，痛斥了他们的剥削行为。受剥削的老百姓都闻讯赶来算账。愤怒的群众高呼“打倒高利贷！”口号声震耳欲聋。这两个家伙被圈在人群里吓得要死。子长当众宣布，只准他两人收回原本，其余利息等非法剥夺百姓的债务全部免除，并把他们保存的文约账簿抄来当众烧毁。这两个作恶多端的高利贷主，往日凭借他们的亲戚在井岳秀的部队中混事作靠山，在瓦窑堡一带横行无忌，压榨百姓，今个面对一堆堆纸灰只好忍气吞声，斗争会后，便灰溜溜地夹起尾巴逃走了。

在发动起来的广大群众面前，往日控制全县的三老元绅也收敛多了。但狗改不了吃屎，他们总不甘心自己的失败，除了躲在阴暗角落里叽叽咕咕地诅咒外，还总想登台表演一下。当时，正值国共合作时期，我党有时利用并通过国民党的组织形式公开进行活动，中共安定特支拟在第一高等小学师生中成立国民党区党部的组织。三老绅之中的王伯阳、李耀辉二人闻讯，突然来到学校，大吵大闹，不仅把他们自己的学生立逼回去，还把他们左邻右舍，稍有连带的学生都拉拢回去，又煽动其他学生退学。一时，闹得不可开交。子长和特支决定借此机会对其进行斗争。他们组织师生到大街上出宣言，散传单，到街头宣传王伯阳、李耀辉的罪行，并且集队到县府请愿，要求惩办王李二绅“捣乱学校，破坏教学”的罪行。知事张鸣盛在当时情势逼迫下，不得不将王、李二人押禁在班房。老绅王伯阳、李耀辉被关押了，这消息像长了翅膀，一下很快从城里传到了乡村，大灭了士绅们的威风。

这样，在谢子长的领导支持下，惩罚了宋运昌、王伯阳、李耀辉这几个大恶豪，群众的斗争情绪更高涨了，全县到处掀起了对土豪劣绅的斗争浪潮。这情势，止像毛泽东同志在《湖南农民运动考察报告》中所描述的：“其势如暴风骤雨，迅猛异常，无论什么大的力量都将压抑不住。他们将冲决一切束缚他们的罗网，朝着解放的路上迅跑。”“这个攻击的形势，简直是急风暴雨，顺之者存，违之者灭。其结果，把几千年封建地主的特权，打得个落花流水。地主的体面威风，扫地以尽。地主权力既倒，农会便成了惟一的权力机关，真正办到了人们所谓‘一切权力归农会’。”

安定农民运动的怒涛，冲倒了土豪劣绅的体面威风，也将长年压在农民身上的土豪劣绅的巧取豪夺、贪官污吏的敲榨勒索、名目繁多的苛捐杂税、浮摊滥收等一并冲得一干二净。井岳秀亲自派的提款委员王雪焦来安定提取烟亩款和其他税款，也是空手而回。特别值得指出的是，安定农民运动所造成的影响在陕北是有深远意义的。从此以后，革命的火种深深地扎在了安定人民的心田里，为尔后的陕北革命斗争打下了良好的基础，最后形成了一股猛烈的火焰。

五、“大丈夫当以社会国家为家庭”

旧社会，陕北习俗早婚，男的十六七岁，女的十五六岁即成婚。在这个偏僻落后的山区，当时不论城乡，男女婚姻，都由父母包办，婚前男女双方也不能见一面。子长对这一套包办买卖婚姻制度十分反感。家里老人、兄长多次提及他的婚事，都被他拒绝了。

1918年，子长20岁的时候，家里人着了急。他们打听附近李家岔兔河村有一南姓姑娘，人品好，相貌也长得排场。家里人想，过去多次提婚，子长不答应，可能是人不中意。这次，从人品到模样，他准满意，也没征求子长意见，就给他订了婚。并约定了结婚日期，待子长寒假放学回家就成亲。

这年后半年，子长正在西安省立一中读书。期终考试之前就接到家里来信，让他一放假就赶回家中。原先，子长以为卧病在床的母亲思念自己，哪知一回家，是这么回事。子长十分生气，转过身就要走。无奈卧病在床的老母亲拉住他苦苦相求，家里亲戚朋友也都赶来好言相劝。子长虽说是个刚强汉子，看到老母亲为他的婚事伤心成这副样子，恐执意不从，老人出事，就违心地被亲友推进了洞房。

结婚这天，家里到处张灯结彩，宾客纷至，熙熙攘攘，好不热闹。子长却一直闷闷不乐。他为自己未能冲决这千百年形成的罗网而苦闷、悔恨。新婚之夜，喧吵了一天的人们都四散而去，进入了梦乡，子长还呆坐在洞房的椅子上沉思：多可怕的传统观念呀，千百年来，它一直束缚着人们的思想，像一个无形的罗网笼罩着中国的大地。要冲破它可真不容易！多少善良诚实的父母，为儿女的婚事操心奔忙，他们用自己的血汗换来粮食、钱财，勒紧裤带，一个铜板一个铜板地积攒，最后为儿子“买”来媳妇。女子的命运更悲惨，她们像有生命的货物一样，被“卖”给男方。多少年来，“父母之命，媒妁之言”就这样决定着青年男女的婚姻命运。多少青年男女的青春，就这样白白无情地葬送在这黑暗的深渊之中！

一支蜡烛燃完了，新娘又续上了一支。最后一支蜡烛也燃完了，子长还端坐凳子上，一言不发。起初，新娘还等着他上炕入睡。后来，看他这副样子，也闹不清咋回事，以为子长是生她的气，就委屈地哭泣起来。这时，子长才从沉思中回转过来，和气地对新娘说：“你快睡吧！我不想睡。”就坐在椅子上度过了他的新婚之夜。婚后，他即离家，赴榆林府去状告县长。为反抗这种包办婚姻，他多年未在家居住。

1927年，子长带兵回到安定，家人和亲友们，都想乘此机会，帮助他俩重新建立夫妻关系，多次劝说，都被他拒绝了。后来，他的几位热心的亲友，暗暗地在城里给他收拾起一孔洁净爽亮的窑洞，打发他的老父亲将他妻子送到城里来。年迈的父亲语重心长地嘱咐他说：“你这次应该体谅我啊，再不要使我担忧受煎熬了！……”他的家人、亲友和同志们一再规劝，但他仍无动于衷。他对妻子从不欢颜谈笑，亦不厌恶憎骂，除说几句必要话外，不说一句夫妻恩爱的话，也不同居。一天晚上，几位热心的同事将他抬进窑内，和妻子锁在一起。子长床也未上，又静静地在凳子上坐了一夜。大家见此情景，有人曾郑重其事地劝告他说：“你已是近30岁的人了，也应该考虑一下，为自己家庭儿女们着想呀！”他即郑重地回答说：“大丈夫当以社会国家为家庭，岂能专给儿女做马牛！”大家见此情景，实在无法可施了，便只好打发他的妻子回去。以后不久，随着新思想、新文化的传播，子长便主动提出，和包办的妻子解除了婚约。子长的离婚，在陕北算是最早的。

据和子长长期相处的一些老同志介绍，子长生性淡泊庄重，不慕虚荣富贵，不贪恋妻子儿女，不顾惜家庭日月，不染烟酒，不谋吃喝，志在革命事业。平时，很少言谈身边吃、穿琐事，有过人的品格。

子长经常用诸葛亮“志当存高远”的话语告诫自己和周围的同志。他说，一个革命者首先要立大志，要具有高远的志向。志存高远，心忧天下，就应该做到“绝情欲”、“去细碎”，一个满脑子利欲，斤斤计较个人琐碎得失的市侩之徒，是谈不到胸怀大志的。这样的人，只能营私利而不能成就革命事业。革命事业是千百万人改天换地的大业，革命者必须具有高远的志向和坚强的意志。否则，革命便是空谈。子长非常喜欢诸葛亮的《诫子书》：

> 夫君子之行，静以修身，俭以养德。非淡泊无以明志，非宁静无以致远。夫学，须静也；才，须学也，非学无以广才，非志无以成学。淫慢则不能励精，险躁则不能治性。年与时驰，意与日去，遂成枯落，多不接世，悲守穷庐，将复何及！

对诸葛亮这段脍炙人口的话语，子长不仅熟记，更身体力行。他在旧社会那污浊的环境中，出污泥而不染，严格要求自己，不沾染恶习来培养自己的思想，不放纵欲望来培养自己的品德。淡泊以明志，宁静以致远。“非学无以广才，非志无以成学”是他口头常说的话。但他更重“体行”。他曾给一位友人赠言：“人之一生，贵在体行，古今‘立言’，皆为最末。”

子长品德的高尚，向为同志们钦佩，也为离婚的前妻感动。他的这位温良敦厚的前妻，离婚后，尽管为自己青春年华被耽误而有怨恨，但对子长的品格称赞不已，说他是位“大好人”！她以后嫁给国民党安定县政府差役张芳华为妻，一次听到敌人要捉拿子长，感于子长的品格和为人，她冒着风险跑出城，托人给子长带口信，让他迅速脱离了险境。

六、风云突变

1927年春夏，陕北的革命运动达到了高潮。在谢子长的直接领导和支持下，安定县已成了党所领导的农民协会的天下，劳苦大众扬眉吐气，反动势力销声匿迹。陕北自绥德以下，延安以上，清涧、安定、延长、延川、宜川等县，都为石谦旅的驻防地，也即为我党放手进行革命活动的地方。当时在中共陕甘区委的领导下，陕西全省革命形势正在高涨之际，陕北王井岳秀觉得无可奈何，也只好忍受观望。

1927年“四·一二”蒋介石叛变革命后，陕西的革命运动还在继续高涨，直到7月中旬，冯玉祥追随蒋介石反共之后，陕西的局势才急转直下，反革命的血风腥雨刮到了陕北。

此时，陕北王井岳秀心中便暗自欢喜，要消灭石谦势力的时机已到了。但怎样动手，怎样开刀，又是他日夜筹思的一个问题了。这石谦，自幼跟随井岳秀，对井还有些个人崇拜。后因受我党的影响，也多少懂了一些革命道理，逐渐转为同情革命。对谢子长等人在部队中进行的革命活动，他也是睁一只眼，闭一只眼，既不参与，也不反对，只说：“你们搞去！”有时高兴了，还说几句革命的词句。1926年年底打下韩城后，石谦召集士兵讲话时说：“井大人（指井岳秀）哄了我几十年，现在我才灵醒了！”公开表示了对井个人崇拜的动摇和对革命的同情。这句话传到土皇帝井岳秀的耳朵里，井非常恼恨。加之共产党在石谦部的活动，井岳秀便决计下毒手了。他对消灭石谦部的这个问题，筹思了很久，忽然想起：不动干戈，不动声色，便可解除心腹之患的一个惟一机会与妙计来——“打蛇先打头”。头一打，其他即可迎刃而解。但这个“机会与妙计”，只装在他自己头脑中，对外不露形迹。

这陕北土皇帝井岳秀，每年农历七月二十二过生日，都要举行“拜寿”大典。凡军队营以上官佐，地方上各县知事，税务局卡头目，以及有名望的富豪都要亲自去榆林城参加寿典，奉献礼品。军队或地方的下属为了自己的官职和前程，每年都携带搜刮来的大量金银财宝来讨好这个土皇帝。

这年，石谦也照例带着骑兵连长王正娃等十几名马弁，到榆林城来给井岳秀拜寿。

这些天，榆林城到处张灯结彩，各路诸侯齐聚，大小军佐、官吏相会，热闹异常。有的在寓所打麻将，吸大烟；有的在酒店设宴，猜拳行令；有的找门径，拉关系，日夜钻营。8月22日夜间，石谦正和安定县知事张鸣盛两人躺在床上吞云吐雾，突然几名身穿便衣、头裹黑巾的彪形大汉闯进来，举枪结果了石谦的生命，转身逃匿。待王正娃等闻声赶来时，石谦已躺在血泊中，张鸣盛也中了弹，吓得语不成声，瘫在地上。

王正娃慌了手脚，急忙呈报井岳秀。这时井岳秀却贼喊捉贼，训斥道："你们为什么不小心保护旅长，要你们这等人有何用处！"遂将王正娃等人的枪支马匹全部收缴，拘留起来。并派出部队，全城戒严搜查刺客，故弄玄虚，闹腾了一夜。为了掩人耳目，井岳秀又派人将石谦的尸体装殓起来，令王正娃等护送回原籍白水安葬。

实际上杀害石谦的凶手即井岳秀的侄子、营长井继先。这完全是井岳秀一手导演的。事后，井岳秀恶狠狠地骂石谦道："你驴日的灵醒了，我叫你死，还叫你不知道是咋死的！"

暗杀了石谦，井岳秀即勒令封闭了绥德第四师范，令亲信姜梅生团驻绥德城内，专事镇压之责。接着，又委任亲信康子祥接任石谦旅长的职务，即密谋消灭石部内共产党的力量。他们命令李象九营（此时李已升任营长）到延安，说是要改编为"骑兵团"；命令谢子长连到宜川换防，阴谋分而歼之。借机先消灭这两支所谓赤化了的主力部队，然后全部清洗。

霎时，风云突变，腥风阵阵，白色恐怖铺天盖地而来。

七、清涧起义——在北方打响武装斗争的第一枪

当时，石谦旅共有3个营，辖12个步兵连、1个骑兵连的兵力。其中三连、四连、八连、十一连、十二连的连长及大部分班、排长都是共产党员，这5个连完全是我党掌握的力量，另外九连、十连、骑兵连这3个连也可以说受我党影响和领导。

早在四一二反革命政变后，李大钊同志被杀害的消息传来时，部队党组织即领导部队在清涧城里举行了示威游行，高喊“打倒张作霖”的口号，路过教堂时，砸了基督教会的牌子。当时，谢子长同志愤怒已极，即准备率部并且组织农民起义，因上级党组织不同意而未行动。

石谦被暗杀后，正值党的八七会议之后。根据党的八七会议确定的实行土地革命和武装起义的方针，9月26日，中共陕西省委召开了扩大会议，决定组织武装起义，建立独立武装。并派负责陕西省委军委工作的唐澍和白乐亭（又名白明善）二同志到清涧加强起义的领导工作。

唐澍同志是河北易县人，字东园，1924年在黄埔军官学校时加入共产党，黄埔军校第一期毕业后，1927年春到陕西做兵运工作。时年二十七八岁，沉静而有魄力，组织和军事才能俱佳，还长于言辞，讲话富有鼓动性，很受干部、战士欢迎。唐澍来清涧后，以李象九朋友的名义在部队担任军事教官，积极从事武装起义的准备工作。旋即成立了由唐澍、谢子长、李象九三人组成的党团委员会和陕北革命军事委员会，由唐澍任书记，谢子长、李象九为委员。决定乘石谦被杀，部队情绪激动的时机，打出“为石谦旅长报仇”的口号，发动起义。

在起义的前夕，谢子长的心情十分激动。他挥笔写了“大地民方醒，中原鹿正肥”的对联，贴在连部门上。

10月11日夜，领导起义的革命军事委员会召集驻在清涧城里的李象九营

的四个连的排长以上党员干部紧急开会，会议上唐澍、李象九、谢子长分析了当时的形势，讲明了敌人妄图消灭我们的反革命阴谋，传达了省委关于武装起义的指示，对起义作了具体部署。决定驻在清涧的谢子长的第十二连、韩子丰的第十一连等四个连先发动起义，然后会合延川县的另一个连南下宜川，与宜川县的其他三个连会师。

10月12日凌晨，起义的枪声在清涧县城胜利打响。部队对全城实行了戒严，割断了电话线，管押了伪县长和豪绅，打开大烟土店的仓库，全部没收。起义计划周密，组织严明。

谢子长亲自带人在城中巡逻，发现李象九的护兵黄中甫乘机乱抢老百姓的东西，他当即逮捕，并主张枪毙，以儆效尤。但李象九觉得这样处理感情上有些过不去。子长即对李象九说："我们做革命的事，是替老百姓谋利益，这样当土匪，抢老百姓，我们还干什么革命？再说，这样搞群众会支持我们吗？不从严处理，就难以教育部队。"说得李象九心悦诚服，于是将黄中甫执行枪决。并借这件事对全体起义部队进行了纪律教育。子长向全体官兵讲话说："我们共产党领导的部队，时刻不要忘了老百姓，不论走到哪里，都要爱护他们，给他们办好事，这就是我们革命的目的。这样老百姓也才会支持我们。谁要是乱抢老百姓的东西，糟踏老百姓，就要从严处理！"

此后，起义部队军纪严明。部队从清涧出发，途经延川、延长、宜川等县城和几十个村庄，秋毫无犯。所到之地，不拿群众一针一线，不动老百姓一草一木。一天，部队途经延川县境，宿营在谢子长的老同学张肇南的村子里，吃过饭群众都不收部队的饭钱，子长坚持要付。张肇南说："自古兵食不掏钱。"子长说："那是旧军队的作风。我们共产党领导的队伍一定要掏！"子长命令部队如数付了钱，深得人心。不少年轻后生踊跃参加了部队。

12日黎明，起义部队从清涧出发南下延川。在延川县城会合了共产党员王有才带领的一个连，又向延长前进。14日，赶到延长，谢子长率一部首先进入县城。这时反动营长齐梅卿还不知情况，子长借和他交谈之名，出其不意，下了他的枪，并收缴了他的营部及所属两个连的枪械。

19日，起义部队来到宜川城下，与驻宜川的共产党员李瑞成和王正娃带领的两个连里应外合，占领了宜川城。敌旅长康子祥弃城逃跑。此时，参加起义的共约1000多人，长短枪1000余支，辎重弹药近300驮，力量相当可观。

这时，井岳秀极为震惊，急忙调集部队准备围歼。唐澍、谢子长主张打起革命红旗，主动出击。并指出陕北交通不便，敌人的围歼部队只能一个营一个营地运动，乘敌人兵力还未集中之前，我们采取集中力量，各个歼灭的办法，消灭上几个营，敌人就不敢轻举妄动了。这样，起义部队的士气就会越战越强，党和革命的影响就可进一步扩大。同时，在组织上对部队进行整顿，把不好的连、排长清洗出去，挑选政治上坚定可靠的共产党员担任领导。但李象九却主张仍用十一旅的旧番号，驻守宜川，并且不愿意把与自己关系好的不可靠的旧军官洗刷掉。在军事上，他任用原石谦的旅部参谋孟成斋为参谋长；在部队的设防上，也发生分歧。唐澍、子长主张把部队拉到离城30里的交通塬设防，那里地势好，居高临下，又扼住交通要道，便于部队进退。如果敌人攻势猛，就把部队撤到黄龙山。但李象九一进城，就把部队部署在宜川城外设防：李瑞成、王有才两连防守虎头山；韩子丰、雷进财连驻守凤翅山；子长连防守七郎山。李象九原为营长，起义后又任旅长，在部队中影响比较大，他坚持己见，唐澍、谢子长的意见得不到采纳。无奈，唐澍同志只好回西安向省委汇报。

唐走后，李象九即仍打出十一旅的旗号，自任旅长，下编三个营，由谢子长、韩子丰、李瑞成分任营长，孤守宜川城。

不久，井岳秀即调集驻延安的高双城部和驻安定的种宝卿部共两三千人的兵力包围了宜川城。

战斗打响后，驻守在护城山凤翅山阵地的雷进财连，稍经接触，即擅自撤退。凤翅山、虎头山、七郎山在敌重兵围攻下，相继失守。子长率部反攻多次，终未夺回。

战斗开始，李象九主张坚守。护城山凤翅山失守后，李又决定仓皇撤退。突围中，子长率一营担任突围先头部队，他们从南门冲出，猛冲猛打，击溃了驻在宜川城外五里党家圪塄的一个营，打开了撤退的道路。但整个部队总指挥不当，后续部队陷于混乱，受到很大损失。突围后上千人的部队，只剩下谢子长营等三四百人和十几匹战马，其他枪弹物资损失殆尽。

部队突围后，撤至三四十里外的梢山休整。这时，土匪出身的五连长雷进财偷偷召集他连班、排长开会，预谋叛变投敌。在这个连任排长的共产党员雷恩均向子长作了报告。当天下午部队开到慕村宿营时，子长到五连亲自处决了这个叛徒，向部队进行教育，号召同志们要在困难中坚定信心，革命到底。

起义部队撤至韩城西庄镇时，唐澍、阎揆要等同志带着陕西省委的指示回到了部队，还带来了毛泽东率领秋收起义的部队上井冈山建立革命根据地的消息和传单。时已深冬，天寒地冻，缺吃少穿，但大家听了这消息，觉得有了方向和前途，都很兴奋。唐、谢、阎即按省委指示，办起了教导队，对部队进行整训。并根据省委指示精神，重新组织了军委。

12月30日，起义部队公开打出了红旗，在新的军委领导下，将部队改编为西北工农革命军游击队，以谢子长营为基础，分编为四个队，唐澍、谢子长分任正副总指挥，阎揆要任参谋长，提出了"打倒贪官污吏和土豪劣绅"的战斗口号，率部北上，打算在群众基础好的清涧、安定一带开展游击战争。

这时，井岳秀已调集重兵"围剿"，在宜川、交口镇等地发生激烈战斗，西北工农革命军游击队寡不敌众，受挫折后，部队被迫向保安、庆阳方向的陕甘边界山区前进。一路上，敌人前堵后截，加上寒冬腊月，衣单肚饥，部队减员很多。1928年元月到达陕甘边界甘肃庆阳的豹子川时，总共只剩下了29人。这时，敌人又追了上来，为了保存革命势力，唐澍同志决定暂时分散隐蔽到群众中去。至此，历时三个多月的清涧起义失败了。

这次起义虽然失败了，但它是大革命失败后，在白色恐怖面前，继"八一"南昌起义和秋收起义之后，我党领导革命武装，在中国北方向反动派打响的第一枪。在西北，第一次树起了武装革命的红旗，打击了军阀反动派对革命的进攻，鼓舞了人民的斗志，为尔后的武装斗争和陕甘红军、陕甘根据地的创建积累了经验，锻炼和培养了一批干部，有重大的历史意义。

在这次起义中，谢子长同志立场坚定，忠勇果敢，表现了大无畏的英雄气概和彻底的革命精神。

第四章　奔走陕甘宁

(1928—1930)

一、渭华起义中的战将

1928年初，清涧起义失败后，谢子长偕同唐澍回到西安，向中共陕西省委汇报了情况。春，又被党组织派到洛南三要司许权中旅工作，参加领导了西北历史上有名的渭华起义。

许权中旅是由中共陕西省委领导的一支部队。是由大革命时期的国民联军驻陕总司令部政治保卫队和中山军事学校学员组成的。称为国民革命军第二集团军第八路军新编第三为旅。它的骨干成员都是共产党员。共产党员史可轩原为驻陕总司令部的政治保卫部部长兼中山军事学校校长，任旅长。1927年7月，冯玉祥追随蒋介石叛变革命后，连电急令这支部队由西安开赴河南前线，妄图乘机消灭共产党领导的这支革命部队。根据中共陕西省委的决定，这支部队借离开西安的机会，准备经渭北开赴陕北，同石谦旅李象九营会合，发展革命武装力量。后史可轩同志率部途经富平县时，史可轩被地方军阀田生春在美原镇杀害，未能实现去陕北计划。原为保卫队长的共产党员许权中同志接任旅长。

1928年春天，根据党的指示，这支部队进驻洛南三要司。为了加强对这支部队的领导工作，中共陕西省委先后派刘志丹、唐澍、谢子长等同志到这个旅参加了旅党委的领导工作。刘志丹同志担任旅参谋主任，唐澍同志任旅参谋长，谢子长同志被党组织派往基层加强领导，担任营特派员兼副营长，准备代替营长职务。

陕西东部的渭华地区，北跨渭水，南靠秦岭，东临潼关，西通长安，有“三秦要道，八省通衢”之称，向为兵家必争之地。渭华地区也是陕西省传播马列主义，建立党团组织，开展革命活动最早的地区。早在1922年，董必武同志就派王尚德由武汉回乡在渭华地区建立党团组织。这年秋天，王尚德同志就在渭南的赤水镇发展社会主义青年团团员，进行革命活动。到1925年，渭南和华县都先后建立了中国共产党的组织。次年，又相继成立了中共渭南县委、渭南地委和华县县委。到1927年，渭华地区已发展党员497人，在农村已建立起70个党支部。有党团员1000多人。大革命时期，在党的领导下，渭华地区的学生运动、农民运动也搞得轰轰烈烈。特别是以华县高塘镇为中心的渭华原上的农民运动更是如火如荼。

1927年春，渭南、华县两县相继成立了农民协会，取代了反动政权。农民有了什么事，告状、打官司都找农民协会。伪县政府成了空架子，衙役也不敢下乡催粮要款。高塘原上，不但党、团组织力量强，而且还掌握了高塘自卫团二三十支枪的武装。国民党反动派叛变革命后，虽然整个革命形势处于低潮，但渭华地区的党团组织没有遭到大的破坏。根据党的八七会议精神，陕西省委决定在渭华地区发动武装起义。

1928年5月1日，在党的领导下，渭南东原1000多农民群众在崇凝镇召开大会，宣布起义，成立了西北地区第一个苏维埃政权——崇凝区苏维埃政府。在此之前，已建立了革命武装——陕东赤卫队。轰轰烈烈的渭华起义就此开始了。

5月16日，许权中旅根据党的指示开赴高塘参加起义，在高塘镇举行了盛大的军民联欢大会，宣布成立了西北工农革命军，树起了武装斗争的大旗。西北工农革命军编为四个大队、一个赤卫队和一个骑兵分队共千余人。由唐澍任总司令，刘志丹任军委主席，谢子长担任军委和军党委委员，兼任第二大队队长。

在党的领导下，西北工农革命军与农民运动相结合，打土豪，建政权，很快地便在崇凝、高塘镇周围50多个村子相继建立了苏维埃政权。农民到处唱着“不爱银子不爱财，光爱工农苏维埃；不爱金子不爱钱，光爱人民新政权”的歌谣。革命的烈火燃遍了渭华高原。东起少华山，西到临潼境，北达陇海线，南包秦岭，200平方公里的土地上到处张贴着西北工农革命军总司令部的布告，到处响彻着“打倒土豪劣绅！”“全部政权归苏维埃！”“武装暴动，夺取政权，进行土地革命！”的战斗口号。

渭华起义以后，谢子长和军参谋主任高克林带领第二大队300多人驻在总司令部的所在地高塘镇一带，负责开展游击活动。子长经常带着队伍向渭南、华县县城和赤水镇一带出击，袭击敌人的交通线和据点，打得敌人惶恐不安。一次，子长奉命率队赴赤水镇，配合群众斗争。他带着队伍还未到赤水镇，赤水镇豪绅李金戊的民团早已闻风逃跑了。路上，碰到国民党政府的两个收税委员，还在向老百姓逼款。这两个家伙，逼粮要款，敲榨勒索，老百姓早就恨透了，强烈要求处决，子长便命令拉到赤水河滩杀了。赤水镇的商会会长赵登科平常勾结民团为非作歹，还经常散布反动言论，恶毒攻击共产党，非常反动，也被处决了。

杀了这些反动家伙，老百姓可高兴了，都跑来向子长控告当地一些土豪劣绅的罪恶。在子长的领导下，赤水群众很快就掀起了捕打豪绅的斗争。根据群众的控告，子长派人处决了三张村的一个劣绅，烧了高利盘剥农民的“三兴合”、“福寿昌”两个商号。赤水西街的豪绅姚俊贤、张庄豪绅程学道自知罪孽深重，闻风而逃。在这些日子里，地主豪绅威风扫地，纷纷外逃，大的逃到西安，小的逃往县城，未跑掉的拿着地契文约跑到苏维埃政府的门前，低声告饶说：“我把文约拿来了，当着你们的面烧吧！”农民群众扬眉吐气。子长看到这黑暗的社会翻了个过，心里真有说不出的畅快。他亲自领着战士打土豪，把缴获的粮食、衣物，分给贫苦的农民。

由于渭华地区处于交通要道，敌人很快就集中力量来扑灭这燎原烈火。

6月8日，由渭南县敌保卫团带路，敌人一旅人由渭南县城东南方向的龙尾坡进犯，企图经崇凝镇攻占塔山。

塔山位于渭南县东南40余里的渭南、华县、洛南三县交界处的秦岭山区，地形险要。这里的农民运动也开展得比较早，群众基础比较好。渭华起义爆发后，陕东赤卫队受陕东特委指示，5月11日移驻这里，建立了塔山革命根据地，成为渭华地区革命运动中心之一。

敌人仗着人多势众，出了渭南城就向南顺着瓦塔至龙尾坡之间的土坡向塔山脚下涌来。陕东赤卫队得到消息后，埋伏在龙尾坡南端的山头上，敌人接近后，赤卫队居高临下，突然枪声齐发，打得敌人抱头鼠窜。当时我陕东赤卫队刚成立不久，仅有100来人，长短枪一共才七八十条，子弹也比较缺。敌人败退下来后，仗着人多枪好，再次发起攻击。赤卫队英勇还击，子弹打完，就用石头往下砸；身负重伤后，便把自己的枪在石头上摔坏，不让敌人得到。尽管赤卫队战士在大队长李大德、副大队长薛自爽同志的带领下英勇顽强地战斗着，但子弹越来越少，山上能搬动的石头也快砸完了，敌人还吼叫着往上冲。

正在这危急当儿，突然从高塘镇方向传来了枪声。接着，只见一大队人马飞奔而来，直向敌阵冲去。原来是工农红军革命军第二大队大队长谢子长受命率部增援来了。只见子长裤管卷在半腿上，抡着手枪冲在最前面，后面的战士端着上好的刺刀，杀声震天。战士脚下的黄土被高高地扬起，伴着硝烟，笼罩了半边天空。进攻的敌人一看这阵势，一下吓呆了眼，哪顾得往山上攻，急急忙忙往下撤。这时，守卫在龙尾坡头的赤卫队战士也跳出战壕，犹如猛虎下山，扑了下来，两面夹攻，把敌人打得落花流水，仓皇而逃。敌人的第一次进攻便这样被粉碎了。

不几天，敌人又发动了第二次进攻。敌田金凯骑兵师一个旅的兵力由华县出发，直袭工农革命军司令部驻地高塘镇。当时，工农革命军第二大队在谢子长、高克林同志的带领下受命袭击华县县城，高塘我军力量比较空虚。当时在司令部只留有张汉泉同志带的一个30多人的赤卫队。

这天拂晓，当敌人冲到我军司令部附近，才被哨兵发现。张汉泉随即率领赤卫队和敌人展开激战，总司令唐澍和参谋长王泰吉也亲自上阵，指挥战士凭借有利地形抗击敌人。枪声一响，听到敌袭击我司令部的消息，高塘镇附近的我驻军和周围村庄的赤卫队全部赶来参加战斗，一些群众也手持大刀、长矛、土枪、土炮前来参战。人越来越多，将敌人三面围住，敌人骑兵被围在镇中，不好施展兵力，人挤人，马碰马，死伤不少，只好调转马头，夺路突围。敌军逃往瓜坡时，适逢谢子长、高克林率二大队归来，立即投入战斗，从东西两面对敌形成夹攻之势。敌人以为中伏，更加惊慌，狼狈逃去。子长指挥战士乘势追击，大获全胜。这一仗，毙伤敌人近百人，数十匹马被打死，缴获几十支枪和几十箱弹药。

6月19日，敌陕西省政府主席宋哲元亲自任总指挥率魏凤楼、田金凯、孙连仲三路兵力，号称三师之众，向渭华地区大举“围剿”。子长率二大队驻高塘附近东边地区，拱卫高塘，奉命英勇阻击，面对数倍之敌的猛烈炮火，毫无惧色，率部和敌激战达半日之久，击退敌人多次进攻后，随司令部转移到南山涧峪、牛峪口一带。

但由于渭华地区地处豫陕交通要道，敌人全力来扑灭这股革命烈火。敌人力量过于强大，工农革命军和陕东赤卫队寡不敌众，被迫进入秦岭山区。总司令唐澍、军党委书记吴浩然、政治部主任廉益民等同志壮烈牺牲。轰轰烈烈的渭华起义至此失败。

7月初，渭华起义失败后，子长根据省委指示离开部队，回到西安，接受了新的任务。

二、太白遇险

渭华起义失败之后，国民党反动政府在全国重赏通缉谢子长。子长在西安不得安身，被党组织派回陕北开展武装斗争。

1928年8月，子长为躲避敌人的追捕，取道陇东回陕北。

这年，陕甘大旱，骄阳似火，赤地千里。子长打扮成一个做皮货生意的商人，身穿长衫，头戴礼帽，从西安动身后，一路上避开城镇，专拣小道走。他朝行暮宿，快步疾走，五六天时间，就赶了六七百里路，来到了甘肃合水县境的太白镇。

这太白镇位于子午岭山中，虽说只有二三十户人家，却在陕甘两省的交通要道上，是陇东通往陕西的东部门户。从这里北可往陕北；往东走不多远，出了山口，就到了陕西富县地界。

这天，谢子长到了太白镇已近黄昏，他决定在这里歇上一晚，明天再赶路。子长知道这里是两省交界处，敌人盘查严，便走进镇边的梢林中将身上带的盒子枪隐藏在一棵大白桦树下，然后整了整行装，走进一家客店投宿。

这太白民团团总名叫黄玉麟，他带着几十个人，名义上是守着这个山口子，实际上干的完全是土匪的勾当。凡是过往的行人，他总是要榨一些油水出来才放你通行。白天盘查搜剥不消说，就是晚上投宿的人，店家也得向民团报告。那年月，兵荒马乱，“有枪便是草头王”，谁有枪，能拉起一帮人，谁就是当地的土皇帝，他的王法，谁敢不遵？

这天晚上，子长刚睡下不久，就被“咚咚”的打门声震醒了。还没等他弄清情况，就被几个团丁连拉带拽地带到了民团团部。那里，早摆好阵势：一根大绳吊在二梁上，下面是条老虎凳，旁边的火盆上一根烙铁烧得发红。几条彪形大汉袒胸露臂，裤腿卷在半腿上正等在那里。一看这阵势，子长心里便明白了几分，就问道：

“老总！这是怎么回事？我一个清清白白的买卖人，半夜三更被你们拖来有何公干？”

“妈的，清醒点！老实告诉你：要钱还是要命？300元大洋拿来放你走。不然，眼前这几样家伙由你选！”一个满身黑毛的家伙边说边操起烧得发红的烙铁朝子长的头上戳来，子长戴的礼帽一挨上就烧了一个豁豁。

子长取下礼帽拍了拍，从容地走到一个头头模样的跟前说：

“老总，本人平素讲究文明经商，童叟无欺，向来既不短款，又不欠税，今个在贵地借宿一夜，就被平白无故地拖来要300元大洋，不知道这300元大洋属哪款哪项开支？”

这一下，倒把这帮家伙给问住了，一下都傻了眼。平常，他们遇到的商人一见眼前这阵势，早都吓瘫在地上，趴下响头都磕不及。没想到今天的这个，还理直气壮嘴硬得不行。这号人，准是做大买卖的，油水更大。俗话说："秀才见大兵，有理说不清。"何况这帮利令智昏的土匪呢！他们稍呆了一下，就嚷道：

"妈的，老子王法都不管，还和你讲啥毬道理！少啰嗦！不让你尝尝味道，你不知道老子的厉害。"说着，便动手将子长捆起来，吊在二梁上。

老实说，别看子长穿长衫戴礼帽，倒像个有钱人的打扮，实际上，这只是为了行路方便，他身上除了西安动身时，党组织给的早花去大半的几元路费外，其他一无所有。子长看这帮家伙榨不出油来是不会罢休的，便说道：

"诸位老总，实不瞒你们，本人延安人氏，平常不要说三五百，就是千儿八百孝敬你们也有的是，无奈这次西安经商折了本。除了这身衣服和那个小包袱外，其他一无所有。你们不信，我只留这身衬衣外，其他东西全部送你们。待下次路过，再给诸位弟兄馈赠。"

这帮家伙一听这话，便都上前来脱子长的外衣。脱得只剩下一件白衬衣了，这些家伙还不死心，又从上往下顺着摸。

突然，一个搜身的家伙惊喊道："枪！"

子长一听，也吃了一惊，定睛一看，原来是自己白衬衣上由于汗水浸渍盒子枪带留下的印迹被敌人发现了。

枪在那年月可是值钱东西。这下，闹腾了半晚上没榨出油水的匪兵像吃了兴奋剂似的，连黄玉麟这小子也从床上爬起来亲自审问了。

但无论敌人怎么吊绑拷打，子长一口咬定自己是经商的，至于枪，那是借杨虎城部下的一个老朋友的拿着玩的，这次临行前早送还人家了。敌人用烙铁烙得子长的臀部没一块好肉，几次打得昏死过去又用冷水泼醒过来，子长还是这么回答。匪兵没想到这个瘦小个子的汉子竟是这样的坚强，打成这个样子了，连呻吟都不呻吟一声，私下也偷偷地议论：真是一条好汉！他们无可奈何，只好将子长关押着继续拷打审问。

子长被太白民团酷刑拷打的消息被太白镇一名姓李的商人很快带到了百

里外的保安县城永宁山。当时在保安县任教育局长的共产党员刘约三[①]听到消息后，心如火燎。他这时虽和子长还没有组织关系，但早在绥德师范上学时，他就认识子长。子长那时在安定县当团总，被老百姓称为“谢青天”，在陕北群众中，很有些名气。子长当年也常到绥师来，一次，还给他们8名穷苦学生每人接济了20元呢。子长眼下遇险，自己怎能坐视不管。便急忙将县衙门口卖麻花的张三三叫到教育局内，拿出一封信和二两烟土、六元大洋说：“我有个好友在太白遇难，你连夜将这封信火速送给太白镇烧锅掌柜我干爸李绪增。救回我的好友，我再酬谢你。”

张三三是个受苦人出身，从山西流落到这里栖身，一听县教育局长使唤他，又有重金相谢，满心欢喜，便担上麻花直奔百里之外的太白镇。第二天天不亮，就将信送给了太白烧锅[②]掌柜李绪增。

这李绪增是山西合阳县人，50多岁，外号李算客。在太白镇开个酒店。他平素爱抱打不平，好仗义疏财，人都称为绿林好汉。他也喜欢结交一些敢作敢为的人，和刘志丹的父亲刘汉卿、刘约三的父亲刘文玺都是拈香弟兄。接到刘约三的信后，一看他平素钦佩的“谢青天”遇险，决定舍命去保。他立即跑到民团团部，适逢黄团长正在吊拷子长，李绪增跪倒在地就叩了几个头说：

“黄大人，难道你把我的老朋友烙死不成吗？我用我的烧锅担保，你放了他吧！”

黄玉麟这家伙几天来毒刑拷打子长，没一点结果，眼看都快断气了，还拷问不出一点口供。正无可奈何，现在有人出来担保，何况还是他三天两头去喝酒的烧锅李掌柜，也落个人情。于是就将奄奄一息的子长从二梁上放下来，交给李绪增背了回去。

遍体鳞伤的子长从昏迷中清醒过来后问明了情况，害怕事情有变，决定立即转移。于是，李绪增便很快打发人把子长送到保安县金顶山的共产党员

---

① 陕北保安（今志丹）县人，1928年入党，同年参加革命活动，后随刘志丹搞兵运工作。1980年在西安病故。

② 过去称酒坊为烧锅。

曹力如同志家养伤，后又转移到芦子沟刘志丹同志和刘约三同志家。子长在这些同志的亲属精心护理下，静心养伤。

百余天后，子长伤愈，便回到家乡安定农村，开展地下斗争。

三、平罗兵运

土匪出身的苏雨生原系冯玉祥部下的一个军长。1927年秋，冯玉祥部与陕军的泾原战争中，苏雨生部被陕军田玉浩部击溃后，率残部流窜包头、绥远一带。1929年春，冯玉祥肃清陕西各派杂牌军后，苏雨生率残部由包头、绥远窜出，打算在陕甘宁边界上找一块立足之地，发展扩充自己的势力，便乘机闯进宁夏平罗县城，大肆招兵买马。

冯玉祥便委任他为骑兵第四师师长，留守宁夏平罗一带。当时靖远县有两支地方武装，一支是大黄口子石子俊的一股，一支是闲麻湾子谷莲舫的一股。1929年冬到1930年春，苏雨生先后将这两支武装收编，任命谷莲舫为第八旅旅长，任命石子俊为第九旅旅长，让其各自扩充队伍。

这时候，谢子长任中共陕北特委军委委员，子长、志丹被任命为中共陕北军事行动委员会正、副总指挥，根据陕北特委关于开展军事运动的决议，正致力于兵运工作，在陕北神木一带活动。苏雨生部第九旅旅长石子俊又名石英秀，系农民出身，曾在井岳秀部下当过连长，早年就和子长相识。他在苏雨生面前，极力推荐子长的为人和才干。这苏雨生在陕甘宁混迹多年，也早听说谢子长是个人才，眼下正急于用人，就一口答应要重用。当时，苏雨生的参谋任均一对苏说："谢浩如是陕北有名的共产党，不能用啊！"苏雨生不以为然地说："我不管他是不是共产党，只要把兵带来就行！"石子俊看苏雨生有意重用子长，便立即打发人去神木，请子长到平罗县担任他的名誉副旅长。

正好，陕北特委决定派人打入苏雨生部搞兵运工作。子长乘此机会便来到了平罗县城。子长见到苏雨生后，向他讲述了革命势力发展的态势和西北各派力量争斗的局面以及蒋介石反动派的丑恶嘴脸，并指出要提防马家军的突袭。苏雨生这个只知争权夺利的土军阀，原先只听说谢子长军事上有两下，今个一听子长这有根有据的谈论，更加器重子长，便给了他个第十一旅旅长的头衔，给了些枪支弹药让他想方设法自己扩充队伍。石子俊、谷莲舫两位旅长也给子长凑集了些枪弹，子长即在平罗县城筹划成立第十一旅旅部。因当时国民党反动政府正到处行文通缉子长，子长不便拿自己的名义进行活动，而石子俊也给了谢子长九旅副旅长的名义，子长同志便借用第九旅的名义和关防印信活动。

中共陕北特委得到子长的汇报以后，便动员陕北的一些党团员和革命青年到子长的十一旅去当兵。许多青年学生听说子长在平罗当了旅长，也慕名前去。一时，陕北安定、保安、横山一带到平罗去投奔子长的青年络绎不绝。当时，子长的家乡安定玉家湾、驾家湾上下川去的更多。还传出一句笑话说："安定将来要出三斗三升菜籽官！"为此，子长还派史植卿在陕北到平罗的中途盐池县设了个办事处，专门接送赴平罗的青年。很快，子长便在平罗县组建了三个连。

不久，子长又把陕北来的共产党员和青年学生四五十名，组成一个学兵队，由八旅十五团团副共产党员张东皎任队长，进行革命教育和军事训练，暂属十五团，以积蓄革命力量。学兵队中还成立了党的支部，由张秀山同志任党支部书记。党在学兵队发展了高鹏飞、杨林、曹盛荣、李仲英、李向明、李培清等一批新党员。学兵队中党员占多数。共产党员贺晋年、张秀山、黄育华、李树林、杨林、高鹏飞等都是学兵队的骨干成员。

谢子长又派共产党员刘文从、侯风孝到陕北宜川、延长交界的后九殿（又名后湫田）去争取杨庚武的部队，打算将他们编为一个团。这杨庚武大革命时期是共产党员，大革命失败后和党脱离关系，这时候又在后九殿拉起了队伍。

后九殿是宜川大土豪黑子斌的山寨。这里离宜川城八九十里，交通不便，地形险要。黑子斌被杨虎城收编为游击司令驻防关中后，退下来二三百条枪，黑子斌的儿子黑至德是个进步青年学生，便和杨庚武联系，利用这批枪，在这里组织起三个营，拉起四五百人的队伍。杨庚武在上后九殿之前，曾向当地党组织要求，希望派共产党员参加他部的工作。陕北特委曾先后派赵文尉、马云泽去开展工作，后又派阎红彦、雷恩均到该部周维祺营活动。

谢子长还打算将安塞县薛生华的民团也争取过来编为一个团，薛生华的儿子薛应昌是名进步青年学生，系共产党员。谢子长又打算将镇川堡共产党员申世清搞起的武装编为一个团。在平罗县处理妥有关事宜后，子长即返回陕北组织队伍。

此时，正值蒋（介石）、冯（玉祥）、阎（锡山）中原大战。冯玉祥从郑州发来一个电报，命苏雨生部火速开往河南参战。苏雨生接到命令后，即率部开拔。部队走到宁夏固原时，传来了冯玉祥在河南失败的消息，苏雨生进退两难。驻在固原的小军阀黄德贵又害怕苏部呆在固原不走，占了他的地盘，便对苏部突然发动袭击，苏率部仓促应战，溃退到宁安堡（现中宁县），打算返回宁夏，恢复原来割据的局面。此时，马鸿宾又害怕苏返回占了他的地盘，即派冶成章部阻击，又派人分化瓦解。谷莲舫、石子俊的八、九两旅这时也脱离了苏部。苏只好带着自己的七旅到陕西彬县，接受了杨虎城的改编。八、九两旅将部队拉到下马关，后受兰州雷中田改编，开到靖远、定西、会宁等地驻防。学兵队仍随八旅十五团行动，开到靖远驻防。

此次兵运工作虽然失败了，但留下的学兵队在以后的兵运工作中起了重要的作用。

学兵队里多是青年知识分子，又多是共产党员，在党组织领导下，他们经常开学习会，上政治课，讨论社会主义、共产主义问题，唱少年先锋队队歌，演新内容的戏，对驻地老百姓和士兵进行宣传，政治文化生活搞得很活跃。他们学习了军事知识，也锻炼了实际工作能力。经过几个月的政治、军事教育，学兵队的学员1931年春天毕业，大部分学员到九旅和八旅十五团担任了连长、排长、司务长或文书，为我党以后在这些部队中的兵暴打下了基础。

四、三道川事变

谢子长在离开平罗回陕北前，和刘志丹同志一起在平罗县城召开过一次有30多名党员参加的会议。在这次秘密会议上，大家分析了苏雨生和马鸿宾的矛盾和各自的力量，都感到武装冲突有一触即发之势。一旦爆发，苏雨生部同马家军的力量悬殊太大，远不是马家军的对手。于是决定派出一些人到庆阳和陕北一带以招募新兵为名，暗暗地和庆阳民团军总司令谭世麟联络，以便尔后“借水养鱼”。

1930年夏天，在苏雨生部遭受马家军的夜间袭击后，我党掌握的武装力量便脱离苏部，进驻甘肃庆阳与陕北交界的三道川，与谭世麟挂上了钩，在这里重新集结人马。谭世麟是庆阳城里的大恶霸地主。在民国初年的混乱中，他拉起队伍，乘机消灭、收编了陇东各地的民团武装，自称陇东民团军总司令，成了陇东的土皇帝。

为了便于落脚，谢子长在谭世麟部挂了个陇东民团军清乡司令部直辖三团团长的头衔。团部设在三道川里的水泛台，谢子长带领共产党员马云泽等20多人住在这里。刘志丹是该团一营长，下属四个连，驻在三道川底的张家沟门。这时，谢子长派到后九殿去争取杨庚武部队的共产党员阎红彦、雷恩均二同志也带着杨庚武部的周维祺营来到了三道川，编为第二营，驻在三道川靠里的齐家阳坬。

当时，同时到三道川驻防的还有土匪出身的小军阀张廷芝。他是陕北军阀井岳秀的骑兵团长张鸿儒的大儿子。此人原也编为苏雨生十六团的团长，驻军平罗，刘志丹就在他那个团当团副。平罗兵败后，张廷芝带着20多名亲随回到家乡吴旗县金佛坪，投靠了谭世麟，被谭任命为直辖二团团长，驻在三道川口的蔺家砭子。这张廷芝跟他父亲张鸿儒一样，也是个诡计多端心狠手辣的坏家伙。他一见从后九殿来的周维祺营人多枪好，便起了坏心，企图收买周维祺。当下，便亲热如故，当即给周维祺送了两匹快马。第二天张廷芝便邀请周维祺到他家金佛坪寨子去做客。张廷芝有个妹妹叫狗狗，人长得有几分姿色，从小就跟其兄张廷芝学会了鬼混，交际颇有一手。这周维祺原也系土匪出身，是个见了女人就流涎水的人。张廷芝便让其妹在周面前撒娇取宠，并且在酒席宴间亲口将妹子许给周维祺，快马、美女一下就搞得周维祺神魂颠倒。张廷芝看周维祺已中了自己的“美人计”，便进一步设圈套，要周到安边去拜见他的父亲张鸿儒。到安边后又从他父亲这个老奸巨猾的老土匪那里给周借了500元大洋。快马、美女、金钱三管齐下，将个周维祺绑得牢牢的了。

谢子长这时发现张廷芝对周维祺拉得很紧，便给阎红彦和雷恩均同志讲要提高警惕，防止周维祺被张所收买。

不久，张廷芝便向周维祺提出，说他的大部人马被苏雨生部裹挟驻在宁夏下马关，要周派人协助他接回部队，与周部合并。尽管谢子长觉得张廷芝诡计多端，害怕上当，但是，当时张家父子的反动面目尚未完全暴露，我们还想争取改造他们，又想借此机会搞些人和枪，发展我们的力量，于是，阎红彦同志挑选了10名轻骑，随同张廷芝来到了下马关。

张廷芝协同阎红彦带的人马突然行动，接着他的旧部人马撤离了下马关。途经安边张鸿儒的团部，张家父子设宴庆功，席间张家父子突然变脸，收了阎红彦等人的枪，并将阎红彦等关押了起来。张廷芝给周维祺写信说：“你的队伍纪律不好，我已把阎红彦扣押了，你们不交枪，我就要杀掉阎红彦。”同时，向其父借兵百余，回戈三道川，收缴了周维祺营的枪。当时，周维祺见了张廷芝，还口称内兄，张却变脸骂道：“你瞎了眼，谁是你的内兄？张家饭就那么好吃？”接着，又马踏三道川六十里，先后冲了子长的团部和志丹的营部。子长刚辛苦聚集起来的力量，又丧失殆尽。

子长当时在水泛台团部听见枪声，走出驻地探讯情况时，张廷芝的骑兵已冲到眼前，幸好敌骑不认得子长，还以为这个穿着朴素便衣的小个子是个老百姓呢？便喝问：

“谢浩如在哪里？”

子长随口答道：“在里边，快追！不然就跑了！”乘机跑下沟脱了险。

此后，谢子长回到陕北继续组织武装活动。

五、清算“立三路线”

1930年6月，李立三“左”倾冒险错误在中共中央占据了统治地位。

这年8月中旬，中共陕北特委在绥德城西黑龙山召开扩大会议，研究如何在陕北开展武装斗争的问题。这次会议正值立三“左”倾错误时期，要求实行李立三起草的《目前政治任务的决议》，即《新的革命高潮与一省或几省首先胜利》的决议，执行城市暴动的冒险计划。会议首先宣读了立三路线的文件，高维翰（后名李杰夫）做了一个不切实际的发言，介绍苏联的国营农场和集体农庄。会议决定成立以赵伯平为书记的陕北行动委员会。谢子长、刘志丹两人都未参加会议，但会后被行动委员会分别任命为军事指挥部的正、副总指挥。

“立三路线”对革命形势作了错误估计，认为“中国新的革命高潮已逼近到我们前面了”，并“有极大的可能转变成全国革命的胜利”。认为只要武装暴动，就可以立即通过武装起义实现一省或几省的首先胜利，建立全国性的革命政权。李立三主持工作的党中央，成立了中央总行动委员会，要求党的各级领导机关都合并为各级行动委员会，在全国实行暴动。

谢子长在这次会议后虽被任命为新成立的实行暴动的军事指挥部的总指挥，但对传达的李立三等人号召全党“要勇敢，勇敢，再勇敢的前进”、“会师武汉”、“饮马长江”的指示具体怎么实行，心中无数。他和副总指挥刘志丹一起反复研究，怎样才能行动起来，普遍暴动。他俩联系清涧兵暴和渭华起义这两次暴动失败血的教训，感到在陕北实行暴动的条件并不具备，轻举妄动，无异于用鸡蛋碰碌碡。他们认为武装斗争只能从陕北的实际情况出发。他俩和其他同志一起研究，决定了军事指挥部的工作：第一，加强兵运工作，策动敌官兵起义，然后消灭小股或零星之敌，夺取敌人的枪支弹药；第二，千方百计发动群众；第三，收编改造一些自发的群众武装。同时商定，志丹回陕甘交界的保安、南梁一带收编改造自发的群众武装，子长留陕北做梁占魁部的工作，派共产党员马云泽上三边一带去开展各县民团的工作。

正当谢子长、刘志丹这两位正副总指挥疑惑不解的时候，中共北方局派人来陕北，纠正“立三路线”的“左”倾错误，“立三路线”在陕北没有来得及贯彻。

这年冬天，谢子长受中共北方局指示赴天津参加清算“立三路线”“左”倾错误的斗争。在会议的发言中，谢子长用自己亲自参加领导的清涧兵暴、渭华起义两次失败的教训批评了李立三“左”倾冒险的错误。他说：革命不是做文章，不能想个什么题目，一晚上就把文章写出来，那么轻而易举。我们举行的这两次武装起义，当时都集聚了上千人的武装力量，特别是渭华起义也有深厚的群众基础，尚且难以取胜。现在我们党经过大革命的失败，正在恢复和发展时期，怎么能头脑一发热，认为“群众只要大干，不要小干”，就想一夜之间取得革命的胜利呢，干革命光靠“勇敢前进”不行。全国的形势，我说不上，但就陕北、陕西、陕甘以至整个西北地区我可以肯定地说，普遍暴动，等于自杀。

通过清算“立三路线”的斗争，子长对“立三路线”形成的条件及其理论基础，有了一些了解。特别是瞿秋白、周恩来等中央领导的报告，对革命形势的分析，阐述中国革命发展不平衡的特点，强调建立和发展农村根据地的重要性等问题，使他眼前豁然开朗。他认为这些看法，起码符合西北地区的实际。不像李立三等人的理论，听起来振奋人心，实行起来只会碰得头破血流。短短的几个月时间，就使党和革命事业遭到严重的损失。陕西、山西、河南等十几个省委的机关先后被破坏，武汉、南京等城市的党组织几乎全部瓦解，许多共产党员和革命群众被捕杀。红军也因攻打大城市屡遭失败。这些，都使子长认识到，右倾投降可以丧失革命，“左”倾冒险同样可以断送革命。幸好，“立三路线”传到陕北时已是尾声，未能造成严重损失。

谢子长在天津参加清算“立三路线”的斗争后，来到了北平中共北方局。在北方局军委工作的薄一波同志负责接待他，向他介绍了全国的革命形势和党的方针、政策。

当时北方局军委正好筹集到一笔款子，通过海外关系买到一些武器。薄一波马上答应给子长一批武器，让他带回陕甘去开展武装斗争。但因为难于运走，薄一波只好从中挑了两支驳壳枪先交给子长。子长拿到这两支枪，爱不释手，马上把枪插在腰间，喜出望外，显露出一股虎虎英气。不久，谢子长就带着枪返回西安了。

第五章　创建红色武装　转战陕甘

(1931—1932)

一、在南梁没立住脚

1931年春天，谢子长回家乡陕北和相邻的甘肃陇东地区从事武装斗争。

经过几年兵运工作的实践，谢子长明确地认识到：“搞革命武装，依靠在旧军队里的合法地位招兵买马是不行的。这个教训已经很多了，还是要走井冈山的道路，发动群众，搞土地革命，建立工农政权。用从敌人手中夺来的武器武装工农，建立一支共产党领导下的工农红军。只有和人民群众血肉相连的部队才是人民自己的队伍，永远不会被敌人打垮。”[①]

有了这个清醒的认识，谢子长便致力于创建红军和根据地的工作，坚持井冈山道路。他同刘志丹一起，为此而不懈奋斗。正如李维汉同志所说：“我们党在陕西出了两个领袖人物，一个是刘志丹，一个是谢子长。他们是井冈山道路在陕西的代表，对中国革命做出过重要贡献，应该宣传和纪念。”

谢子长和刘志丹，是井冈山道路在西北的实践者。他们把毛泽东开辟的井冈山道路运用于西北。概括起来，就是：（一）一定要有共产党直接领导之下的武装力量；（二）只有在敌人统治薄弱的地方，我们的力量才能存在发

---

① 贺晋年：《闪光的红星》，《谢子长纪念文集》，第372页。

展；（三）一定要有和群众运动相结合的革命根据地。[①]

井冈山的星星之火，在谢子长、刘志丹等同志的努力下，在西北高原熊熊燃烧起来，创建了陕甘红军和根据地。

1931年10月上旬，阎红彦、杨重远等同志带领的中国工农红军晋西游击队，和在晋西游击队队委会统一指挥领导下由杨琪、师储杰带领的两股烟商保运武装组成的陕北支队，转战到甘肃陇东和陕北交界的南梁一带，和刘志丹同志在林锦庙会合。

晋西游击队是1931年3月在中共山西省委书记刘天章领导下，以共产党员为骨干，在吕梁山区建立的一支革命武装。其中的骨干成员是高桂滋部和太原兵工厂的地下共产党员及陕北特委派去的同志。他们在孝义县宋庄成立了中国工农红军晋西游击队，随即在吕梁山区宣传土地革命，进行游击战争。不久，游击队就由四十余人发展为百余人，并曾一度袭入中阳城，在石楼县水头镇消灭了进攻之敌一个连，在汾阳、孝义、离石、中阳、石楼等县的山区，建立了游击根据地，给山西军阀造成很大威胁。8月上旬，敌重兵对这支游击队进行“围剿”。

根据中共山西省委的指示，为了保存实力，游击队可以转移到陕北去开展游击战争。游击队队委会经研究决定，一部分不愿意离开当地的可转入地下进行活动。另外30名骨干，于这年9月2日，在队长拓克宽、政委黄子文，副队长阎红彦、吴岱峰，参谋长杨重远带领下，西渡黄河，到达陕北。当游击队转移到安定（今子长）县南沟岔附近时，遇到一小股敌军，因拓克宽、黄子文认识敌军首领，未经队委同意，私自放走了敌人。游击队全体队员一致要求开会讨论，会议决定撤销拓、黄队长、政委职务，并选举阎红彦为队长、杨重远为政委，吴岱峰仍为副队长。

晋西游击队到达陕北后，在陕北特委和安定县委书记马文瑞同志的领导和支持下，发动群众，打土豪，消灭民团，游击队迅速发展到百余人。当时在黄河沿岸活动的杨琪、师储杰两股保运武装（是保运局和商会护送商贩的

---

① 吴志渊：《西北根据地的历史地位》，第33页。

武装），先后提出要和晋西游击队联合行动。在他们接受晋西游击队队委会提出的三个条件（即：一、听从队委会统一领导；二、不抢穷人东西；三、不强奸妇女。）下，实行统一指挥，联合行动。这支队伍共300多人。为便于晋西游击队的统一指挥，陕北特委和晋西游击队队委会决定，由于保运武装成分复杂，还不够红军条件，临时将这两股保运武装编为陕北支队，以示区别。为了改造保运武装，游击队还派骨干去作指导员，另外还组织了执法队，维护游击队的纪律。

在这年8月，谢子长就从陕北动身，到山西了解晋西游击队的活动情况。之后，于9月上旬由山西汾阳到西安，向中共陕西省委汇报了工作，又受陕西省委委派到陇东的平凉从事兵运工作。

10月下旬，谢子长到平凉后，正好碰上晋西游击队派出寻找他的马云泽同志。一见马云泽，子长高兴地说："你们现在哪里？我也听说你们过黄河了，正准备寻找你们呢！"听说晋西游击队已到南梁和刘志丹同志会合了，子长恨不得马上插翅飞向南梁。

1931年10月30日，谢子长随同马云泽和从陕西省委来的交通员高岗一起从平凉到游击队的驻地南梁。

南梁，位于桥山山脉中段大梁山南麓的子午岭山区，在陕北保安县（现改为志丹县）和甘肃华池县（当时属庆阳县）的两县交界处。因为这里的中心山梁上有早年修筑的一个寨堡——南梁堡而得名。从广义上讲，南梁包括陇东地区庆阳、合水县境的二将川、荔园堡川、豹子川、大凤川、平定川、林镇川、太白川和陕北地区吴旗保安县境的白豹川、脚扎川、吴堡川、樊川、义正川、柏沙川、瓦子川等方圆数百里的偏僻山区。这里山大林密，人口稀少，交通不便，地域辽阔，回旋余地大，进可以通关中，退可以守梢山；远离敌人的统治中心，东距延安300余里，西到庆阳260余里，北距吴旗200余里，南到合水近300里。在这个广大的区域内，只有人枪不多的少量地方武装——民团。南梁一带山区是反动统治的间隙和薄弱的"四不管"地区，便于开展游击战争。这里的老百姓深受剥削压迫，有强烈的革命愿望。当时林镇和南梁两个乡的295个农户中，无地农民就有198户。他们多为庆阳县城大地主韩少文（字号裕茂隆）、李弟（字号恒义兴）的佃户。劳动人民生活极端贫困，便于发动，许多为生活所迫，铤而走险，占山为王的武装力量也易于参加革命。因此，南梁有建立革命根据地的良好群众基础。总之，南梁不论从地理位置和自然环境来说，还是从政治条件来讲，都是一个理想的革命发展地区。1928年初，清涧起义失败后，唐澍、谢子长率领最后剩下的29人，就是在这里收起义旗的。

早在1930年夏秋，刘志丹同志就在这一带进行革命活动。这年秋天，刘志丹带领我党掌握的一支三四十人的武装力量，从保安县永宁山来到太白镇，以商借粮草为名，用计智毙了太白民团团总黄玉麟，收了太白民团的枪。太白收枪后，刘志丹同志带领的武装部队发展到百余人，有七八十条枪，在桥山中段的南梁一带活动。刘志丹领导的陕甘边民间武装，经过一年多的游击活动，到1931年下半年发展到300余人。

经过搞武装斗争，几起几落之后，这次，谢子长、刘志丹这两位多年的老战友又重新团聚，他们高兴得几个晚上都没睡好觉。他俩睡在南梁窑洞的热炕上，叙说着这几年的遭遇：好不容易干起来，不久就失败了；失败了，又重新干。子长说："从1928年开始，我们多次在地方民团和军阀部队中搞兵运活动，但是，每一次都失败了。实践证明，我们想利用敌人，敌人也想利用我们。我们要想立住脚，就得搞自己的武装，建立自己的根据地。"

志丹说："是啊！几年来，我们先后举行过大大小小几十次兵变，都失败了。最根本的原因就是军事运动没有同农民运动结合起来，没有建立起革命根据地。如果我们像毛泽东同志那样，以井冈山为依托，搞武装斗争，建立根据地，逐步发展扩大游击区，即使严重局面到来，我们也有站脚的地方和回旋的余地。现在最根本的一条是要有根据地。革命没有根据地，就像人没脚后跟一样，是站不住的！"经过几年的曲折斗争，子长、志丹共同认识到了建立自己的革命武装，建立革命根据地的重要性。现在，在南梁总算又拉起了这700多人的部队。有了南梁这块建立根据地的好地方，这下，可得立住脚，把这打天下的队伍带领好，建设成一支打不烂拖不垮的革命武装力量。依靠这支武装，把南梁建设成井冈山那样的革命根据地。

但是，从这支部队的成分看，是相当复杂的。子长和志丹商议，一方面要加强党的工作，发挥共产党员的模范带头作用；另一方面要加强政治思想工作，加强对部队的思想教育改造工作。

他们首先召开了党团会议，成立了游击队的党委会。当时党委会叫队委会，作为党的领导机构。队委会由谢子长、刘志丹、阎红彦、杨重远、胡廷俊、白锡林等同志组成，谢子长任书记。一些重大问题，都经过队委会讨论决定。

紧接着，谢子长主持召开了扩大的队委会，总结晋西游击队和其他几次武装斗争的经验，研究今后的指导思想和行动方向。谢子长说："晋西游击队在阎红彦、杨重远等同志领导下，经过转战晋、陕、甘的艰苦历程，保住并扩大了这支革命武装，积累了宝贵的经验，为今后陕甘革命武装和武装斗争的发展创造了有利条件，打下了良好基础。志丹同志在南梁一带也联系发展了一些民间武装力量。这些人和杨琪、师储杰等人的土匪武装，成分虽然复杂一些，但经过党的争取、教育和改造，也有可能成为一支不可忽视的革命武装力量。"

谢子长又说："总结清涧、渭华、旬邑等起义失败的教训和晋西游击队的经验，我们认识到：没有巩固的革命根据地，革命的武装力量便无从站住脚，更不能发展扩大。毛泽东、朱德同志在井冈山的胜利，充分说明了建立根据地的重要性。"根据这些宝贵的经验教训和西北的客观形势，谢子长提出，以桥山中段南梁地区为根据地，以晋西游击队为基础，扩编为工农红军陕甘游击队，建立党领导的独立革命武装，高举红旗，开展游击战争。他还详细分析了创建工农红军陕甘游击队和它能够存在的理由。阎红彦、杨重远、白锡林、胡廷俊、吴岱峰等多数同志认为，谢子长的分析和意见符合党的方针政策，符合西北实际情况，是实事求是的，表示完全赞成。

从西安陕西省委来南梁的交通员高岗，在会上传达了省委的意见：应当整顿部队，很快打出红旗，正式成立中国工农红军陕甘游击队，开辟革命根据地。但同时又认为，"山沟里没有马列主义"，要求把部队拉到陕西三原县的心字区、武字区和旬邑县一带或韩城县一带平原地区或接近平原的地区建立根据地。其理由是这些地区有党的基础，群众条件比较好。但却忽略了一个重要问题，即这些地方离敌人统治的中心城市太近，部队无法立足。

对这一点，经过血的教训的子长和志丹都有亲身体会，都主张在陕甘边山区建立根据地。对此，子长强调了红军在陕甘边山区建立根据地的理由。他说："一是陕北在大革命时期，党的组织就有发展，曾经爆发了党所领导的清涧起义。最近几年，我和志丹等同志活动于陕北和陕甘边交界一带，在这里发展了党的组织。所以，陕北和陕甘边党的基础和群众条件较好，对红军有认识，这为红军的存在和发展提供了有利条件。二是南梁地区地处陕甘两省交界，地域辽阔，山大林深，便于迂回。边界地区敌人统治薄弱，又有军阀之间的矛盾可以利用。三是毛泽东、朱德等同志开辟的井冈山革命根据地为我们树立了光辉的榜样，提供了宝贵经验，指明了方向。四是有晋西游击队为骨干的这支革命武装力量，为陕甘游击队的建立提供了可靠的基础和保证。我们直接掌握了枪杆子，这是红军能够存在的重要保证。五是晋西游击队转战晋、陕、甘三省，经历了艰难曲折的战斗历程，最后尚能保存下来，而且有了发展，这充分说明红军是具有强大生命力的。六是1929年以来，我们有过几次利用国民党军阀的经历，但每次都得到血的教训。实践证明，我们在利用敌人，敌人也在利用我们。敌人只是在一定限度下允许我们存在，一旦超过这个限度，他们就缴我们的枪，杀我们的人。正因为如此，以红军晋西游击队为基础建立中国工农红军陕甘游击队不仅是必要的，而且是可能的。"

志丹说："对！我们没有枪杆子，光靠笔杆子不行。结果人家一翻脸，我们就只有滚蛋。搞武装靠别人靠不住！我们一要有自己的武装，二要有革命的根据地。南梁这一带敌人势力薄弱，活动范围广，回旋余地大，东可去陕北，西可以进陇东，党在这里搞了几年武装斗争，群众很拥护我们，宜于开展游击战争。这里正是建立革命根据地的好地方。"

子长、志丹这两位性格各异的战友，一位刚毅果断，一位老成持重。在建立自己的武装和革命根据地这两项重大原则问题上，两人的心始终是相通的。但是，省委明确指示游击队要南下关中，并派高岗来传达执行。他们只好执行党的纪律，服从省委决定，离开南梁这块理想的根据地。

二、打起红旗

1931年12月初，子长率部离开南梁，移防庆阳县城东北60里外的新堡休整。

在此期间，中共陕西省委派省军委委员荣子卿和游击队派去向省委汇报工作的阎红彦等人来到部队，再次传达省委指示，要部队成立游击队，开展游击战争，创建革命根据地。并指示部队学习毛泽东同志写的《古田会议决议》和有关游击战争问题的文件。他们带来了毛委员、朱总司令带领红军坚持井冈山斗争、粉碎国民党军队的三次“围剿”的胜利消息，还带来了毛泽东同志写的《古田会议决议》的小册子。

这时，中央红军胜利地粉碎了国民党反动派的三次“围剿”，进一步巩固和扩大了中央革命根据地。闽西、赣南根据地已连成一片，发展到21个县，人口约有250万。这年11月，成立了中央工农民主政府。中央红军的胜利给了谢子长和游击队指战员极大的鼓舞，犹如黑夜里的一盏明灯，照亮了他们前进的方向。

陇东的腊月，正是滴水成冰的数九寒天，朔风怒号，雪花飞舞。此时还穿着夹衣的子长忘却了寒冷。白天，他和战士们一块在雪地里滚爬摸打，进行操练；晚上，他和志丹依偎在微暗的麻油灯下，一块儿辨认着刻印在本贡纸上本来就字迹不清经过辗转更加模糊的《古田会议决议》。他们越学越感到亲切，心里越亮堂：毛委员呀，你远在万里之外的井冈山，却好像就呆在我们这支部队里一样。你指出的单纯军事观点、极端民主化、非组织观点、绝对平均主义、主观主义、个人主义、流寇思想、盲动主义残余等错误思想在我们这里也都有表现呀！

当时，极端民主化和绝对平均主义在这支年轻的部队中很盛行。例如一次打了胜仗，群众慰劳了两条哈德门香烟，总指挥谢子长作主把香烟统统分给了伤兵们。士兵委员会有的同志知道了，认为没有通过他们，说这种分法不公平。为此，还给子长同志提了批评意见。像这样一类错误的东西，大家非但不认识，还作为无产阶级的思想看待呢！又比如那时节，他们部队里没有炊事员、饲养员，指挥员和战士一样做饭、喂马，到了宿营地，指挥员分了房子，派了哨位，还要和战士们一样轮班站岗放哨。他们还把这看成是无产阶级军队应有的做法呢！特别是《古田会议决议》中对待各种非无产阶级思想的深刻分析和纠正的方法，给了这支新成立的部队以理论的武器和行动的指南。谢子长把这本小册子当宝贝，揣在怀里，一有空就拿出来看，和刘志丹经常一起讨论。他们按照《古田会议决议》的精神，开始纠正部队中的绝对平均主义和极端民主化思想，规定了指挥员可以不放哨。开始建立政治工作制度，各大队、中队都设有政治委员和政治指导员，设立了列宁室等。还抽调干部，开办军事训练班，学习中央红军游击战和部队政治工作经验。部队实行“三大纪律，六项注意”。还根据当时部队的实际情况，提出了十大纪律，要求指战员严格执行。

这次军政训练学习，统一了思想，提高了认识，纠正了部队中的绝对平均主义和极端民主化等不良倾向，使指战员初步明确了建立红军的正确路线，提高了游击战术的思想水平，为后来建立红军，发展游击战争奠定了思想基础。

但同时，荣子卿等人也带来了当时执行王明“左”倾错误路线的陕西省委的指示：命令游击队撤离人烟稀少的子午岭山区，“向陕西关中道移动，首先在三水（旬邑）、淳化、甘肃正宁一带发展”[①]。当时陕西省委认为南梁一带“完全是荒山，几年来为土匪的骚扰，人口密度稀到极点，给养及大革命的影响，丝毫没有。行动上完全没有办法。”这样，根据省委的指示，这支部队就不得不离开南梁山区沿子午岭南下了。

1932年元月初，游击队在庆阳六村塬击溃陈珪璋部两个连和一个营部的包围后，根据中共陕西省委的指示，来到甘肃正宁县北柴桥子村。这时，陕西

① 见陕西省委当时给党中央的报告第一号。

省委军委书记李杰夫（又名高维翰）偕旬邑县特支书记第五伯昌来到部队，又一次传达省委指示，让部队整编南下，开展游击战争。当时正值九一八事件不久，全国掀起了抗日怒潮，在这样的革命形势下，根据陕西省委的指示，决定将部队改编为西北工农反帝同盟军，谢子长担任总指挥，刘志丹担任副总指挥，李杰夫任政委兼队委书记。

2月初，西北工农反帝同盟军在北柴桥子村活动一段时间后，移驻陕甘交界的正宁县三嘉塬。根据中共陕西省委指示，按照《古田会议决议》精神，部队再次进行了整编，正式成立了中国工农红军陕甘游击队。

在这期间，谢子长用很大的精力抓了部队的群众纪律教育。当部队从新堡往北柴桥子开拔途中，打开宁县盘克乡任掌堡寨子后，师储杰的部下中有人乘机抢了老百姓的东西，子长知道后十分生气，他气愤地说："这简直是土匪行为！哪里像共产党领导的部队！这样下去，脱离群众，要不了几天就会失败！我们共产党领导的部队绝不允许这么干！"从而，下决心整顿部队。同时拟定了纪律大纲，在部队深入进行了纪律教育，整顿了部队。

1932年2月12日，中国工农红军陕甘游击队成立大会在三嘉塬锦章村一个打麦场上隆重召开。在一棵大柳树下临时搭起的台子上，上端高悬着"中国工农红军陕甘游击队授旗典礼大会"的红布会标，两旁鲜艳的镰刀斧头红旗迎着高原的寒风飘扬。

这天吃过早饭，附近的群众像赶集似的从四面八方赶来看热闹。新整编的四个大队的360名战士脖子上都系着红领带，表示要为革命牺牲一切。因此，这红领带又名"牺牲带"。连骑兵的马头上也系上了"牺牲带"。战士们全副武装，列队广场，火红的"牺牲带"陪衬着闪光的刺刀、长矛、大刀，在阳光的照射下，显得分外威武雄壮。

中午时分，成立大会正式开始后，中共陕西省委军委书记李杰夫代表省委宣布中国工农红军陕甘游击队组成建制和指挥部、大队军政领导的任命：总指挥谢子长，政委李杰夫，参谋长杨重远，经济处主任马云泽。游击队下辖两个步兵大队、一个骑兵大队和警卫队：第一大队，大队长阎红彦；第二大队，大队长吴岱峰；骑兵大队，大队长强龙光，副大队长杨琪；直属警卫队，队长白锡林，政委胡廷俊。

在激昂的欢呼和鼓掌声中，旬邑县委负责人第五伯昌代表当地党和人民群众，把一面写着“中国工农红军陕甘游击队”的大旗授给了总指挥谢子长。这面大旗的中间是一个金色五角星，五角星正中是镰刀斧头，旗的上方写着：“全世界无产阶级及被压迫民族联合起来！”与旗杆平行的一行竖写的大字是“中国工农红军陕甘游击队”。谢子长举起红旗，当空一展，群情更加激昂，全场爆发出雷鸣般的掌声和欢呼声。谢子长在热烈的掌声中讲了话。他主要讲了红旗的意义和红军游击队的政治任务。他说：“我们今天打起了红旗，正式成立了红军。我们的名字叫中国工农红军陕甘游击队。我们是中国共产党领导下的红色军队，是老百姓自己的队伍。我们红军是为穷苦老百姓打天下、夺江山的革命队伍。红旗是我们的标志，是我们的旗帜，指引着我们前进的方向。我们要打着红旗，打倒地主老财！打倒恶霸豪绅！打倒反动政府！消灭剥削和压迫，把这黑暗的旧社会打个底朝天！……”大会在雄壮的《国际歌》和口号声中结束。

在这幸福、胜利的时候，子长望着手中火红的战旗，和战士们一样，眼睛都湿润了。这几年，党一再指示要在陕、甘建立一支革命武装。为了这，几起几落，经历了多少挫折，有多少同志献出了鲜血和生命。现在，这向往了好久的红旗终于打起来了，叫人怎能不感动呢？

三、首战阳坡头

1931年2月12日，中国工农红军陕甘游击队成立大会后，正宁县三嘉塬和紧挨着的旬邑县职田塬上的老百姓乐坏了。他们喜笑颜开，奔走相告：这下出头的日子要到了！

当初国民党反动派造谣说：“红军是红毛绿眼睛，共产、共妻，吃人肉，喝人血。”刚听到这话，老百姓确实也害怕。游击队刚到那阵子，他们都跑得没远没近，钻在山林子里看动静。如今，他们看到这些和老百姓穿着一样衣服的红军，对穷人和蔼可亲，吃了老百姓的东西，人不在，还要留下条子和钱。特别是游击队把山河商会会长张占成在北柴桥子开的酒坊没收，将100多石粮食分给穷人后，老百姓才知道红军恨的是地主老财，爱的是穷人。世上哪有这么好的军队呀！慢慢地，他们就和红军战士混熟了。住在三嘉塬锦章村张积发老汉家的总指挥“老谢”听说是最大的官，也没一点官架子，口袋里总装着些炒豆子，和老乡经常一块边吃豆子，边拉家常，连附近的一些小孩子也常去向他要炒豆子吃哩！这天在成立大会上，老百姓一下看到这么多的红军，怎么能不高兴呢！他们又听总指挥“老谢”讲了红军就是为穷苦老百姓打天下夺江山的一番道理，心里更亮堂了。

当天大会后，职田镇附近墙下村的几十个农民就找谢子长，控诉他们村一个姓董的土豪的罪行，请求红军替他们伸冤报仇。谢子长根据群众的要求，召集队委会研究，决定当晚攻占职田镇。

职田镇距离三嘉塬40多华里，是附近比较大的一个集镇，也算是敌人在此地的一个统治小中心，驻有敌区公所和数十人的民团。

2月13日，攻占职田镇的决定作出后，谢子长当即命令骑兵大队出发包围职田镇，封锁各路口。当晚，大部队进占职田镇，至拂晓，敌职田镇区长、团总全部就擒，唐碧武等8个恶霸地主也被逮捕。

2月14日，正是逢集日。职田镇的集市向来就比较大，方圆几十里的群众都来赶集。听说红军占了职田镇，今天赶集看热闹的人就更多了。趁这机会，谢子长亲自主持召开了群众大会，他用通俗的话语解释了红军是干什么的？红军的任务是啥？宣布解散了敌区公所及民团，成立农民协会，并在大会上推选了三位农民主席。

在群众大会上，当场烧毁了区公所的文书、账本及逮捕的豪绅的账债契约。会场前面，熊熊的火苗窜起一丈多高，穷苦百姓一张张惊奇而又欢喜的脸庞被映得通红。会后，战士们押着豪绅游街示众。同时，开仓分粮。开始时，群众多不敢要。一般的本村人无论如何不敢分本村豪绅或地主的粮食。他们说，你们在此是可以的，你们走了以后咋办呢？了解到这个情况，谢子长决定，把职田镇粮食运到城外群众大会的会场上，会后请他们自由去取。又决定组织村分粮委员会，由分粮委员会组织进行，还必须有详细记载。用有组织的分粮运动，去团结一部分群众进行分粮，由分粮会过渡到群众的政权机关——革命委员会。

这天，成了被压在社会底层的穷苦农民最开心的日子。当场就有不少年轻小伙子要求参军当红军。谢子长还派出人员，以墙下村为中心，组织农民赤卫队，准备渐次向其他各村发展。

陕甘游击队的成立和红军占领职田镇的消息，使西北军阀极为震惊，他们立即调动驻在旬邑县境的警卫团第三营和附近的彬县、旬邑、长武三县民团，共千余人，向职田镇扑来，妄图一举歼灭陕甘游击队。

敌人哪知道，他们刚开始布置，陕甘游击队就得到了情报。原来敌警卫团的团长张汉民就是我中共地下党员，该团内有我党的地下组织，他们和陕甘游击队有秘密联系，多次送枪支、弹药、医药给游击队。攻占职田镇前，谢子长就派分队长马佩勋带两名战士去找驻在旬邑县城的三营七连长、我地下党员李明轩，想方设法搞了几箱弹药驮运回来。这次，恰好是李明轩的七连作先锋连。事先，李明轩即派人给子长送来一封信，将敌人的作战部署统统告诉了游击队。子长看信之后，当即命令部队连夜撤至职田镇以东20里的阳坡头占据有利地形隐蔽下来，待机歼敌。

第二天拂晓，敌警卫团第三营樊营长带领所属第六、七、九、十连和机炮连及三县民团千余人将职田镇围了个水泄不通。他们冲进镇子后，不见红军的影子，只见房头墙壁上到处贴满了《告士兵书》及“杀死打骂士兵的樊营长”、“枪毙克扣军饷的樊营长”、“欢迎警卫团士兵加入红军”等大幅标语。这可气坏了樊营长这个反动家伙，命令兵士向红军退去的阳坡头方向追击。

李明轩的七连担任先锋连离开职田镇后，李明轩故意下来牵着马走，士兵问他：“连长，你怎么自己牵马走？”他吓唬士兵说：“打红军可不是闹着玩的！自己牵着马，走起来方便得多！”士兵看连长都这么小心，都胆颤心惊地朝前走去。

2月16日，敌人在樊营长的督促下来到阳坡头，走得人困马乏，都想靠塄坎晒晒太阳，歇歇脚。突然，枪声大作，谢子长带着游击队从隐蔽的塄坎后面一跃而出，如同猛虎下山，向敌群冲击。敌人一下吓呆了眼，但依仗人多势众，武器良好，向我游击队还击。子长指挥战士依靠一片坟地，用冲锋枪，集中火力扫射敌人，杀伤敌人的先头主力。这时，子长事先派往敌后迂回侧击的两个冲锋枪班，在阎红彦带领下从敌人的侧后也发动了猛烈进攻。敌人顿时一片慌乱。李明轩乘机上马大喊："红军来了，快跑！"转头打马就跑。士兵跟着争相逃命，敌溃不成军。游击队战士趁势跃起，高喊"缴枪不杀"的口号，奋力追击，追了几十里，直追到职田镇，大获全胜。

阳坡头战斗，陕甘游击队歼敌300余名，缴获300多支枪，还有弹药及许多物资。而自己仅3人受伤。

首战阳坡头的胜利，极大地鼓舞了新诞生的红军指战员的斗志和广大群众的情绪，打击了敌人的嚣张气焰。战后，子长命令学习中央红军优待俘虏的做法，向俘虏进行政治工作，宣传革命道理，对愿意参加红军的数十名士兵，开欢迎会编入队。其余的教育后发放路费，准其回家。其中有一个连长因士兵对他有好感，也将他释放了。对受伤的还进行了包扎救护，把敌人尸体也作了妥善处理。这样一来，在群众和敌军中影响很大。都说红军是"仁义之师"。敌十连的一些跳沟受伤的士兵痛哭流涕地说："我们连长说被共产党捉住就不得活，早知这样，我们早就缴枪了。"

四、南下关中

阳坡头战斗后，陕甘游击队根据陕西省委的指示南下关中，向淳化、三原方向发展。

2月19日，游击队刚来到清水原的郝村，还未站稳脚跟，敌警卫团、特务团就从淳化赶来袭击。谢子长率领游击队避其锋芒，转移到耀县照金山区，乘敌照金镇民团在元宵节夜狂欢滥饮之时，将其三十余人全歼。

此时，经过连续行军作战，游击队人困马乏，决定退据耀县的香山寺休整。

香山寺是一座历史悠久的娘娘庙，位于幽静的群山之中，三峰突起，形似笔架，松柏成林，周围群山环抱，地势险要。宏伟的庙宇从沟底一直修到山顶，隐现在苍松翠柏之间，煞是壮观。寺中有200多个和尚、尼姑，拥有大量土地、牛羊，吃、住给养都比较方便。在这里，子长利用部队休整的机会，主持召开了队委扩大会议。

谢子长在会上总结了游击队建立以来的作战和发动群众工作的情况后说：我们游击队建立后，按照中央红军在井冈山创立的建军原则，实行军事、政治、经济三大民主，在军事上执行游击战术的“敌进我退，敌驻我扰，敌疲我打，敌退我追”的“十六字诀”，在人民群众的支持下，打了几次胜仗，但我们还没有一块稳固的根据地，一直未站稳脚跟。现在，省委指示我们向三原、富平一带平原城市地区发展，在那里建立根据地。这些地方，固然受大革命的影响，群众基础比较好，党的力量也比较强。但是，这里敌人兵力集中，地处平原，交通便利，不利于开展游击战争。

子长又列举了渭华起义的情况说，那时节，整个渭华原上确实是一派蓬勃发展的革命形势，不光有军事武装，农民群众也发动起来了，革命武装和党的力量也比现在强多了，但也还没有经得住敌人的重兵“围剿”。现在，拿我们这支没站稳脚跟的队伍到敌人统治的中心平原上去跟敌人拼，无异于用鸡蛋碰碌碡。且不要说将来我们到三原能否立住脚，就是眼下我们如果离开山区去跟敌人两个团的兵力去硬拼就会吃大亏。中央红军开辟的井冈山道路说明，革命必须要建立根据地，但根据地不能建立在敌人统治的中心地区，只能建立在敌人统治力量最薄弱的山区。

子长的意见立即得到了志丹的赞同，志丹说：搞革命没有根据地就像人没脚后跟一样，始终站不稳。在南梁我们没站稳，在三嘉塬又没站稳，现在离开山区到敌人统治中心的平原地区去，肯定要吃大亏！

共同的理想，共同的经历，使这两位同生死、共患难的老战友心心相印。子长比志丹大5岁，志丹在榆林中学上学的时候，子长就当“团总”了，志丹一直把子长当“老大哥”看待，很尊重。子长感到志丹顾全大局，讲究策略，善于周详地计划安排，智谋、文学水平都高，对志丹也很尊重。他常对指战员说："老刘是我们中间最有学问的人，他人好，又有才干。"那些年，在工作职务安排上，有时你高，有时他低，但他们从来也没有谁在这些问题上计较过；有时他俩在一些具体问题上也有争论，但他们为了共同的革命目的，总是相互信任，情同手足。关于建立革命武装和根据地的事，他俩早就讨论过多次了。这次在香山会议上，又让队委的同志们敞开讨论。省委指示要在平原地区建立根据地，坚持要游击队向接近敌人统治中心的关中平原地带移动，并开展游击战争，建立根据地，直接对敌人在西北的心脏西安形成威胁之势，以加速革命的进程。这个坐在大城市房子里想出来的决定，听起来"革命"，却难以实行。诚然，平原地区经济条件比较优越。三原县在大革命时期就是我党活动的中心之一，旬邑县有过吕有乾、许才升等同志领导的农民起义。但是，正因为离敌人统治中心很近，对敌人威胁较大，敌人就会下更大的赌注"剿灭"红军。而平原地区又不便隐蔽和迂回，不宜开展游击战争。游击队在平原立足尚难，何谈建立根据地呢？！但是，执行王明"左"倾路线的省委却坚持要这样做。北上南梁建立根据地最理想，但省委又绝对不会同意。大家讨论来讨论去，形成了一个折中的意见，最后决定：先向敌人统治力量比较薄弱的铜川、宜君一带山区游击，寻机作战，就地开展游击战争。然后在正宁、旬邑一带陕甘交界的子午岭山区建立根据地。

五、回师陇东

陕甘游击队在香山经过短期休整后，北上宜君地区，出其不意歼灭了瑶曲镇民团和驻焦家坪的敌第二五六旅五一一团的一个连，又击溃了敌五一一团的一个营。其后敌重兵来攻，游击队退入桥山山脉中段上畛子地区进行休整。后来，陕甘游击队乘敌陕军十七师与甘军新编十三师在陇东混战之机，回师陇东，依托陕甘边界的子午岭山区，在正宁县寺村塬一带开展游击战争，建立根据地。

当时，甘军新编十三师师长陈珪璋在兰州被甘肃省代主席、陕军十七师师长孙蔚如的旅长杨子衡暗杀后，陈部被陕军击败，残部到处流窜骚扰百姓。陈珪璋残部警卫团团副刘明发，给正宁群众派款达数万元之多，并限期缴清。激起正宁县农民反抗，西坡、山河、永正、永和、罗川、湫头等地千余名群众自动组织起来，包围了正宁县城山河镇。谢子长得到消息，决定率领陕甘游击队配合正宁农民攻打山河镇，并和城内的士兵二三十人联系作内应。

1932年3月19日晚，谢子长率陕甘游击队从桥山中段的黄陵县尚畛子出发，因夜间迷路未能按事先约定的拂晓前到达城下。城内窦巡官等准备哗变的士兵未敢行动，由于叛徒告密，窦巡官被捕杀害，部下全被缴械。寺村塬一带的农民因豪绅阻止也未赶到，因此，原计划的夜晚偷袭变成了白日攻坚。游击队围城一天不克，后即撤到寺村塬，做创建根据地的工作。

20日，陕甘游击队撤到正宁县西坡村，谢子长召开队委会重新讨论行动方针。经过队委会的认真研究，作出决定：一、红军陕甘游击队开赴正宁南塬一带开展游击战争，打击土豪劣绅；二、将农民自发组织的“民团”改编为赤卫军，以配合红军游击队行动；三、立即实现红军陕甘游击队的纲领；四、发动和组织群众，准备再次攻打山河城，拔除敌人的据点；五、在南塬一带成立革命委员会，创建陕甘边红色政权，开辟革命根据地。

寺村塬，又叫永河塬或南塬，是正宁县南部一条比较大的塬，由湫头塬、五顷塬等小的塬组成。南接旬邑县，东靠子午岭大梢山。谢子长率游击队驻到寺村塬后，以大队为单位分区域活动，包干负责，分兵发动群众。先派出骑兵，到各村张贴标语、散发传单，号召贫苦农民起来反剥削、反压迫，同地主豪绅作斗争。游击队到各村后，首先解决那里的恶霸豪绅，然后召集群众大会，宣传共产党、红军是为穷人谋解放的革命道理，将各村自发成立的农民武装改组成赤卫军，还成立了村分会、贫农团、少先队等各种秘密组织，开展抗粮、抗款、抗税斗争，打土豪，斗地主，分土地。在荀仁寺，召开了群众大会，宣布将寺村塬原有的三个民团改编为赤卫军。并着手成立革命政权——革命委员会。很快，这里的群众就发动起来了。新庄子、西城、上南坡头、碾庄子、双佛堂、荀仁、张村、巩家斜、苜宿岭、车家沟等村先后成立了农民联合会、贫农团、赤卫军、少先队等组织。在此基础上，成立了寺村塬赤卫军总指挥部，选举上五社团头杜兴邦担任了总指挥，副总指挥由巩世信、张进选（绰号张聋子）担任。

3月22日，在陕甘游击队的领导下，寺村塬东起五顷塬，西至上南坡头72个村庄的贫雇农积极分子在新庄子集会，召开农民代表大会。72个村庄共选出代表72人，其中贫农42人，雇农10人。中农20人。选举成立了寺村塬革命委员会。革命委员主席由陕西省委派来的陕甘游击队政委李杰夫兼任。委员会由15人组成，农民委员10人，游击队委员5人。其中常务委员7人，正副主席3人。下设土地、肃反、财政、食粮4个委员会。会上经选举成立的陕甘边区革命委员会，由于成立地点在寺村塬，群众习惯称其为寺村塬革命委员会。这个委员会驻在新庄子村西洼。

那天，谢子长亲自主持了革命委员会成立大会。大会是在新庄子村的山神庙场里召开的，周围村子的上千名群众参加了大会。会上，子长首先讲话，宣传了革命道理。接着选举了长工出身的车家沟贫苦农民张进元和西城村的中农唐贵荣当副主席。张进元家里很穷，弟兄5个，父子6人，常年给人拉长工，一家光棍。张进元排行老大，这年27岁，他胆子大，大小场合都不怯火。虽不识字，但记性好，口才也好，说话声音洪亮。游击队来后，他就参加了赤卫队，积极参加活动。今天当选后，还上台讲了话。他说："革命就是革地主老财狗日的命，穷人翻身当家作主人！红军共产党打的是地主老财狗日的，爱的是穷苦老百姓，是穷人百姓的救命恩人！有了红军共产党，我这个穷光蛋今天当上了革命委员会主席。我们穷人要翻身，就要起来闹革命！"最后，他振臂高呼："打倒土豪劣绅！""坚决走革命的道路！"他的讲话，虽然简短几句，可是热情洋溢，精神振奋，赢得了阵阵掌声和喝彩声。

张进元后来参加了正宁县游击队，配合红军进行地方游击活动。在他的影响下，他兄弟四人都参加了革命活动。

大会宣布，革命委员会执行苏维埃政府的一切决议和法令，以农民代表会和革命委员会的名义布告宣言，代表豪绅地主利益的国民党县政府、区公所均被推翻。大会决定没收所有地主富农的粮食，一部分分给贫农、雇农、苦力，一部分作为游击队给养。会议决定改组赤卫队，禁止富农参加，以村为单位成立分队，由群众选举分队长1人；乡或七八个村成立大队，设正副大队长各1人；各乡联合成立总队部，设正副总队长各1人；参谋1人。并以同样组织形式成立少年先锋队组织。赤卫队、少年先锋队均属革命委员会领导。

大会之后，大会的决议开始在下八社，于家庄实行。

革命委员会的主要任务是发动群众，组织群众，宣传革命道理，分配土地。当时住在西洼村的张进友家里，每晚还有五六个赤卫队员拿着长矛站岗。

谢子长住在新庄子村，他亲自领导群众没收了西城村大地主刘西昆和于家庄的大豪绅赵元亨（人称“赵大人”）的土地、粮食、牛羊等财物，分配给贫苦农民。打倒了骑在头上的恶霸地主，分到了粮食、牛羊，农民群众欢天喜地用当地的地方小调唱道：

中华民国二十年，
红军起首三嘉塬。

谢浩如[①]，刘志丹，
领导穷人把身翻。

东靠黄河西靠山，
锦章、细咀子扎营盘。

枪声一响震四方，
好像猛虎追恶狼。

反动走狗民团跑，
土豪劣绅跑不了。

---

① 谢浩如为子长当时用名。

打土豪，分田产，
打开仓，把粮散。

车子推，口袋掂，
家家户户吃白面。

常开会，来宣传，
你拿斧头我拿镰。

都是红军来的好，
世道翻了个底朝天。

4月13日，陕甘游击队决定二次攻打山河镇。当时驻在山河镇的有敌谢牛团的两个骑兵连和伪正宁县保安队共数百人。谢子长将部队在山河镇城东十多里的西坡埋伏下来，派少数部队到山河镇城下去引诱敌人。狡猾的敌人在西坡遭到伏击后，慌忙逃回城，闭关固守。近千名手持长矛大刀的赤卫军、少先队配合游击战士将山河镇围得水泄不通。当地老百姓也自动给战士们送饭、送水。

3天后，西峰镇敌人派一个营的兵力来增援，子长命令部队后撤到一个高坡的塄坎下埋伏，敌人以为游击队败退，纵马赶来。子长命令：敌人不到30米不准开枪。敌人的骑兵仗着武器精良，黑压压的一片奔驰而来。快临近我阵地时，谢子长指挥红军一名神枪手瞄准敌指挥官，“砰”的一声，就将敌指挥官一个倒栽葱打下马来。跟着，子长从隐蔽的塄坎下跃出，一马当先，带领战士向敌群冲去。敌人见指挥官一死，知道中伏，掉头就跑。游击队一直追至正宁城下，歼敌200余，缴获几十匹好马和不少枪支弹药。因当时缺少攻坚武器，敌依托坚固城堡顽抗，游击队战后即放弃攻城，仍撤回寺村塬。

游击队返回寺村塬立足未稳，陕西省委又命令继续南下，进一步向平原地区前进。

4月20日游击队接到旬邑县地下党组织的报告说，敌旬邑县城守敌两个连及部分民团，防守不严。子长当机立断，奔袭旬邑城。

当晚，谢子长亲率游击队急行军100多里，拂晓前到达旬邑城下。子长自己带着突击班扛着云梯冲在最前面。在一个冲锋枪班的掩护下，他带着几个战士插到东城下，搭起云梯，开始攻城。当敌人发现时，游击队已冲进城墙，占领了城楼。先入城的战士打开城门后，大部队一涌而入，出其不意，迅速歼灭了守敌两个连和民团，枪毙了反动县长和警察局长。

攻占旬邑县城是陕甘游击队建立以来第一次攻陷敌县城，影响很大。红军声威大振，很快发展到近千人。老百姓欢欣鼓舞，敌人胆战心惊。

六、迫离游击队*

正当谢子长率领陕甘游击队节节取胜，在寺村塬创建根据地的时候，4月下旬，执行王明“左”倾路线的中共陕西省委负责人杜衡来到了部队。

谢子长自从上年后半年到陇东担任游击队领导工作以来，一直忙于部队的组建和打仗。这期间，陕西省委也派来人和送来一些指示信，但他总觉得其中许多指示不符合实际。执行吧，就会碰钉子；不执行吧，又是上级党的指示。为这事，他和志丹讨论过多次，看法一致。上次香山休整时，他又在队委会上让大家认真地进行了一次讨论，其他队委同志的看法也一样。香山休整后，他就安排志丹去西安向省委汇报工作。志丹去省委汇报工作以后，他就一直焦急地等待着音讯，希望省委能和他们取得一致的看法。这次，省委派杜衡来，他想把自己的看法和这半年多来的经验教训详细给省委的同志谈谈。哪知刚见面一搭话，杜衡就指责“游击队目前在政治上犯了许多严重的错误，执行了右倾机会主义的上山逃跑路线”，命令游击队要“很迅速地走到正确的国际路线上来”。

---

* 本节引文见1932年3月6日和1932年3月21日《陕西省委关于红军陕甘游击队决议》、《陕西省委给中央的报告》。

这杜衡，子长早就认识，1927年曾在他的连队搞过宣传。那时名叫杜振廷，在绥德四师上学。此人脑瓜倒聪明，口才不错，很能讲话。那阵子，见了子长恭恭敬敬。这次以省委巡视员的身份到部队来后，和以前大不一样了，一副领导者的架子，说话盛气凌人。本来，子长有满肚子话，想向省委的同志倾吐。但杜衡根本不愿听。他一来，就给部队作了一次报告。

杜衡讲话一开始，就说道："中国革命运动的高潮，已经更进一步了，由于遍及全国的灾荒和连年混战使国民经济已经破碎到了顶点，由于帝国主义的直接瓜分中国，尤其是'上海事变'后，全国反帝国主义的民族革命的高潮更加开展，由于全国工农士兵斗争的普遍发展，由于中国工农红军与苏维埃运动的猛烈发展和深入，由于国民党统治的急剧崩溃，使中国革命的机会更加成熟，争取湘鄂赣闽为中心的一省和几省的首先胜利，目前一切事变的发展，使中国革命的大风暴必然很迅速地降临到我们眼前。在全国革命形势下面……"接着，杜衡又滔滔不绝地大讲了一通陕西政治、经济及革命的形势，完全是王明鼓吹的那一套。指战员们听着这一大套不着边际的大话空话，像听"天书"似的，提不起精神，直打瞌睡。

杜衡从国际讲到国内，从陕西全省讲到渭北的三原、富平，脱离实际地空谈了一通之后，突然话锋一转说："综合一切条件，是非常有利于红军游击队的发展，然而游击队对这一客观形势却犯了估计不足的右倾机会主义路线，因此在游击战争纲领上就执行了与省委所指示的完全不相同的另外一条右倾机会主义路线。"接着他列举了一大堆罪责，什么"在旬邑执行游击战争的纲领上，仅是逮捕豪绅，分配粮食，对于游击战争中的许多重要任务是根本没有执行的"；什么"游击战争中的根本任务——土地革命——根本忘掉了，不能马上没收执行，分配土地问题不解决，使农民群众绝对不能热烈拥护，只是同情希望而已"；什么"分配粮食是无组织的分赃，逮捕豪绅是单纯的军事形式"等等。一方面指责"与白军作战不利用军事地形上的优势，在政治上去鼓励士兵群众，走到游击队方面来，而只是用极大的火力，射击士兵弟兄，这样'红军不打士兵弟兄'的口号是根本谈不到了，使敌人很容易利用我们政治上的弱点，在士兵群众中向我们进攻。"另一方面又指责"对白军的军官采取右倾机会主义的办法，如俘虏了敌连长，就马上释放了。”还指责未强攻山河镇是“最可耻的，采取了右倾机会主义的退让、不进攻的战略。”“是党不可饶恕的罪恶”。

听着他这些莫名其妙的指责，指战员简直搞糊涂了：明明是省委接二连三地指示游击队往三原富平开，使得部队整天忙于打仗，又说游击队没执行土地革命的任务。游击队到一个地方，住不上两天，敌人就追来了。把粮食背着送去，群众都不敢要，土地给谁分呢？打仗不让开枪，空喊“红军不打士兵弟兄”的口号能挡住敌人的子弹吗？我们不打敌人，可敌人要打我们呀！“政治去鼓励”，能使白军“走到游击队方面来”的话，我们还要游击队干啥？难道和敌人硬打硬拼就是“布尔什维克的革命路线”吗？……指战员越听越胀气，便忍不住纷纷议论了起来。

杜衡看指战员对他的讲话不以为然，便清了清嗓子，加重语气宣布说：“根据以上的客观形势估计与游击队在右倾机会主义下的一切错误与弱点，省委特别指出游击队必须迅速地执行以下的工作，在加紧两条路线斗争中，实行彻底改造：第一，坚决执行省委的指示，毫不迟疑地向三原富平耀县以至西路游击；第二，立刻执行土地革命的任务，在游击区域内，马上没收豪绅地主寺院的土地，平均分给农民；第三，开始创建新苏区的计划……”杜衡对游击队一共宣布了十五条具体“指示”。杜衡逐条宣布后，还着重强调第十五条“指示”，说：“游击队要执行自己的任务，必须加紧两条路线的斗争，拼命地与右倾机会主义、左倾立三路线、口是心非的两面派作坚决斗争。坚决反对‘上山’、‘退避’的右倾路线。必须坚决执行进攻的路线，坚决执行省委的决议。”说到这里，杜衡看看下面听讲的，似乎还无动于衷，又提高嗓门强调说：“游击队要迅速向三原发展，配合农民武装和城市的兵变夺取政治、经济最集中的三原，马上建立苏维埃政权，很快地进攻泾阳、高陵、咸阳，沿渭河流域，截断渭河交通，开辟西北上一大片苏维埃区域。省委估计了主观和客观的条件，都有极充分的可能，只要党能坚决正确地去领导。”最后，他强调指出：“右倾机会主义，实是目前最严重的敌人，必须集中火力去反对。”

紧接着，杜衡又召开了队委扩大会议和党员大会，在党内的会上，他更对子长同志横挑鼻子竖挑眼，他把两次打山河镇未克作为口实，指责不向三原进军，不在平原建立根据地而转战到山区是“拒不执行省委的指示”，是“梢山主义”，没强攻山河是“逃跑路线”等等，以势压人，无限上纲，给子长扣上右倾机会主义路线的大帽子，错误地对子长同志进行了批斗，在党内宣布撤了子长同志的总指挥职务，强令子长同志离开部队。当时，慑于子长的威望，怕引起部队波动，杜衡未敢在部队中公开宣布这一决定。

在那些日子里，子长心里真不好受。他难受的不是自己受委屈，而是担心这样搞下去，好不容易搞起来的这支武装，又会被断送掉。他平日跟战士患难与共，情同手足，大家在一起就像亲兄弟一样。同志们都把他叫“老谢”，有啥心里话都愿跟他说。现在看省委来的这个负责人杜衡以势压人，蛮不讲理，大家肚里的气实在憋不住。子长就劝解大家要顾全大局，要服从党的组织纪律，不能闹意气胡来。为了稳定大家的情绪，他还说：也可能这半年多来我们钻在深山老林打仗，外面的形势我们不了解。这次离开部队，到外面看看，或许也有好处嘛！

指战员们真舍不得子长离开呀，为了不影响部队的情绪，临行那天，子长天不亮就悄悄起身了。但一些朝夕相处的老战友早就守候在路边了，同志们送了他一程又一程，一直把他护送到西（安）兰（州）公路，看他把大褂、礼帽穿戴起来，才恋恋不舍地挥泪而别。

七、领导“靖远兵暴”

1932年4月下旬，谢子长离开陕甘游击队后，受中共陕西省委指示，同焦维炽同志一起从西安动身，沿西（安）兰（州）公路来到了甘肃定西北部的靖远县。

早在1929年冬，谢子长到宁夏骑兵第四师苏雨生部搞兵运工作时，就将一批共产党员和革命青年打入谷莲舫的第八旅和石英秀的第九旅进行兵运活动，1930年，就在这支部队建立了党的地下组织。后来子长离开部队，张东皎等同志仍留在这个部队，党的地下组织一直坚持着活动。

1930年秋，八、九两旅脱离苏雨生部，开到甘肃靖远后，合并改编为雷中田部新编第八师的第三旅，石英秀任旅长。这时，我党在石旅的力量已有很大发展，特别是在王子元团，一些重要职务已由共产党员担任。1931年冬，王子元团改编为警备第三旅以后，我党力量更是发展，党员已发展到近百名，其中连以上军官党员就有三十五六人。当时，这个旅的内部有我党的三个秘密支部：一个是校官以上的军官支部，李罕言同志担任支部书记，孙作宾同志受组织指派担任支部委员，党员有牛化东、王儒林、苏士杰、吕振华等同志；另一个是士兵（包括尉官）支部，石子健同志担任支部书记，党员有杨林、杜鸿范、张国威、张秀山、常焕章等同志；再一个是教导队的特别支部，支部书记是苏醒民。在党员比较集中的旅部二团还成立了团党委，书记由张东皎同志担任，领导三个支部和党的教育工作。共产党员在这支部队中都担任了重要职务：张东皎担任了副旅长，孙作宾担任了参谋主任，牛化东任第二团团长，王儒林任二团一营营长兼军法主任，李罕言任旅部副官长，苏醒民任教导队长，吕振华任一团一营长，杜鸿范任旅部特务连长。杨林、贺晋年、张秀山、石子健、张国威、高昆山、乔霞波、常焕章、李培清等共产党员也都担任了连、排长。后来，贺晋年、李培清还当上了旅部的副官。旅部有一部电台，也由共产党员崔仰亭掌握。

4月28日，谢子长化名冬阳，秘密来到时任副旅长的张东皎同志住处。张东皎一看多年前的老战友突然出现在自己面前，又惊又喜。他支开身旁的人员，急忙问道："老谢呀，听说你在陇东搞起了咱们自己的队伍，连这里的敌人都听着害怕哩！怎么你又离开队伍，单身跑到这里来了呢？"子长笑了笑说："咱们这号人你还不知道，党叫干啥就干啥嘛！组织现在派我来拉你们这支部队来了。"接着，张东皎又找来王儒林等地下党组织负责人，他们在一起交谈了警三旅的情况。根据陕西省委的指示，他们研究后决定扩大兵源，组织兵变。

因为部队中许多人都认识谢子长，子长隐蔽活动，由化名赵仪三的焦维炽同志出面公开活动。准备工作主要从两方面着手，一是统一团党委的思想；二是在士兵中进行宣传教育和组织工作。

谢子长住在党的地下交通员李发荣家。4月30日晚，子长在李发荣家秘密召集地下党负责同志张东皎、张秀山、石子健、苏醒民、焦维炽等开会。会上先由张东皎汇报了我党在该旅的工作情况，焦维炽报告了目前形势、陕甘游击队的发展情况及陕甘群众斗争的局势，子长传达了陕西省委关于发动兵变的指示。同志们就该旅士兵群众的思想状况、发动兵变的问题进行了讨论。紧接着，又召开了第二次党的会议，就兵变问题展开了争论。经过多次讨论，最后决定在王子元旅发动兵变，然后带领兵变部队东进和陕甘游击队会合。子长在会上向大家解释了这次武装兵变的重要性。指出：这次兵变，不仅能在甘肃造成政治和军事上的强大影响，也是配合红军陕甘游击队开展游击战争、扩大红军、建立根据地的一个有力步骤。

子长和焦维炽等同志详细地计议部署了兵变的各项工作。

5月3日，党组织从士兵的切身利益出发，组织各团、营、连派代表，向王子元请愿，要求发服装、菜金，同王子元展开面对面的斗争，取得胜利后，极大地鼓舞了党员和士兵的斗志。

兵变正在紧张的筹划准备中，王子元听到了风声，王子元一听西北红军头子谢子长和他的副旅长、营长等人秘密交谈，这还了得。当晚，即将张东皎、王儒林二人扣押，并缴了王儒林营和执法队的械。

5月6日晨，时任一连排长的共产党员张秀山同志得知这一情况，当即跑到子长、焦维炽同志住处，报告了这一情况。子长马上召集石子健、苏醒民同志开会，决定天黑以后立即行动，把能带走的部队全部带走，发动兵变，向海原行动。

5月6日晚，任一团一营营长的共产党员吕振华同志即率该营五连及教导队奔赴打拉池东的狼山台子兵变。同时，张秀山同志也将他所在的一连拉出起义。天亮之后，兵变部队在打拉池会合，正式宣布成立中国工农红军陕甘游击队第四支队。谢子长任总指挥，焦维炽任政委。因失去联络，谢、焦二人不在，吕振华代理总指挥。五连改为第一大队，曹炳奎任大队长；一连改为第二大队，张秀山任大队长；教导队改为指挥部的直属队。后兵变部队行到郎山村被王子元的追兵打散，张秀山同志断后被俘；吕振华同志带着剩余的部队去定西一带打游击，坚持一个多月也失败了。

这王子元是陕北人，同谢子长是老同学，也算是个知识分子。他虽不是共产党员，对革命多少还有些同情。他觉得共产党员都是些有本事的人，还想利用来给他干事。同张东皎、张秀山等同志的关系不错，特别是张秀山同志曾给他通风报信救过他一命。这次张秀山同志被俘后，他念救命之恩，也未杀他。对张东皎、王儒林等同志也未加害，采取了“礼送出境”的做法，只让他们离开他的部队了事。

这次兵变中，子长因失掉联络未赶上兵变部队，即赴兰州活动。事后，张东皎、王儒林被隐蔽在部队中未暴露身份的旅参谋主任孙作宾同志营救出来后，也来到兰州。子长同焦维炽、张东皎、王儒林、石子健见了面，与兰州党的地下工作者杜润芝、邬逸民、吴景敖等同志接上了头，又商量举行第二次起义。

这时，子长经他的老师、时任孙蔚如的甘肃省宣慰使署秘书长杜斌丞先生的介绍，在小西湖见了邓宝珊先生。邓给了他两支短枪，两支手提机枪，并鼓励他说：“你们闹去，不行了再找我！”子长又同警三旅的驻兰部队及陕军十七师中的共产党员秘密联系，发动起义。

恰好这时，王子元派旅部特务连长、杜斌丞先生的儿子杜鸿范到兰州领取军火，子长决定借此机会插旗建军。子长找杜鸿范面谈后，杜慷慨表示：不回靖远，拿枪上山打游击。子长即带领张东皎、王儒林、杜润芝、姜耀、吴景敖、王世昌、常焕章、邬逸民等在兰州的五六十名同志，连同杜鸿范带的士兵，共70余人，从兰州广武门乘牛皮筏子，载着杜鸿范在孙蔚如处领取的1500套军衣，2万发子弹，50余支步枪顺黄河而下，到了河口，最后到达水泉堡。

水泉堡位于靖远城东北90余里处黄河东岸的尖山之麓，山坳里有两个残破的堡子，是兰州通往宁夏交通要道上的一个古镇。

5月30日，这支发展到200多人的队伍在谢子长的领导下，在水泉堡竖起了印有镰刀斧头徽标的“陕甘工农红军游击队”的红旗，正式宣布起义。谢子长担任这支起义部队的总指挥，焦维炽为政委，杜润芝为参谋长，郇逸民为秘书长，下辖三个支队，杜鸿范为第一支队司令；张东皎为第二支队司令；王儒林为第三支队司令。部队一宣布起义，即提出“扶助工农大众”的口号，没收土豪劣绅的粮食，分给穷苦群众。

王子元闻讯，6月2日即派三团二营周维邦率部到水泉“围剿”，起义部队在装备不足、寡不敌众的情况下和敌展开激烈战斗，击毙敌营长周维邦。张东皎同志也壮烈牺牲。

水泉战斗后，起义部队合并为一个支队，由王儒林任司令，杜润芝任政委，边打游击边集结力量，向海原转移。子长因接到省委通知要他回西安向陕西省委汇报工作，即离开部队。后起义部队发展到400多人，流动作战，过黄河后与宁夏马鸿宾主力冶成章旅遭遇激战，损失惨重。后化整为零，潜伏活动。

八、策划西华池起义

1932年6月，正是小麦成熟的季节，火辣辣的太阳，把大地烤得闷热闷热。谢子长从靖远出发后，仍是商人打扮，穿长袍，戴礼帽，冒着烈日匆匆向陇东重镇平凉赶来。在隆德县城，遇上杨林、高昆山、郝维新三个“靖远兵暴”后失散的同志和高照壁等几个革命青年，他们打算到陕军十七师的教导团去开展兵运工作。子长分析了“靖远兵变”后兰州的紧张形势后说：“目前兰州形势紧迫，暂不宜去，还是到陇东开展工作为好。”于是便带着杨林等同志翻过六盘山，来到了平凉。

到平凉后，他们来到城外东关，只见一大群人围着一张告示观看。凑近一看，原来是一张陕西绥靖公署悬赏“通缉共匪头子谢子长、刘志丹”的通缉令。几个青年一看这张告示，都有些紧张，赶紧凑近子长，拉他的衣角，示意让他赶快离开。子长却不慌不忙地说：“别急，让我看看赏价！”还踮起脚尖，透过人缝看清了赏价：“报告下落者、拿到首级者、俘虏归案者各赏1000元大洋、2000元大洋、3000元大洋。”子长仔细看了这张通缉令，然后从容不迫地离开，还边走边说：“3000元大洋赏价不低呀！可惜抓不住！”他看看周围再无旁人，便掐着指头边算边笑着说道：“从1927年算起，到现在已6个年头了吧！光我看到的这类玩意就好多了！怎么，我还不是好好的嘛！这类玩意只能吓唬胆小鬼！”

说着，子长又拍了拍身旁一个青年的肩膀笑着说：“小伙子，你为啥放着3000元赏钱不赚，而要跟着我冒险呢？”这一说，大家都笑了，小伙们刚才看到告示那阵子的紧张情绪一下都消失了。

子长又边走边接着说：“我们革命的道理就在这里。真理、正义在我们一边，人心向着我们，所以我们不怕。即便是牺牲了，也是值得的，这就是共产党必定要胜利的道理！”

这样边走边说，子长领大家来到城东关一个偏僻的小饭馆，坐下休息吃饭。子长又让杨林买来一张近日的《西京日报》，上面登着“共匪头子谢子长已被我军击溃后不知去向”的头号新闻。大家看了后都哑然失笑。

饭后，他们又摸黑继续上路，一口气走了50里，来到白水镇一个客店投宿。当晚，子长和杨林、郝维新、高照壁、苏杰如四同志一块分析了陇东形势，研究了行动计划，决定派杨林等四同志到陇东敌警备十一旅去发动兵变，然后带领起义部队和陕甘游击队会合。子长分别给在十一旅工作的我地下党组织负责人高鹏飞、李树林两同志写了亲笔信，交他们四人带去活动。

第二天，子长去西安向省委汇报，杨林、苏杰如等四同志即去十一旅的驻地庆阳地区发动兵变。

这十一旅是原石英秀的第三旅1931年冬改编的，1932年春开往陇东驻防。地下党组织的负责人是李树林、高鹏飞、胡立亭、冯世光、吴启昌等同志。旅参谋主任王子庄也是我们的人。杨林、郝维新、苏杰如、高照壁四同志到合水县十一旅特务营驻地西华池见到第一连连长、特务营我地下党支部书记高鹏飞同志，面交了子长同志的信，谈了子长的意见，共同商定了起义的计划。并派担任班长的共产党员宋廷壁持信到宁县盘克塬和陕甘游击队取得了联系。

1932年7月9日，晴空万里，红日高照。午饭后，共产党员、二排长曹胜勇，苏杰如、高照壁等同志带领我党掌握的第一连，乘第二连在操场上将枪架起、空手打拳的机会，突然将他们包围，收缴了枪支。与此同时，杨林、郝维新等同志带十余人冲入营部，高鹏飞的勤务兵朱万才首先持枪闯入，正在和敌潘营副等敌军官打麻将的高鹏飞同志按照事先的约定，忽地推倒麻将桌，拔出手枪，大喊："不许动！"收缴了在场的敌营副潘自力及营部副官、军需等人的枪支。接着，高鹏飞集合队伍讲话，宣布起义。

当天晚上，起义部队170余人在高鹏飞的带领下向陕甘游击队活动地区开拔。第二天下午，当时的陕甘游击队总指挥阎红彦同志率领一大队和骑兵大队在宁县盘克塬同起义部队胜利会师，然后开赴游击队驻地正宁县湫头塬。在这里，起义部队正式改编为中国工农红军陕甘游击队第三大队，高鹏飞同志任大队长。

在此之前，陕甘游击队在"左"倾路线的干扰下，离开子午岭山区，分兵向关中地区游击，遭到敌重兵"追剿"堵截，后转战黄陵、宜君、洛川、宜川、韩城地区，幸得总指挥刘志丹机动灵活的指挥，才打了几次胜仗，甩开了敌人的"围剿"。但孤军远离根据地长期流动作战，敌我力量过于悬殊，沿途不断遭到敌人围追堵截，部队损失很大。到历经艰险重新回到寺村塬时，近千人的部队只剩下300来人。西华池胜利起义的部队给陕甘游击队增添了新的血液，陕甘游击队在受挫的情况下，西华池起义成功，对士气鼓舞很大，指战员们喜笑颜开地回到湫头塬进行休整整编。

九、于危难之际归队

7月23日，中共陕西省委负责人李艮（亦名愚痴）以省委巡视员的身份来到陕甘游击队任政委。此时，游击队在正宁湫头塬休整后，正准备粉碎敌人对根据地的包围进攻。李艮来后，置实际情况于不顾，停止一切工作，集中游击队的干部开会，“集中火力反对右倾机会主义”。他指责游击队党组织“继续执行了右倾机会主义路线，同省委的布尔什维克路线非难对抗，不执行省委关于土地革命和创造新苏区的指示”，限令20天在五顷塬分完土地，建立一村的革命委员会。“这样一村一村地实行土地革命，逐渐地巩固和扩大以至完成创建陕甘新苏区的任务。”当有的同志刚一提出游击队经常开差，忙于作战，不能长期固定在根据地，农民不敢要土地这个问题时，李艮还没等这位同志把话说完，就“机关枪扫射打击式地回击”，说这是不相信农民群众的“北方落后论”的右倾机会主义的谰言，搞得其他同志都不能说话。李艮又指责游击队执行的是“逃跑主义”的“上山路线”，是“游击习气”，并传达省委的指示说：“边区的军事地形是有利平原战的，敌人的大部兵力不能展开，运动非常困难，因此，红军的平原战术即可开始运用，绝对要打击把红军拘泥和束缚在游击战中。”“边区中的防御工程必须开始按照各处的险要地形建筑，搜集一切旧式大炮火器配备在这些工程上面，红军开始演习阵地战和平原战。”

对于这一套，志丹同志和当时的游击队总指挥阎红彦[①]、参谋长杨重远及强龙光等游击队队委会的负责同志都不同意，李艮便又私下活动，在游击队内又秘密地组织了一个“秘密队委会”，打算取代游击队党的领导，推行省委的错误路线。

李艮主持召集的会议还没开完，五顷塬分地也刚开始，敌人就开始了进攻。李艮又提出“死守五顷塬子，不让敌人的铁蹄踏进五顷塬子一寸土地”；并命令部队进行“平原战”、“阵地战”的正规训练以备抗击敌人。当会议开完时，敌人已占领了湫头塬和寺村塬之间的村庄，截断了湫头塬和寺村塬之间的联系。

8月13日，李艮又命令陕甘游击队进攻敌王郎坡寨堡。敌依靠有利地形向我射击，我强攻一天，伤亡很大，弹药也消耗很多，敌人又四面围来，游击队被迫撤到三嘉塬。李艮继续命令部队进行“平原战、阵地战、进攻战”。

---

① 由于当时的游击队政委李杰夫等人闹南北分家，阎红彦同志坚决反对，阎的意见得到广大指战员的拥护，一致推选阎红彦担任了游击队总指挥。

8月16日，敌追赶来，游击队苦战一天，伤亡很大。

21日，正宁山河之敌团长李桂清带一个骑兵团，步兵300余人，配合职田镇、王郎坡民团向游击队分进合击，将游击队“包剿”在三嘉牵马塬。在敌骑兵的冲击下，游击队被冲散，直到24日，冲散的指战员才陆续回到宜君县马栏镇集结。原先400多人的队伍这时只有七八十人了。

李艮到游击队虽然时间不长，由于忠实执行了“左”倾路线，独断专行，瞎指挥，使部队遭受了惨重损失。李艮不但不认识错误，还认为打不了胜仗，根子全是“右倾作怪”，怀疑游击队内部有“反革命阴谋闹事”，要集合部队讲话。当时任总指挥的阎红彦知道李艮一讲话势必引起更大混乱，劝李艮不要讲了。李艮却气哄哄地反问阎红彦道：“我是省委派来的政委，为什么不让我讲话？”阎红彦只好把部队集合起来，听李艮讲话。部队集合起来后，李艮站在队前讲话，开口就说：“部队没打胜仗是右倾作怪……”一句话没说完，下面就轰动了。当时，正是游击队被敌人骑兵团冲散不久，强龙光、高鹏飞、冯金福等4个大队长还未归队，大家以为他们都牺牲了。400多人的游击队，死的死，伤的伤，现在剩下几十人，大家都很悲伤。明明是“左”倾盲动，瞎指挥，造成惨重失败，却说是“右倾作怪”。大家一下激怒了。性格倔强刚毅的杨琪时任骑兵大队副队长，正为失去亲密战友——骑兵大队长强龙光悲痛不已，一听李艮这话，再也按捺不住心头的怒火，放声大哭，他指着李艮质问说：“我看你是国民党西北军派来的，看你把部队搞成啥了！”指战员也纷纷站起来质问。阎红彦忙制止大家，说“内部问题，慢慢说！”指战员听总指挥说是内部问题，把枪放在地上，要和李艮讲道理。李艮看众怒难犯，躲进窑洞里不出来。阎红彦和参谋长杨重远耐心地给指战员做工作。说李政委是省委派来的，大家先休息，先吃饭，有话以后再讲，才把指战员的不满情绪平息下来。李艮一看在部队待不下去，借口说要向省委汇报工作，连夜离开部队到西安去了。后被陕西省委派去搞兵运工作，被叛徒出卖，被捕后不幸牺牲。

这时，敌人又从四面八方向游击队围来。在这困难的时刻，游击队的指战员又想起了被撤职离队的总指挥谢子长。有的同志声泪俱下地说：“要是老谢在，谁也不会把事情闹得这样糟糕！”有的说：“要是老谢回来领导部队就好了！”指战员强烈要求子长回来领导。出于无奈，陕西省委只好派谢子长重回游击队担任总指挥。

8月底，谢子长得到省委的任命后，星夜赶到游击队驻地。指战员见到子长同志回来了，都跑到他住的窑里问长问短。志丹同志更是兴奋，这两位患难与共的老战友相逢，有说不完的话。志丹说：“老谢，你一回来，我感到身上好像添了好多劲！这些天来，我们是省委不来盼省委，省委来了又怕省委呀！”子长说：“这几个月来，由于省委的错误，你们吃了不少苦哇！现在，中央给省委来信指示说攻取三原，截断渭河交通是‘左’的计划。过去，我们受省委错误路线的压制，牺牲了许多正确的意见，现在我们要爬起来重新搞呀！”

寂静的照金山区，不时传来雄鸡的叫声。天已快亮了，子长、志丹还伏在那老百姓土炕头的麻油灯下，筹划着来日的战斗。

此时，敌分三路“围剿”陕甘游击队。第一路是敌驻陇东之甘肃警备旅第九十七团、九十八团自宁县、正宁从北向南进攻；第二路是陕西警卫团从彬县、旬邑自西向东“搜剿”；第三路是敌富平、铜川、耀县三县民团从南向北扑来。子长和志丹、红彦、重远等游击队的负责同志商议后，将部队带入旬邑、耀县、淳化三县交界的照金一带山区，这里北面和子午岭山区相接，重峦叠嶂，地形险要，便于游击队活动，不利敌大部队作战。

9月11日，当游击队到达照金附近的杨柳坪时，敌富平、铜川、耀县三县民团400余人，在副总指挥党谢芳的带领下，逼进照金。谢子长和队委们研究，“以退为进”，主动撤出杨柳坪，率部向西后退10余里，诱敌进驻照金。敌在照金扑空后，以为我军“逃跑”，戒备松懈。而我游击队在子长率领下当夜回戈照金，杀了个回马枪。拂晓前借着大雾，以迅雷不及掩耳之势，猛扑向敌人。当敌人从梦中惊醒时，已成了瓮中之鳖。激战一个多小时，即歼敌三县民团300多人，缴获大量枪支弹药。

接着，子长又将部队埋伏在照金西南的安子洼。9月15日，当敌何高侯的一个团向照金进发时，子长利用有利地形，指挥红军出其不意向敌人发动了突然袭击，把千余敌全部击溃，粉碎了敌人的“围剿”。

十、风雪子午岭

1932年，陕甘游击队北上陕北，奔袭保安（今志丹）县失利之后，已是深秋季节了。

10月1日，游击队转移到合水县的墩儿梁、八卦寺一带又遭敌陕北高双城部一个团一个营的袭击。这两次失利，游击队损失很大，不到300人的部队，伤病员就有三四十名。这时，天气也渐渐地冷了，指战员们还穿着单衣，粮食、经费也发生了困难，敌人还到处寻着“围剿”。在这种情况下，谢子长带着游击队钻进了子午岭梢山。

这子午岭，位于陕甘两省交界处，绵延数百里，沟壑纵横，梢林密布，敌人统治力量薄弱，是红军进行游击战争的好地方。这时候，由于失利和困难，游击队中弥漫着一些悲观情绪。山风袭来，吹落片片黄叶，更显得凄凉冷落。

一些战士看伤的伤，病的病，吃的没吃的，穿的没穿的，直发愁。子长却指着面前莽莽苍苍的山林乐观地说：“你们看，这山春天绿，秋天黄，有兴旺的季节，也有枯黄的日子，我们革命也一样，有胜利，也有失败。现在树叶落了，明年春上又会长出来。冬天到了，春天还会远吗？熬过寒冬就是春天！现在我们遇到了挫折，只要我们不要悲观，不要怕失败，最后总会胜利的。”他又指着挺立在桦木丛中的苍松说：“你们再看，白桦树寒风一吹叶就落了，松树却不怕严寒，越冷越绿。我们革命者，就应该不怕困难和失败，像松树那样，在艰苦中锻炼成长。”子长又风趣地说：“我们这个家（指子午岭山区）不错呀！方圆几百里大，进了这个家，敌人就找不到我们了。烧柴不用上山砍，吃水不用下沟担，吃的有野果、野菜，打只羊鹿子，吃的肉有了，穿的皮袄也有了。你们说，我们还有啥缺的？”

子长这一说，一下振作了大家的精神，沉闷的空气一扫而空，战士们又活跃起来了。指战员们说，还是总指挥说得对！有个战士还用信天游唱起了当地流传的歌曲："子午岭有十八弯，弯弯有宝用不完。党参麻黄刺五加，进山挖药能发家。核桃杏核野果子，捎些回家换银子。"

子长和队委会的同志们又研究决定：分兵打游击，发动群众筹集粮款，度过困难。刘志丹带一个大队70多人到合水拓儿塬一带活动；阎红彦、杨重远带骑兵大队到耀县、照金一带活动；杨森、黄子文带60多人到三原武字区一带去活动。

送走了各路游击队，子长带领吴岱峰等30余名同志留在子午岭的纵深地区合水县的平定川一带，照看高鹏飞等30余名伤病员，并一方面与省委联系，一方面指挥各路游击队。

冬天来了，子午岭山里飘起了雪花，子长这时还和战士们一样穿着单衣。他们把伤病号抬进山上的破窑洞，洞口用树枝堵上。没有药品，伤员的伤口化脓了，子长就用盐水亲自给伤员洗伤口。盐水用完了，就用烟签子卷纸蘸些清油点到伤口上。就这样，挽救了不少伤员的生命。

在这样艰苦的情况下，子长仍然坚持不打扰群众。他说，老乡生活都很苦，我们不能帮助他们，还咋能麻烦他们。住在山林的老百姓都把红军当亲人看待，看到红军住在破窑洞，挨冻受饿，心里很不是滋味。特别是他们看到游击队总指挥老谢和战士一样多天没见粮食，面黄肌瘦，人样子都变了，就主动把节省下来的粮食送来给他吃，也多被子长婉言谢绝了。有时，实在谢退不了，他就分给伤病员吃。在子长以身作则的影响下，大家团结得像一个人一样，咬紧牙，想办法渡过难关。他们采来木耳、木瓜，打野兔、山鸡、野猪。打到羊鹿子，既解决了吃饭问题，又可把羊鹿子皮绑在胸前脊背，白天当衣服穿，晚上当被子盖。

子午岭的冬天冷得要命，凛冽的西北风卷着雪粒呼啸着顺着山梁刮下来，像刀割一样。半夜，睡在洞口的子长被冻醒了，当褥子用的一条毛口袋和一条破被子早就转让给伤病员了。睡前用火烤热的地方这时也已冰冷冰冷。他冻醒后怎么也睡不着了。他惦念着出去打游击的志丹、红彦、杨森他们：不知现在的情况咋样？是否打开了局面？……这时，睡在窑洞里边的伤病员也冻醒了，有的因伤口疼痛还微微地呻吟着。

子长看大家冻得受不了，就取来干树枝生起了火。

干柴噼啪噼啪地响着，山风吹来，火燃得更旺。火光映红了小少先队员清瘦的脸庞。这些小少先队员都是穷人家的苦孩子。有的从小失去了父母，讨饭为生；有的家里穷得揭不开锅，从小就给地主家当小长工。他们见到红军对穷人亲、对地主老财恨，特别是看到总指挥老谢喜欢他们，当红军不挨打受气，就跟着游击队要当红军，游击队走到哪他们跟到哪，再不愿离开了。子长便将他们编成一个少年先锋队，带在自己身边，教他们识字，学革命道理，有时送个信，有时也派他们侦察一些情况。别看他们都是些十来岁的小娃娃，由于从小就饱受了人间的疾苦，学得了革命的道理，觉悟还挺高哩！在这样艰苦的情况下，子长担心他们年龄小受不了这么大的苦，打算把他们送到老乡家去放羊放牛，待情况好转后再接他们回来，但怎么说他们也不肯。

满窑的同志冻得睡不成，大家干脆都起来坐在火堆旁，围着子长拉起了话。子长又讲起了他经常说的那些话："革命是一定要胜利的，我们共产党得人心，受到老百姓的诚心拥护。在南方，我们还有毛委员、朱总司令领导的中央红军。不要看现在我们的力量小，'有志者，事竟成'、'失败乃成功之母'，只要我们不怕失败，不怕牺牲，一次不成再来一次，老子不行儿子干，儿子不行交给孙子，最后的胜利总是我们的。"他又说："最困难的时候也就是胜利快要到来的时候，我们硬着头皮将最困难的日子顶过去了，胜利就会到来。"

洞外，凛冽的西北风卷着雪片在梢林中呼啸；洞内，火光通红。子长纯朴的话语，像熊熊的火焰，烤得同志们心里暖烘烘的，唤起了大家斗争的热情。

十一、依依惜别

最困难的日子终于熬过去了！

在子长同志的亲自护理下，高鹏飞、强龙光、冯金福等大部分伤病员的病情也好转了。这时，阎红彦、杨重远、杨琪同志带的骑兵队也从耀县打游击回来，带回了打土豪得到的很多现款、衣物、药品。谢子长又带着骑兵队北上陕北，到安塞的真武洞东西莹打土豪，缴获了30多匹骡马，筹集了大批经费，不但解决了游击队的困难，还将一批款子送给陕北特委和北方局，作为党的活动经费。

1932年12月，各路游击队又在子午岭西部边缘地区的合水县拓儿塬会合。此时，经过分兵打土豪，发动群众，游击队不仅解决了困难，还有很大发展。经过两个多月的艰苦磨炼，指战员们精神焕发。

这时候，游击队接到陕西省委指示：将部队开到宜君县马栏转角村整编。

早在当年10月11日，陕西省委给中央的报告中就写道："游击队形势现更严重，谢××（即指子长——引者注）在游击队中公开讲，过去他在部队中受省委同志的压迫，牺牲许多个人意见，现在他要'实行独裁'决定分路游击，将较好的同志调开，要这些同志回省委，说只有这些同志离开部队，游击队问题才能解决！谢子长和阎红彦等将游击队骑兵大队的中心队伍带往保安鄜州。那是土匪的巢穴，恢复他们土匪的生活，并且与当地土匪进行联络……"王明"左"倾路线的执行者陕西省委就是这样看待谢子长同志和他带领的陕甘游击队的。在他们眼中，把部队开往三原、富平等平原城市地区和敌人硬拼就是"革命"，在山区坚持游击战争就是"逃跑"，建立根据地就是过"土匪的生活"。争取改造当地的一些绿林武装就是"与当地土匪进行联络"。

陕西省委在11月29日写的一份报告中，则对游击队进行了全面否定，说："游击队的产生是由于阶级模糊的同志采取乱拉票子的方式弄钱买枪而创造的，不是由阶级斗争创造出来的。""内部大部分的群众是土匪和贩大烟土的流氓。""有反革命阴谋分子，他们抓着军事上的地位，把好的枪支完全操在这些分子的手中，形成我们领导下没中心部队，没有骨干领导（最主要的）。""在这些严重问题下面，遂使游击队无法执行土地革命，扩大群众斗争，开展游击战争。"

罪名何其多！但实质只是一句，就是不听他们的话、不执行他们的错误路线。这个报告的结论是：

“由以上种种事实说明，他们已是阶级的叛徒，绝不能执行省委的路线和政治的任务，我们执行布尔什维克的路线，必须要把这些东西彻底肃清，我们党必须派得力的在政治上在军事上的干部彻底改造这一部队，然后才能完成红二十六军（当时准备成立但还未成立——引者注）的任务。”

当时的陕西省委负责人杜衡则是这条王明“左”倾路线的忠实和积极的推行者。他12月18日来到部队，22日即在杨家店子召开党、团员及战士代表大会。宣扬“山沟里没有马列主义”，当场宣布谢子长、刘志丹、杨重远、阎红彦四名游击队的军事领导同志执行了“右倾机会主义的”“上山逃跑路线”，有反革命阴谋，是“梢山主义”、“土匪路线”，“对谢、阎、刘、杨四人，执行党的纪律，开除出部队”。并擅自给予子长同志以留党察看三个月的党内处分。（后中央查明情况，撤销处分。）

12月24日，杜衡又召开全军大会，宣布将陕甘游击队改编为红二十六军第二团。杜衡自任军、团两级政委，举行就职典礼。关于这次大会，事后（1933年1月9日）杜衡在写给陕西省委的报告中说：“我作了一个很长的演词，指出红二十六军英勇的战绩，在北方革命运动中之作用，指出省委过去的领导谢子长等右倾机会主义的上山逃跑，使部队削弱的罪恶。（杜还嫌过去的省委‘左’得不够呢！——引者注）最后指出红二十六军的正确路线及紧急任务，演说完后即宣誓就职。我的誓词：‘我誓以无产阶级的至诚，执行共产国际、中共中央和省委的正确路线，苏维埃共和国临时中央政府所给予的任务，以争取中国苏维埃革命与世界革命的彻底胜利。’”

杜衡召开就职典礼大会后，即进行整编，将原有的四个大队编为红二团，下辖骑兵连、步兵连、少先连、补充连四个连，人数300余名，枪150支。杜衡又规定，干部从战士和班长中选举、由政委任命产生。为了便于控制部队，杜衡还抽调十多支枪，组成了一个政治保卫队，直属他这个政治委员领导。

这样，杜衡这个“左”倾机会主义分子就排斥了谢子长、刘志丹同志对陕甘红军的正确领导，推行错误的路线，致使红二十六军红二团次年6月南下渭华地区失败。而杜衡这个满口“革命”词句的家伙在困难的时刻，借机离开部队，在西安被捕后当了可耻的叛徒。

陕甘游击队成立10个月来，转战陕甘，战斗不息，先后歼敌四千余人，最盛时期发展到千余人，锻炼出了一大批指战员，成为陕甘革命武装斗争的坚强支柱。但是，在“左”倾路线的干扰破坏下，它未能建立一块巩固的革命根据地。对此，子长一直感到很内疚。他多次跟志丹谈起这个问题。直到这次被撤职、“开除”出部队时，他还提醒杜衡建议省委要建设一块牢固的根据地。至于他的被撤职，他看得很淡。他说：“革命好像担担子，职位越高，担子越重。党让我担，我就尽力担好。如果其他同志能担好，我也高兴。”

使子长痛心的是，杜衡这家伙将他和志丹、红彦、重远四名游击队的主要负责同志撤了职，进行“残酷斗争”、“无情打击”不消说，还要强迫他们离开部队，到上海中央局去“受训”。离开朝夕相处的战友，离开子午岭数百里梢山，离开和敌人拼杀的战场，子长确实是依依难舍。特别是把自己亲手建立起的这支部队交给杜衡这个只会说空话整人，一点不懂军事的空话家去断送，心里更是难受！由班长新任团长的王世泰虽则是个忠实的好同志，但毕竟年轻缺少经验，能顶得住杜衡的专横跋扈吗！他左思右想，决定找志丹同志商量。志丹也和他是同样的心情，想的是同一个问题。于是，子长提出让他和阎红彦同志离开部队去受训，请求将刘志丹、杨重远（原任参谋长）二同志仍留在部队。杜衡本想将这四名负责人全部赶走，但一想自己军事上一窍不通，今后打仗还得用人呀，加上指战员的强烈要求，他就勉强答应了。但给志丹、重远不分配重要工作，只是暂时留用。

1932年12月底，子长冒雪离开了新改编的中国工农红军第二十六军，到上海中央局去“受训”。指战员们依依惜别。渭北游击队的黄罗斌等同志护送子长从转角到渭北苏区的口外庄子，子长经西安赴上海。

第六章　战斗中的知音

(1933)

一、战地相逢

1933年初夏，谢子长在上海党的中央局“受训”期满。

当时，中华民族正面临危亡关头。

1931年九一八事变后，由于国民党反动派的不抵抗政策，日本侵略军相继占领东三省。翌年3月，伪满洲国建立，东北三省沦为日本的殖民地。1932年1月28日，上海一二八事变发生后，国民党政府与日本侵略军签订屈辱的“淞沪停战协定”，允许日军在上海驻军，上海成为日军入侵华东地区的桥头堡。1933年春，日本侵略军又相继攻占山海关和热河，进逼平津。

眼看着祖国大好河山被侵略者的铁蹄践踏，谢子长怒火填膺，多次向党组织申请，请求奔赴抗日斗争前线，参战杀敌。

恰好，国民党爱国将领冯玉祥在我党的推动下，揭橥抗日，于5月26日在张家口通电成立察哈尔民众抗日同盟军。在此之前，中共北方党组织也根据当时风起云涌的抗日斗争形势，建立了中共察哈尔前线委员会（简称前委），派出宣侠父、许权中、武止戈等大批共产党员，协助冯玉祥、吉鸿昌、方振武领导抗日同盟军。子长的请求很快就被党组织批准，旋即带领同在上海“受训”的阎红彦和养伤的强龙光、胡廷俊、申世俊等一批陕北籍的同志到张家口，参加了抗日同盟军的工作。

子长到张家口后，先在察哈尔党的前线委员会工作，后被派往同盟军的主力师十八师负责党的工作，并协助师长许权中指挥军事。

6月的一天。子长从张北前线一回到张家口驻地，脸还没顾上擦一把，就被时任十八师参谋长的杨晓初同志和爱人李馥清拉着要去见一个人。他俩说："老谢呀，今个可真是八载难逢的大喜事呀！我们等着喝你的喜酒呢！"

"别瞎扯了，我有啥喜酒可喝！还是啥'八载难逢'呀！大嫂，快搞点饭我把肚子填饱再说吧！"子长漫不经心地笑着说。

"哈哈，这个人你一见肚子就不饿了！"

"三年前就给人家写恋爱信，人家千里路上寻来了，你倒不见了！"

晓初同志夫妇这一说，子长才认真了起来："祥斋？会是她吗！？"

果真，来的就是尤祥斋同志——子长多年视为知己、由敬佩而爱慕多年的我陕北早期的一位年轻的女共产党员。

尤祥斋，原名刘芝兰，陕北米脂县人。她出生在一个地主官僚家庭。父亲在外做官。她出生后父亲即去世，她和母亲就被赶出家门，寄居在外祖父家中。这个家庭在米脂县很有名气，人们称它为"大楼门杜家"，是个破落官宦书香门第之家。这样的家庭，封建礼教非常浓厚，祥斋的体会最深刻。她从小就想读书识字，但困难得很。1924年，她在米脂女校开始上学，这个女校是共产党员王和璧和几位进步教师在五四运动反封建的新潮流推动下创办的。由于家庭的不幸遭遇，祥斋从小就对封建礼教十分憎恨，到女校后，即积极参加了党所组织的学生运动和妇女运动。1926年经王和璧老师介绍参加了共产党，成为陕北早期的女共产党员之一。

在党的教育和领导下，这位年轻的女共产党员，担任米脂女校学生会总务、米脂县学联会副总务和妇女协进会主席，因反封建活动而名震遐迩。

1926年，子长和祥斋就因为都投身于革命事业而彼此闻名：子长因反对土豪劣绅深得老百姓喜爱被称为"谢青天"而受到祥斋的尊敬；祥斋则由于勇于和封建主义作斗争而赢得子长的钦佩。1927年，在米脂县反帝反封建的运动中，祥斋领导妇女协进会同迫害妇女的大土豪高增厚的老婆吕氏进行过斗争。这个惨无人道的地主婆用烧红的火棍子烫前房生女的阴部，剪下她大腿上的肉让她吃。祥斋和妇女协进会得知这个情况后，押着这个地主婆插上“打倒惨无人道的高吕氏”的牌子在城里游街，然后，在进步县长梁海峰的支持下，打了这个地主婆40大板，关押40天，为受压迫的妇女伸了冤，出了气。此后，有钱有势的劣绅高增厚把官司打到西安，结果，支持群众运动的梁海峰被上司撤职，祥斋等几个群众团体的负责人面临危险。

正在这时，她们收到了时任十二连连长的谢子长从安定县发来的两封贺信，一封是写给妇女协进会的，一封是写给尤祥斋的，信中说：“你们做得好，做得对！这是对地主豪绅的迎头痛击，给妇女同胞们伸了冤出了气。愿你们永远做妇女解放的先锋和民族斗争的英雄！今后继续斗争下去，为了争取革命的成功，非常需要争取妇女的解放。我愿不断听到你们斗争胜利的喜讯！”在斗争困难的时候，得到这热情洋溢的鼓励，使祥斋在面临高增厚等反动势力疯狂反扑的情况下，有了斗争的勇气和力量。

这件事后，祥斋即开始和子长通信。共同的事业，将他俩的心连在了一起。但8年了，他俩还未曾相见。这次，党组织派祥斋到华北来，担任察哈尔省抗日救亡运动妇女联合会总务工作（相当于现在的妇女主任），没想到，他们在抗日烽火连天的长城战场得以相逢。

相知八载未曾会，战地相逢情更切。当同志们知道他俩的这段恋爱史后，都主张他俩尽快结婚。因当时日军轰炸独石山，攻陷宝昌，侵占康保，张北前线吃紧，不几天，子长就又要奔赴前线。杨晓初提议他俩马上就结婚，立即得到同志们的赞助。他们在师部附近的老乡家借了一间房子，打扫得干干净净。

结婚，起码得有床新被子吧！但在当时的条件下，连这起码的条件也难以达到。好在前几天，蔡子伟和高敏珍刚结过婚，同志们就把高敏珍同志被子借来一床放在“洞房”里。新郎总得穿件新衣服吧，但子长除了身上穿的这身扑满硝烟灰尘的破旧衣服外，连件换洗的衣服也没有，李馥清只好从晓初的衣物内找出一身干净一些的给他换上。一些陕北籍的同志闻讯都赶来了，他们聚集在这间简陋的农舍里，说笑一阵，由杨晓初夫妇主婚，举行了一个简单的仪式，就这样结了婚。

抗日同盟军前敌总指挥吉鸿昌的警卫员王再兴是陕北米脂人，也赶来祝贺。当时还有一位清涧人王怀德同志，他长着一副大胡子，通常人们称他“王胡子”。他烧得一手好菜。本来，说请他炒两个菜，大家喝几杯酒，恭贺一番。结果缺这少那，“巧妇难为无米之炊”，只好在一家小饭馆请大家吃一顿饭了事。

子长平常是滴酒不沾，这天，他格外高兴，也开怀畅饮。前面已经说过，子长20岁的时候，家里包办和一南姓姑娘结婚。子长为反抗封建婚姻制度，婚后10年未同居，后解除婚约。子长志趣高远，矢志革命，不染酒色财气，不恋妻子儿女。但他毕竟是人不是神，他同样渴求爱情。他追求的爱情正如英国文学大师莎士比亚所言：“爱情不是花荫下的甜言，不是桃花园中的蜜语，不是缠绵的眼泪，更不是死硬的强迫，爱情是建立在共同的理想基础上的。”这共同的理想基础，就是党的革命事业。1926年，当他第一次听到尤祥斋的名字和事迹，就为这年轻女子的勇气所折服。1927年，当她们的斗争面对困难时，他去信鼓励支持。此后，在革命斗争中又多次通信。在通信中，他俩增进了了解建立了感情。

这天晚上闹“洞房”时，大家你一杯，我一杯向新郎、新娘敬酒，子长有些醉意，笑着不停地说：“黄金易得，知己难遇！”大家看他这样子，都笑着扶他坐下来休息，就把目标转向新娘，吵着要祥斋介绍他俩的“恋爱史”。

尤祥斋，这年22岁，她个头不高，却身材匀称，白净的脸庞上一双水汪汪的眼睛，可算是眉清目秀。一听大家要她介绍“恋爱史”，急忙分辩说：“我们没有恋爱过呀！”

她这一说，大家都笑了：“没恋爱过，怎么今天一见面就结婚？”

这一下，说得新娘更不好意思了。别看她领着妇女群众向地主婆作斗争那叱咤风云的样，今天，在这个场合，她羞羞答答却像没出过闺门的大姑娘。

二、革命的结合

50年后的1983年5月，笔者在北京西苑中医研究院访问了72岁高龄的尤祥斋同志，她已是全国政协委员。她以无限怀念之情，向笔者回忆了她和子长结合的经过：

1927年我和子长第一次通信之后，正赶上轰轰烈烈的大革命失败的形势。到1928年，陕北革命活动即由公开转入地下，党组织即派我到离家30里路的正川堡女校当教员。1929年春，党组织派我到安定县（今子长县）去创办女校。当时我刚18岁，未曾出过远门，母亲不愿我去，我思想上也有些犹豫。子长听到这个消息后，给我来信，一是要我耐心地给母亲宣传妇女解放的好处；二是鼓励我要有坚强的意志，为实现远大的理想奋斗到底。记得他在来信中说："旧社会是铜墙铁壁，没有坚强的意志，没有很多人的齐心合力，是不容易推倒的。望你反复考虑这一点，克服一切障碍，突破重重困难，为光明的未来斗争到底。光明是一定会来到的！"在子长具体指导帮助下，我终于鼓起勇气，摆脱了家庭束缚，前往安定创办女校。

当时交通闭塞，我从米脂走了两天，才赶到绥德。那时李子洲同志刚牺牲不久，我在绥德就同子洲的爱人住在一起。第二天党组织派人来接我。我们每天走八九十里路，走了4天才到安定县。

当时，陕北的封建势力很浓厚，对女子还是讲的"三从四德"、"女子无才便是德"那一套。我一个十七八的大姑娘，远走高飞，到这里来办女校，就是件大稀奇事。一时街头巷尾，议论纷纷。我新来乍到，人生地不熟，也不知如何着手。

这时子长正遭敌人通缉，不便公开活动。他就托人给我带来信，给我讲培养革命人才的重要意义，教我具体的方法。他说："首先要做好群众工作，特别是和妇女打成一片，每天用串门子的方法和妇女们拉长道短，先把关系搞好，然后建立感情，使你逐渐在她们中间有了威信，得到信任，她们就会把女儿交给你的。另外要联合比较进步的士绅们，动员他们带头送女儿入学。帮助贫苦人家的女儿上学，要给她们减免学费，设法解决他们的具体困难。这样女校就会创办起来的。”我按照子长的话做了，不到两个月工夫，果真有30多个小姑娘陆续来上学了。我们的女校就设在1927年子长十二连驻过的城隍庙里。

学校办起来后，子长又经常来信让我注意儿童的身心健康，说要根据个性特点和心理特征进行教育。他还时常编一些儿童歌谣给我寄来，我现在能记得的有：

月儿一出上树梢，
田野一片静悄悄。
英日两国狗强盗，
来到中国逞凶狂。
……
太阳红彤彤
雄鸡喔喔叫。
早晨锻炼身体好，
谁比我们志气高。

在子长的谆谆教导下，我的教育工作搞得很有成效，和学生及家长也建立了深厚的感情。到1930年冬，党组织调我到清涧县城任教时，学生和家长都恋恋不舍，哭着把我们送了好远。其实，当时我自己什么也不懂，只是凭着一股革命热情，按子长教导的去做了。

在安定女校任教的两年时间里，我除了从信中不断得到子长谆谆的教导外，还时常听到老百姓对子长往事的回忆和感激之情，比如他的兵对老百姓秋毫无犯，不拿群众一针一线，还尊老爱幼，为老百姓做事情，老百姓感激地称他“谢青天”。就是在那些乡绅的眼里，子长也是一个可怕、可恨而又不得不令人敬佩的人。

我们通信几年了，虽然还未见过他，但他的形象已印在了我的心里，我尊敬他，钦佩他，感激他，总觉得他能给我勇气、力量和智慧。1930年冬天，子长托马云泽同志给我带来一封信。这封信是他躲在山窑洞里给我写的，信中，他流露了对我的爱慕之情。他说，“万两黄金易得，一位知己难遇”。我年轻时，愤于封建道德对妇女的压迫和束缚，曾想奉行“独身主义”，独立自存，打算一生不结婚，不做男人的附属品。接到子长的这封信后，我没有答复他，但避开这个问题，仍给他回了信。直到三年后，在许多同志的劝解下，我才拿定了主意，给妈妈说了这事。妈妈说：“女婿咋个样，总得叫我见见面呀！”我说：“他是个‘黑人’，连我都没有见过面呢！”最后我给子长写信要张照片。子长后来在北京给我寄来了张照片，我这才从照片上第一次见到了子长。后来子长说到这张照片时开玩笑说：“我这是舍命陪君子！”原来，他是国民党反动派在全国通缉的人。当时在北平为了照这张照片，他和几个同志还费了不少的脑筋。阎红彦几个同志保护着他进了照相馆，他一照后即离开，由其他几位同志看着将底片抽出。这张照片，就是我们现在看到的那张肖像。

说老实话，我和子长的结合，确实是革命斗争中的结合。

三、相濡以沫

结婚不几天，子长就到张北前线去了。直到7月12日，抗日同盟军血战多伦后，子长才回到张家口。

子长走后，祥斋更每天关注着前线的战事：

6月22日，抗日同盟军首战告捷，收复康保。

7月1日，抗日同盟军再克宝昌，敌军溃逃。同日，沽源亦告收复。

7月4日，抗日同盟军乘胜向多伦进军。

7月12日，抗日同盟军收复多伦，震惊中外。

7月中旬，子长从战场回来后，祥斋迎上前去为他扑打身上的烟尘，她看到了子长消瘦的脸庞上深陷的两只大眼中布满了血丝，不觉心疼地说：“你也不注意保重自己！”子长听后笑着说：“还‘保重’呢？我能活着回来见到你就算是大幸了！”

说着，他难过地低下了头。原来，这次收复多伦的战斗打得相当激烈，4天之内，总指挥吉鸿昌将军亲率敢死队三次袒臂冲锋，后派数十名战士化装潜入城内为内应，再次发动攻击，经过5昼夜苦战，才攻进多伦城。在日伪军猛烈炮火下，我军许多指战员英勇牺牲。子长很器重的强龙光同志也壮烈牺牲了。说到龙光的牺牲，子长这个刚强汉子也悲痛地掉下了泪，他沉痛地说：“这是个多好的同志啊！年轻轻的就牺牲了！”

祥斋赶忙为子长做饭，但在当时的条件下，什么也没有，只能擀些面条，炒些葱花下些茄子做成清汤茄子面。不一会，来找子长谈工作的、看望的同志挤满了房子。他们看祥斋同志正做饭，都笑着要吃新娘大嫂擀的长面，这可忙坏了祥斋同志。送走了这几位，另几位又来了，忙了大半天，同志们说笑着吃完满意地走了，她和子长还饿着肚子，祥斋又累又饿，显得有些不高兴。

这时候，子长笑着说：“祥斋，你辛苦了，坐下歇歇吧，我给你炕饼子吃！”说着便和了一块面，拿块抹布把炉筒擦干净，贴着炉筒炕起了饼子。祥斋也就跟着他一块炕起来。子长炕的饼子又薄又脆，祥斋尝了尝，高兴地说：“老谢，你的手艺还真不错！你尝！”说着，便向他嘴里喂来。

子长搓着沾满面的双手笑着说：“哎哟，我过上了皇帝老子的生活，还有人喂我吃呀！”说得祥斋也笑了起来。

子长便接上说：“我们这个小家庭要适应过大家庭生活。我们革命队伍就是个革命大家庭，你有时间的话，就给同志们洗洗衣服，补补鞋袜，不要看不起这些工作，这不仅可以帮助同志们更好地完成革命任务，而且能更好地团结同志，一起搞好工作。大家都是阶级兄弟，应当互相帮助，不应当想到自己吃亏还是占便宜。这也是接近群众。你关心爱护他们，他们就会对你像自家人一样……”

在子长的熏陶教育下，祥斋也适应了这种革命的大家庭生活，她白天忙于妇女救亡工作，晚上经常在灯下给同志们缝补衣袜；同志们想吃点什么，就簇拥着找“谢嫂子”来了。在当时那样极其困难的情况下，尽管物质条件很差，但同志们都有崇高的理想和乐观的革命精神，大家在这个革命的大家庭得到了无穷的幸福和快乐。

8月5日，由于蒋介石等人的阻挠破坏，冯玉祥通电“忍痛收束军事”；9日，撤销同盟军总部；15日，冯玉祥将军离张家口前往泰山隐居。

吉鸿昌将军在我党前委的领导下，继续高举抗日同盟军的大旗，移兵张北，血战在长城线上。子长随军前往。尤祥斋被组织安排回北京，住在共产党员白超然同志任教务主任的弘文中学，从事地下活动。

谢子长随同十八师在河北的牛栏山、昌平、大小汤山与卖国降日的国民党军辗转苦战一个多月，10月中旬，在日伪军联合夹击下，抗日同盟军弹尽粮绝，最后失败。子长同阎红彦死里逃生，回到北平①。

在北平，子长和祥斋也没有过一天安稳日子。他们忙于党的地下活动，随时要防备敌人缉捕。一天，子长和祥斋、红彦在三座门突然看到叛徒杜衡在人群中乱窜，子长急忙用胳肘捣了一下祥斋和红彦，交换了一下眼色，他们便向不同的方向迅速离开。为了逃避敌人的盯梢，他仨这天绕了好多圈，直到晚上才回到住处。

子长和祥斋租住在东城区的一间民房里，他们无任何经济来源，生活十分拮据，常是吃了上顿没下顿，整天凑合着填饱肚子了事。这年中秋节到了，他俩饿了一天没找到下锅的米。更要紧的是，按当时北平习俗，这天都要给房东和户籍警察送礼，不然就不得安宁。为了安全起见，他们也得备两份礼送去，天快黑了，他们还无法可想。最后，子长想起有个叫吴志渊的陕北老乡在北京大学上学，才去找他借了五元钱，备了两份礼分送给房东和管户籍的警察。因已到晚上了，只好假装山西人说：“我们山西人的习惯，月亮上来才

① 1928年6月，国民革命军北伐打进北京后，改名北平。1949年10月中华人民共和国成立复称北京。

送礼。”

没过多久，到11月份，党组织又决定子长回陕北开展工作，祥斋仍留在北平搞地下工作。他俩又要分离了。此时，祥斋已有身孕，子长嘱咐，生男叫秋阳，生女叫秋芳。但没想到，后来祥斋晚上出去撒传单，摔倒流产了。

11月的一天晚上，雪下得很大，风也刮得很猛，子长要回陕北了，祥斋煮了碗元宵给子长饯行。结婚半年多，他们在一起相处只有3个多月，但在共同的事业基础上建立的真挚感情，已使他们难分难舍。祥斋忍不住眼泪直往下流，子长为她擦干泪，爱抚地说：“坚强点。今天的分离是为了将来我们永远不分离。等我回去打开局面后，再接你们回来！”

哪知，这竟成为永别！次年，由于叛徒告密，河北省军委机关被敌破坏，担任交通工作的祥斋同志被敌逮捕，直到子长1935年牺牲的时候，她还被敌人关在天津监狱里。

50年后，这位年过七旬的老人祥斋仍深深地怀念着子长。当笔者访问她时，她从箱底翻出保存了38年的笔记本，将1946年春为瓦窑堡子长陵落成、怀念子长而写的一段话抄给我，以示怀念：

> 子长同志，虽然我们相处时间很短，但您的革命精神却深深地印在我的心里，您对我的教益终身难忘。多年来，一想起您，什么样的艰难困苦我都能熬过，什么样的敌人我都不畏惧。我和西北人民永远怀念着您！

第七章　回陕北重整旗鼓

(1934.1—1934.8)

一、“革命就要有三起三落的精神”

1934年1月22日，谢子长以中共中央北方代表派驻西北军事特派员的身份，由北平经太原西渡黄河回到陕北安定县。

此时，正是陕北高原最寒冷的季节。纷纷扬扬的大雪下了三天三夜，大地一片雪白。雪还没停，从毛乌素沙漠刮来的西北风顺着山谷吼叫着肆虐横行，搅着雪粒，打在人的脸上像刀割针扎一样。

子长在陕北特委派的白雪山、贺牛两位同志的护送下，从清涧出发，一人拄一根棍子，迎着寒风踏着半尺多厚的积雪，深一脚浅一脚地摸到家乡枣树坪附近的马圈坪时，已是半夜时分了。

中共安定西区地下党支部书记刘存元一见子长，高兴得像发了疯，他一下扑到子长的怀里，抱着子长，不停地说：“老谢你回来了！这下可好了！这下可好了！……”他心情沉重地向子长介绍了情况。说着说着，这位淳朴的农民不禁热泪盈眶。

这时，陕北的革命斗争正处于困难时期。严酷的白色恐怖正像这严寒的冰雪一样，笼罩着整个陕北高原。

1932年10月，陕北特委派毕维周、高郎亭同志在延川成立了红军游击队第九支队，后改为一支队。

1933年7月，中共陕北特委在代理书记马明方同志主持下，在佳县的高祁家洼召开特委第四次扩大会议，决定在陕北开展游击战争。此后，在陕北特委的领导下，陕北武装斗争出现了新的局面。

8月5日，在清涧县王家山组建了陕北游击队第二支队。中秋节之夜，二支队在中共铁茄坪区委的领导和支持下，杀了绥德县薛家峁区区长、恶霸地主薛运通。

9月，又在神木县成立了神木南区特工队。11月7日，神木南区特工队改为陕北游击队第三支队。三支队成立后，活动在窟野河下游两岸，打土豪，分粮物，组织农会、赤卫军和少先队。二支队杀了张家沟的土豪张宗昌后，神木、府谷这一带便成了游击队的天下。

这年4月，陕北红军游击队第一支队在陕北特委的领导下转战到陕甘庆阳交界的南梁地区，配合红二十六军打了几个胜仗，与此同时一支队在红二十六军的支持下得到很大发展。到8月，人数就增加到100多人，强世清任支队长，下设五个分队，在安定北区、西区一带活动。他们白天分散，隐蔽在群众当中，晚上集中起来，打土豪，袭击民团，骚扰敌营，活动频繁，来无影，去无踪，搞得敌人风声鹤唳，惊恐不安。

为了镇压安定人民的革命斗争，国民党反动派调张建南的一个营驻在安定县专搞“清剿”。9月，他们乘一支队南下照金根据地的机会，派敌高生全连进驻子长家乡枣树坪，修筑碉堡、工事。这伙人面禽兽把子长的亲属赶出门外，占据子长家的窑洞作为连部。敌又派一连人驻在交通枢纽的中山川椿树硷，两地相互照应，配合镇压。此时，驻在榆林的陕北土皇帝井岳秀又派出敌八十六师一个团的兵力，北至横山，西至安塞，以安定为中心，在张建南营和东、西、南、北四大民团的配合下进行大搜查。不几天时间，就抓去我干部、战士、群众共300多人，把个安定县城监狱关得满满的。他们残酷杀害我游击队员5人，把头割下来挂在安定城门上示众。

10月，南下照金根据地的一支队闻讯后星夜赶回，夜袭枣树坪失利，5人阵亡，4人受伤，支队长强世清也负了重伤。此后，敌人更加疯狂地“围剿”镇压。强世清和他弟弟强世光被叛徒出卖被捕，支队政委魏武在战斗中牺牲，一分队长白德胜负重伤被俘，他爱人、一分队指导员任志贞同志被叛徒出卖也被捕。数十人的一支队，有的牺牲，有的负伤，有的被捕，有的投敌，真正坚持下来的已不满十人了。在严酷的白色恐怖下，他们错误地作出了“卷起红旗压枪分散隐蔽活动”的决定。敌人又重建保甲制度，实行连环铺保，谁家来人都要向保长登记报告……

听着这恐怖情况的介绍，子长的心情也显得悲痛沉重。他紧闭嘴唇，沉默片刻后，又拍着刘存元的肩膀像没事似地微笑着说：“胜败是兵家常事嘛！我这次就是在抗日同盟军失败后回来的。现在组织上派我回来，也不能保证不失败。革命不害怕失败，就害怕失败了不敢再干了。革命就是要有三起三落的精神，坚持到底就是胜利！古人说，失败乃成功之母，关键是要从失败中总结经验教训，继续坚持再干啊！”

谢子长叫人连夜找来了一支队的干部、侄子谢绍安和表侄刘明山。经他俩秘密串连，不几天，李盛堂、薛兰刚、南贵臣、刘志清，崔玉虎、谢绍安、刘明山7名一支队的干部、战士就聚集到了谢子长住在深山里的山窑子里。

这陕北人叫的山窑子，实际上并不是窑，它是放羊人为躲避风雨，在深山野岭上挖的一些山洞。无门无窗，又小又矮，人站起来连腰都伸不直。子长回来就住在这里边，拔些蒿草铺在地上，一件破老羊皮袄就算铺盖。开始，由于失败，大家情绪不太高。他们热情地向子长问好后，偎在子长身边，一言不发，都把期待的目光投向子长。子长饶有风趣地笑着说：“我们陕北可是藏龙卧虎的地方呀！俗话说‘孤山出骏马’，别看我们陕北穷，山大沟深，我们这地方，历史上可出了不少的英雄豪杰哩！米脂的李自成，安塞的高迎祥，延安的张献忠，他们都是群众领袖、民族英雄。他们领导农民造反，16年时间，就把明王朝推翻了。这16年时间，他们遭受了多少挫折失败呀！最先打闯王旗的是高迎祥，起义军十三家七十二营的领袖在河南荥阳聚会的第二年，高迎祥就在战斗中牺牲了。这时，李自成就继称闯王，领着义军继续干。后来，潼关大战失败后，李自成身边仅剩下18个人，他们也没有灰心丧气。他们隐退到商洛山中，养精蓄锐。3年后，他们突然进入河南，不几月，队伍又发展到几万人。到第二年攻占洛阳时，起义军就发展到上百万人。再两年时间，就打下了北京。崇祯皇帝只好在煤山上吊自杀。300年前的农民能推翻明王朝，难道我们共产党领导下的红军就不能推翻一个腐朽不堪的国民党反动统治吗？眼下，我们是有困难。但是，我们要看到，老百姓的心是向着我们的，我们得人心，这是我们必然胜利的根本。一支队是被打散了，但我们陕北党组织并没有被消灭，二支队、三支队不是又搞起来了吗？志丹带的二十六军在南山失败后，现在不是在南梁又插起了红旗吗？现在，咱们共产党的力量可大啦。在全国，不论城市还是农村，到处都有我们党在领导人民进行革命斗争。前年，还成立了中华苏维埃政府。我们可不能因为眼前的暂时失败就垂头丧气呀！”

子长从古到今，从远到近的一番话，说得大家心里热乎乎的，情绪顿时好了起来。这时候，子长又笑着问大家：

“你们知道苏维埃不？”

这时，有的说是苏联国家叫的名字，有的还以为是个人名呢，大家争论不休。这时候子长笑着说：“别争论了，苏维埃是一种政权的组织形式，是俄国工人阶级创造的一种政治制度。苏维埃就是代表会议。就是由我们工人、农民和红军掌权。先打土豪分田地，推翻地主军阀剥削阶级的统治，然后搞集体化，国有化，最后实现共产主义。我这次到上海、北平，可算见了大世面。只要我们坚持到底，我们翻身的日子不会很远了，明年咱们这里差不多就能成立苏维埃了！”

听着子长这信心十足的讲话，大家一下感到浑身有了劲。在枣树坪战斗中负伤的分队长李胜堂，紧紧地拉着子长的手，困难地张着他那被子弹打掉了牙的嘴巴坚定地说：“三叔（子长排行老三，本地的下一辈人，都亲切地这样称他），只要我的脑袋打不掉，一定干到底！”

这时候，西北风卷着雪片，吼叫着从山窑子灌进来，直往脖颈里边钻，但谁也不觉得冷，大家仍然聚精会神地听着子长继续讲下去。接着，子长又从清涧起义谈起，和大家一起总结了一支队失败的经验教训。他说：“你们光打仗，不懂和不讲革命道理不行。一个革命者，要能文能武，文武双全，单纯军事观点不行啊！这样咋会不失败呢？我们过去多次失败的主要原因，就是只搞武装，没有发动广大农民在农村建立根据地，像树一样没扎下根。这次，我们就要吸取教训，把根扎在群众中，建立根据地。”

二、在群众中扎根

陕北的冬天，冷得要命。敌人疯狂地杀、抓、搜、抄了一气后，以为革命力量被他们消灭了，大部分兵力就缩回城里围着火盆过年去了。为了杀鸡给猴看，敌人在春节前后又挥舞屠刀，腊月三十，在瓦窑堡残酷地杀害了白德胜、任志贞夫妇；正月初六，又在安定县城杀害了强世清、强世光弟兄。新春佳节，这个传统的古老节日，被敌人的血腥屠杀蒙上一层阴影。

这时候，子长带着一支队的7名干部战士白天钻山沟住山窑子，进行整训，讲政治，讲军事，总结经验，培训骨干；晚上回村子里到可靠的群众家里吃饭，进行宣传组织发动工作，赶天亮上山隐蔽。走时，提一瓦罐水，带些炒豆子，形势紧张不能下山时就用来充饥。

这样不见天日，又冻又饿的生活整整过了一个多月。为了躲避敌人的搜捕，还得经常变换住的地方。安定西区大大小小几十个山窑子，他们差不多都住遍了。子长的手和脚都冻烂了，直淌黄水。起初，子长还能挣扎着走路，后来，脓血把袜子都粘住脱不下来，只好由同志们扶架着他走。同志们看他每走一步都咬着牙，显出很艰难的样子，都心痛地劝他休息，或者要背着他走，他怎么也不肯，还说：“这点苦算啥！那么多的好同志都为革命牺牲了，咱们熬过严冬，就是春天，天气暖和了，就好了。”

一天，在马圈坪村一个土窑洞里，子长好不容易见到了自己的家里人。这时，子长的二哥谢占元已被敌人抓到监狱，折磨而死，侄子福成和绍斌两人还被关在监狱里。子长坐在土炕上和家里人拉话。二嫂看子长身体那么消瘦，却显得那样的精神，说起话来信心十足。这位憨厚的农村妇女，就不解地问道：“兄弟，你二哥被白军抓去害死在监里，你侄儿福成和绍斌现在还被关在监牢里，游击队的强世清队长兄弟俩和白德胜、任志贞两口也被白军抓去杀害了。这样下去，你们还能把革命闹成吗？”

听了二嫂的问话，子长没有直接回答。他却笑着问道：“二嫂，你该熟悉咱们山畔上长的毛脑柳树吧！去年割了一茬，今年还会再长出来吗？”

“那还用说，现在不是都长出来了吗！”二嫂回答说。

这时候，子长坚定地说：“共产党人就像这毛脑柳树一样，割了这茬，那一茬还会长出来。有的同志虽被杀害了，有的被关进监狱，但是我还活着，整个陕北还有许多共产党员。白军杀人越凶，恨他们的人就越多，起来造他们反的就更多！共产党是杀不绝的！”

子长家除了早就参加革命的大哥谢德惠，二哥谢占元，侄子谢绍安、谢绍、谢绍斌，表侄刘明山、薛光兰、薛兰刚、薛兰斌，姑夫南海山外，这年，又有侄子谢绍彦、谢绍生、史福成（过继给子长的大姐为儿，改姓史），表侄王新民、外孙王永信等参加了革命。在子长的带领和教育下，子长全家从1924年到1937年先后有11人投身革命，有9名在战场上和刑场上献出了生命，留下老少寡妇6名。亲戚参加革命的几十人，牺牲十多人。子长一家为革命事业作出了巨大牺牲。

很快，“老谢回来了！”的消息就在群众中秘密地传开了。当时，还传出神话说：黄河往年不结冰，这年老谢要回来，黄河就结了冰，是为老谢铺路搭桥哩！敌人听到风声后吓得要命，不断进行侦察和搜山。他们刚一出动，消息就送到了子长那里。敌人搜北山，子长住南山；敌人到了南山，子长又在群众的掩护下转移到了北山。子长感慨地说：“群众是水，我们是鱼，鱼儿不离水，只要我们把根扎在群众中，我们就能克服困难，战胜敌人。”

经过一个多月的紧张活动，1934年3月8日晚，陕北游击队第一支队在子长的主持下，在刘家圪塄正式恢复了。

那天晚上，在刘海旺家的麻油灯下，子长把一块红色包袱皮子，剪成三角形，在上面亲笔写了“陕北工农红军第一支队”，制成了一面红旗，授给了新任命的支队长李胜堂。又分别任命谢绍安为副支队长，刘志清为政委，刘明山为经济员。

这天晚上，一支队的十多名干部战士聚集在刘海旺家的窑洞里，会议从半夜一直开到鸡叫。子长详细地讲解了支队的任务和方针、政策。他说：建立革命根据地是当务之急。我们要以李家岔为中心，成立人民政权，建立赤卫军、贫农会、妇女会等革命群众组织。我们要把武装斗争和地下党组织的活动密切联系在一起。游击队开展活动，要靠群众掩护。群众的掩护，首先要靠恢复和建立党组织。以党为核心，才能把群众发动和组织起来，掩护游击队的活动。这是毛泽东同志上井冈山以后形成的一套行之有效的办法。我们要学会这套办法，建立根据地。我要求每个同志都学会打仗、会宣传、会建立政权，枪弹要靠从敌人手里夺，我们不会印钞票，经费主要靠抓豪绅，拉地主。对地方上的保、乡、镇长和敌特人员，要打击坏中之坏，要坚决消灭张建南营和李丕成民团。

一支队恢复的第二天，群众就送来信说：反动乡长姬占富在胡家沟为收粮要款的事，正在打骂群众。子长问："这家伙平常表现咋个样？"大家齐声说："头上生疮脚底流脓——坏透了！镇压革命，欺压百姓，吃喝嫖赌占全了。"子长听后，果断地下命令说："抓起来处决！"支队长李胜堂便迅即带领战士，赶到胡家坬，抓住正在行凶的姬占富，拉到山沟里杀了。

一支队处决了姬占富，可气坏了敌营长张建南和敌西区团总外号狼儿子的李丕成。不几天，李丕成就带着100多敌人，包围了胡家村，把全村人集合起来，要叫说出姬占富的下落。胡家坬全村9户人，就有17人参加革命，群众基础好，是子长和一支队活动的中心地方。这天，尽管李丕成施展了各种淫威，毒打拷问，威逼利诱，全村大人小孩都一句话："姬乡长在我们村收完款就走了。"

李丕成在这里闹腾了一整天，太阳快落山了，还拷问不出个头绪，只好抓走刘志旺、惠姓娃等8名群众作为人质。临走时，放出口信说："交不出姬占富的尸首，这些人休想活着回来！"狡猾的敌人妄想从换尸的过程中，发现线索，图谋报复。

这下可急坏了胡家坬村的群众，他们找到子长跟前，请子长给他们想办法。子长想了想后，说："敌人信神，那就请山神爷给他们报案吧！"

第二天，胡家的群众按照子长出的主意，由几名老汉领着到李家岔老爷庙求神问卦。他们抬着神龛子，东山上，西山下，最后来到杀死姬占富的地方，就说老爷“显灵”把死人寻见了。第二天，他们前面抬着神龛子，后面抬着姬占富的尸体，到安定县城顺利地换回了人质。

在群众的掩护支持下，谢子长带着一支队战斗、生活在群众中，如鱼得水。他们神出鬼没，抓住有利时机到处打击敌人。敌人的一举一动，他们掌握得清清楚楚。他们在敌人的眼皮底下活动，敌人却一点不知道。敌人一连人驻在枣树坪，子长却经常晚上在离枣树坪只有二三里路的马圈坪、张家坪、刘家圪塄等村庄活动。有的同志说离敌人这么近太危险了，子长却说：“离白军越近的地方，敌人越不信红军敢到他们眼皮下来活动。这就更安全一些。”

之前有一次，那还是1931年左右，敌人的一个团长带着一连人来到子长家，硬逼着子长家里人给他们管饭。这可忙坏了子长家里人。吃尽了缸里的面，还没填满这帮土匪的肚皮，子长的大嫂又只好到上院崖畔下的下院磨房里再给他们磨面。突然，子长顺着井沟渠出来，走进了磨房（磨房就在井沟渠口）。大嫂大吃了一惊，急忙说：“上院住满了白军，你咋敢回来？”可子长像没事似的说：“正因为白军在上院住，他们根本想不到我敢回来。”他向大嫂问清了敌人的情况，才不慌不忙地顺着井沟渠走了。

事后，当有的同志谈起这件事，都说子长胆子真大。子长却诙谐地说：“心正才能胆大。只要抱着准备随时为革命牺牲一切的思想，就啥也不怕。说也怪，不怕死倒也不一定就会死。我这大半生多次都快进阎王殿了，但总没进得去。好像有佛爷保护着。这佛爷就是老百姓。我们共产党得人心，所以老百姓总是向着我们。得人心者昌，失人心者亡。最后的天下，一定是我们的。”

三、旗开得胜

严冬终于过去，春天姗姗而来。安定县的群众在严酷的白色恐怖中，对早已来临的春天似乎也不觉得。一支队杀了姬占富这个恶棍、“老谢回来了”的消息传开后，人们长出了一口气，才看到冰封雪盖的秀延河早已溶化，阳面山坡也开始泛绿了。

一支队在谢子长的领导下恢复之后，从消灭一个敌人，收一支枪开始，接连打了几次胜仗：在李家岔伏击了李丕成的民团20多人，打死1人，收枪1支；在梨树台打跑了催粮要款的民团10余人，缴获1匹马和好些账本；又袭击了石湾镇的民团。别看敌人嚣张一时，这时，却吓得蹲在据点里轻易都不敢出来了。催粮要款的反动保长、乡长更吓得缩了头，乖乖呆在家里，再不敢抛头露面了。

这时候，离李家岔不远的姚则峁河的大地主贾生金却还气焰嚣张。他仗着自己和敌营长张建南的密切联系，扬言说，要和谢子长的红军决个高低。他请了张建南在村里修碉堡，妄图负隅顽抗。恰好这时，刘志丹从南梁根据地派来刘约三带的庆阳游击队到陕北，子长决定与庆阳游击队一同捣毁贾生金这个反动碉堡。

这天晚上，子长带着一支队和庆阳游击队100多名战士连夜出发，天亮前赶到了姚则峁河。部队迅速包围了贾生金的院子，双方展开了激烈的交火。入夜，敌营长张建南带着他的营部和一排人正在村里饮酒作乐。听到枪响，狡猾的张建南抢先带部下占领了村子西边的制高点西山。子长领着战士用手榴弹把敌人赶出村子后，发现敌人占了西山，就把裤腿卷到半腿上，袖子卷到胳膊上，提着一把驳壳枪，带领突击队猛冲上去，把敌人压在沟底。没一顿饭工夫，就消灭了张建南的营部及一个整排的敌人和贾生金的地主武装。这次战斗，连敌营长张建南也差点被活捉了。原来，这个狡猾的家伙被俘虏后，换了一身士兵服装，因在作战中，红军战士不认识他，让他偷偷地溜走了。

姚则峁河战斗后，红军声威大振，一支队自小到大，迅速发展到100多人。不仅民团不敢下乡骚扰了，就连敌人的正规军也不敢轻易出城了。随之，在中共陕北特委的领导和子长的积极活动下，以李家岔为中心的革命根据地很快建立了，赤卫军、贫农会、少先队、妇女会、儿童团又像大革命时期那样，蓬蓬勃勃地发展了起来。安定县的乡下成了红军的天下。安定西区的群众，用他们熟悉的信天游唱道：

黄河日夜向东流，
流不尽乡亲心中愁。

天上的黑云遮青天，
好几年没见老谢的面。

一捆子麻绳抖乱了，
土豪劣绅反攻倒算了。

砸了锅，打烂盆，
白军又抢又抓人。

拿的铁棒槌打破鼓，
穷人吃上了二茬子苦。

摸黑路瞅的启明星，
受苦人天天盼红军。

吊桥上的铁索环套环，
乡亲怀念谢青天。

腊月黄河结了冰，
迎接老谢回家救乡亲。[1]

鸡娃子叫来狗娃子咬，
老谢带领红军回来了。

对面湾里牛喝水，
沟里头出来个游击队。

羊群领路靠头羊，
领头的是咱谢子长。

一对对鹁鸽朝南飞，
游击队个个是飞毛腿。

趁夜激战攻西山，
打垮了敌营长张建南。

降龙把揳的月牙斧，
捣毁了姚则峁河敌碉堡。

人吃白面马吃料，
看我们当红军嘹不嘹。[2]

白灵子鹊儿来报喜，

① 黄河往年不结冰，1934年冬，谢子长从北平经太原渡黄河回陕北，黄河结了冰。老百姓说这是黄河为迎接谢子长回陕北铺路搭桥哩！

② 嘹：陕西方言，赞美、好的意思。

革命高潮再掀起。

羊爬上岸，人走上畔，
红军走的是瓦窑堡川。

瓦窑堡川里红旗飘，
革命根据地建立了。

人山人海争着看，
今儿个又见了老谢的面。

热茶好饭一齐端，
宰鸡杀猪把羊牵。

初五的月牙儿十五圆，
受苦人欢迎谢青天。

天上太阳红彤彤，
谢子长跟的是毛泽东。

空中的大雁队队飞，
闹革命的是老谢总指挥。

马兰开花根连根，
红军百姓一条心。

冬天的日头春天的风，
共产党领导咱挖穷根。

黑夜里星星北斗明，
跟上老谢闹革命。

打倒土豪和劣绅，
要把革命闹成功。

一杆子红旗呼啦啦飘，
革命烈火遍地烧。[①]

四、组建陕北游击队总指挥部

天气一天天热起来了，陕北的革命烈火也越烧越旺。

陕北特委在1933年虽遭敌人破坏，但在代理书记马明方和崔田夫、马文瑞等同志的领导下，一直在白色恐怖下坚持着斗争。这次，谢子长以中共北方代表派驻西北军事特派员的身份回陕北后，带回了毛泽东同志关于建立革命根据地的这本真经，犹如强劲的春风，吹遍了陕北高原，燃起了武装斗争的熊熊烈火。

谢子长一回到陕北，就向陕北特委的负责同志和地下党的同志说："一个政党的发展同一个人的成长一样，出生后，先学翻身，再学爬坐，然后学走路。开始学走路时，总走不好，老摔跤，慢慢地，就越走越稳，不但不再跌跤了，还能跑，还能跳。人们的思维到意识的成长同样也要经过这样一个从幼稚到成熟的过程。"他联系自己的思想认识过程给同志们说："我小时候，从父亲和大哥那里接受了一些行侠仗义的思想，看见社会上有不公平现象，就想拔刀相助，但我人太小，没有力量，于是我便跟着魏敬德去学武。可是，慢

① 以上民歌流传在安定西区群众中，由冯又新老先生搜集整理。杨克栋先生进行了艺术加工。

慢地，我发现光学武艺也解决不了人间的不平。这时，我又接受了杜斌丞老师‘教育救国’的观点，中途弃学，跑回安定教学。实践告诉我，光靠教育是拯救不了劳苦百姓的。百姓受苦受难，中华民族的落后与软弱，皆因官僚政府的腐败无能所造成。要彻底解放劳苦大众，改变中国的落后面貌，就必须彻底改革社会，而要实现这个伟大的抱负，必须首先掌握军队。于是，我又放弃教育这个职业，跑到太原学兵团去学习军事。毕业后，我搞民团、组建十二连，并且还利用手中的枪杆惩治贪官污吏，为老百姓撑腰壮胆，以为这样就能救国救民了。直到1925年入党后，我才知道，十几年来，我苦苦寻求救国救民道路的幼稚可笑。在以后的几年中，我虽然懂得了武装斗争对于中国革命的重要性，但究竟如何开展武装斗争，我并不全知道，我是在一次次的失败中，在不断地学习毛泽东同志在井冈山开展武装斗争的经验中才慢慢明白的。一个人走上正道，尚且需要走那么多曲折的路，何况一个政党呢！”

接着，子长又同大家一起总结了这几年陕北革命斗争的经验教训。他继续说：“毛泽东同志说：要使红色政权长期存在，并且发展下去，必须将土地革命、武装斗争和革命根据地的建设密切地结合起来，使它们成为一个统一的整体。这就是说，必须把农民土地革命作为武装斗争的基本内容和革命根据地建设的中心环节；必须用武装斗争来保证土地革命的进行和革命根据地的建设和发展；必须把革命根据地作为党领导武装斗争和土地革命的阵地。清涧起义和渭华起义为什么都失败了？就是因为我们没有建立起革命根据地，像建在空中的楼阁一样，无所依托。后来，我们又建民团，搞兵运，但是大都失败了，为什么？还是因为这三个问题没有解决好，也就是说我们脱离了群众，没有把土地革命作为武装斗争的基本内容，没有同根据地的建设结合起来。而毛泽东同志为什么能在井冈山站住脚，并且不断地发展、扩大红军和根据地？就是因为他把这三个问题解决好了。现在我们明白了这个道理，也许以后的路会走得更稳当一些，步子会更大一些。”

谢子长这次回到陕北，正是按照毛泽东同志的理论和实践，创建革命根据地，把武装斗争和农村土地革命密切结合起来，使武装斗争和根据地迅速发展壮大。

这年6月，在甘肃参加兵运工作、“靖远兵暴”起义失败后回到家乡、任安定北区区委书记的贺晋年，来到安定西区崖窑沟谢子长的住处。谢子长一见到贺晋年，便说：“你来了正好，现在正是没有人，又需要用人的时候！”贺晋年既有文化，又懂军事。谢子长便提议任命贺晋年为一支队的政委，加强了一支队的领导工作。在谢子长的领导下，一支队很快就发展到100多人，成为陕北游击队的主力。

武装斗争的烈火如燎原之火，不仅烧遍了安定县境，而且烧遍了陕北高原。继红一支队迅速发展扩大后，红二支队在清涧建立，红三支队在神木、府谷一带建立，红四支队在佳县、吴堡一带建立，红五支队在绥德建立。红军各支游击队相继恢复成立后，开辟并巩固了安定、延川、神木、府谷、佳县、吴堡、绥德等革命根据地，形成了以安定西区为中心的安定（安绥清横靖及三延）、佳吴（绥米佳吴）、神府（神府榆佳边）三个红色割据地，陕北革命根据地已初具规模。陕北农村逐渐变成红军游击队的天下。

开满山丹丹花的山梁梁、沟洼洼里，到处能听到年轻小伙子、大姑娘，甚至拦羊老汉放开喉咙唱起的信天游：

山丹丹开花红崖洼，
我送我的哥哥当红军。

山林的核桃河畔上的枣，
当兵就数当上红军好。

千里的雷声万里的闪，
闹革命的道理我宣传。

羊肚肚手巾三道道兰，
我送哥哥上前线。

一把筷子红绳绳捆，

妹三年五年把哥等。

干石板上栽葱扎不下根，
闲言闲语妹子不听。

山坡上的马莲根连着根，
穷人和红军心连着心。

雪打墙来冰盖房，
白军的狗命不长久。

棉花地里带小麻，
哥哥杀白军莫想家。

天上下雨地下滑，
世事太平了再回家。

高山上点灯四下里亮，
妹盼哥在前线打胜仗。

不想你眉眼不想你人，
单盼你捎回来胜利信。

听到这悦耳动听的信天游，谢子长不免又想到远在北平的夫人尤祥斋。自从他回到陕北后，就同她断了音信。他接连给祥斋写了几封信，都没有回信。后来听说她被捕了，接着又听说她和战友们卧轨反抗而牺牲了。从北平回来的一些同志，也说祥斋被捕牺牲了。听到这个消息，子长心里难受了好多天。虽然他们在一块只生活不到半年，可他们在长期的革命斗争中形成的感情却是非常真挚而深厚的。他深深地怀念着她。

后来，随着革命形势的好转，子长的四姐夫南海山看到子长三十五六岁的人了，孤单单一人，生活上也需要个人照顾，就给他介绍了安定县城的史秀芸。这史秀芸也是位思想进步的好青年，对子长也十分敬爱。于是，在1934年5月与子长在唐家川唐宗贤家里结了婚。婚后的第三天，子长对秀芸说："我得去部队了，你就在周围这几个村里宣传扩红。"自此，史秀芸就开始了革命工作。后来，子长负伤后，她同子长的侄媳白盛英一起细心侍候护理，直到子长去世。在子长的影响培养下，史秀芸也成长为一名党的优秀女干部，1935年1月由共青团员转为共产党员。曾担任陕北团特委组织部副部长、青妇部部长，中共山东分局妇女部长。中共七大被选为代表，光荣地出席了党的第七次全国代表大会。但不幸于1949年2月在吉林病逝。

1934年4月4日，陕北特委在佳县南区神堂沟召开扩大会议，作出了普遍组织群众武装，广泛开展游击战争，建立陕北游击队总指挥部的决议。5月2日，陕北特委又在王家畔召开了陕北游击队和游击区代表联席会议，传达了神堂沟会议精神。子长想，革命愈是迅猛发展，敌人越会百倍地疯狂镇压，必须迅速成立陕北游击队总指挥部，集中优势兵力对付敌人。他便给陕北特委写信，提出了成立陕北游击队总指挥部的具体计划和部署。

陕北特委完全同意子长的意见，决定将一、二、五支队集中统一起来，成立陕北游击队总指挥部，并委托谢子长马上着手去办。

1934年7月8日，郭洪涛率领清涧的红二支队和绥德的红五支队到安定与红一支队会合。郭洪涛同志是陕西米脂人。1925年上中学时入党，1933年冬经子长动员从北平回陕北，任陕北特委组织部长。会师的一、二、五支队的200多名英姿飒爽的红军游击队指战员集合在安定西区阳道峁一块开阔的山地里。

这天，阳道峁上人山人海，红旗飘扬。老百姓一大早都从附近的村子里赶来看热闹。谢子长站在临时搭起的主席台上庄严地宣布："中国工农红军陕北游击队总指挥部成立大会现在开始！"

台下响起了雷鸣般的掌声。参加会的老百姓也兴高采烈地欢呼起来，掌声、欢呼声在山梁沟岔里到处回荡！

接着，谢子长在热烈的掌声、欢呼声中讲话。最后，郭洪涛代表中共陕北特委宣布："谢子长兼任中国工农红军陕北游击队总指挥部的总指挥，郭洪涛任政委，贺晋年任参谋长。"

会场上又是一片欢呼声！

之后，200多名游击队战士列队接受了总指挥谢子长、政委郭洪涛、参谋长贺晋年等负责同志的检阅，雄赳赳、气昂昂地从主席台前走过。尽管他们佩带的武器各式各样，还有长矛、大刀，但一个个斗志昂扬，充分显示了红军战士的威风。

最后，谢子长向指战员提出了加强军政纪律，提高战略技术，扩大红军，为创建陕北正规红军师而奋斗的任务。

五、打安定城后下南梁

陕北游击队总指挥部成立后，第一次军事行动就是决定攻打安定县城。这安定城，是国民党安定县政府所在地。古城石头垒墙，背靠南山，三面临川，地势险要。城内有张建南营两个连和李丕成民团300人。

经过充分的准备后，7月17日晚，子长率领着一、二、五支队和600多名赤卫军战士，从东沟门向安定城出发。子长作战前动员说："这次攻城的主要目的是营救狱中的同志。我们要不怕牺牲，坚决完成任务。我们是第一次攻打县城，到虎口拔牙，不能轻敌。要做好准备，只能打胜，不能打败！"

黎明时，战斗开始。子长指挥贺晋年、谢绍安、路文昌、马万里、刘明山、李胜堂、陈文保等带领部队从西山下去，一部兵力攻打西山碉堡，一部沿东城而下，占领东城门楼。

攻进城后，敌人主力放弃东城门楼、钟鼓楼、县衙门，退守北门。贺晋年、马万里、路文昌、谢绍安、刘明山带部队乘机攻打监狱。

趁天未亮之际，军号齐鸣；敌人不知虚实，未敢出击。我军顺利打到监狱门口，刘明山一枪打开监门铁锁，大喊："我们是红军，老谢领人救你们来了！”监内的同志也行动起来，开监砸镣，互相搀扶着，冲出监牢，战士们掩护他们往后山转移。

此时，安定城内，枪声大作，子弹飞鸣。在姚则峁河吓破了胆的张建南，不明情况，更不敢轻举妄动，固守防地以待天明。

到天亮时，关在监狱内的200多名党员、群众已被全部解救，张建南这才弄明情况，开始反攻。子长遂命令部队撤出战斗。天亮后，敌200多人尾随我掩护部队追到城西马河川时，两面山头上事先埋伏接应的赤卫队、少先队和主动参战的群众挥舞红旗，高声呼喊，土枪、土炮齐放，吓得敌人胆颤心惊，只好缩回城里。

事后，子长同志总结这次战斗时说：“敌人在城内300多人，我们进城不到100人，打开监狱放出200多‘犯人’，他们干瞪眼没办法。事实证明，红军无敌于天下。”

攻打安定县城的胜利，震动了陕北。这是陕北游击队总指挥部成立后的一次实战演习。它标志着游击队向正规红军迈进了一步。

与此同时，刘志丹率领红二十六军四十二师南下照金、东出宜君、北折中部、西返南梁，继而兵进洛河，挥师庆环，千里转战后，在西华池歼敌王子义团700余人，在瓦子川打得高玉亭营抱头鼠窜，胜利地粉碎了敌人对南梁根据地的第一次“围剿”。以南梁为中心的革命根据地迅速发展，游击战争已在北自吴起镇，南达泾河北岸，东到甘泉、洛川，西抵环县、定边，东西约400里，南北约600里近20个县的广大地区蓬勃开展。

攻打安定城后的第三天，7月20日，谢子长率一、二、五支队和200余名赤卫军战士南下南梁，7月23日在南梁的阎家洼子和红二十六军四十二师胜利会合。两支兄弟部队相会分外亲热，红二十六军杀猪宰羊，热情款待，请陕北游击队的指战员参观了政权建设和部队生活管理，还专门进行了战术表演，并赠送了一批武器。陕甘边特委还派人给陕北赤卫军大队讲解了《中华工农民主中央政府土地法》。陕北游击队总指挥部也派人慰问了红四十二师的伤病员。两支部队交流经验，相互学习，情同手足。谢子长、刘志丹这两位西北革命领袖历经一年多的挫折又相会，更是亲如兄弟。共同的事业，共同理想，将他们的心紧紧地系在一起。

有一首流传至今的民谣，真实地印证了这两位革命战友的情谊：

陕北游击队，
老谢总指挥。
打开安定城，
犯人放出监。
下到南梁堡，
见了刘志丹。
老刘热情说，
欢迎歇几天。

半个世纪后，当笔者采访当年的陕北红军老战士刘明山、刘约三、李赤然、贺晋年等同志时，他们都不约而同地哼起了这首民歌。他们说，他们就是唱着这首民歌，从南梁回到陕北的。

7月25日，谢子长、刘志丹主持，在阎家洼子召开了陕甘边、陕北军事联席会议。红二十六军连以上，陕北游击队队长以上干部参加了会议。会上，四十二师师长杨森向会议汇报、检查和总结了工作，会议宣读了上海临时中央局和驻北方代表通过北方局委托陕北特委转交的两封“指示信”。在当时王明“左”倾路线的影响下，“指示信”对红二十六军提出了许多错误的批评，指责陕甘边特委和红二十六军的领导“一贯拘泥于逃跑主义”、“梢山主义”、“枪杆子万能”，把由于杜衡的错误而造成的红二团南下失败，说成是“右倾机会主义领导的结果”，甚至把建立南梁根据地的正确决策，也说成是“逃跑主义”。还把改造土匪的正确政策，说成是“招兵买马式的土匪流氓的发展”、“有浓厚的土匪色彩”。这封指示信，给会议罩上了阴影，犹如给明媚的春天笼罩上了乌云。会议还研究了陕甘和陕北两块根据地和红军更好地相互配合、支持，发展壮大根据地和红军等问题。

陕甘边特委根据会议精神，检查了自己的工作，作出了《陕甘边特委关于陕甘边党的任务的决议》。对于建立新苏区、新红军、建党、建政、土地等问题，都作了全面部署。它没有接受两封指示信的错误指责，而是从革命斗争的现实出发，规定了自己的任务，决定按毛泽东同志开辟的井冈山道路坚定地走下去。

会议鉴于高岗屡犯群众纪律，决定撤销他的红四十二师政委职务，由谢子长兼任。后来，陕北游击队总指挥改由贺晋年同志担任。

会议决定红四十二师第三团由谢子长率领开赴陕北，配合陕北游击队粉碎敌人对陕北根据地的第一次“围剿”。

六、回师陕北

正当谢子长率领陕北红军南下南梁之际，国民党反动派对陕北革命根据地开始了第一次“围剿”。这次围剿的主力，是陕北军阀井岳秀第八十六师，附之以各县民团，总兵力万余人。北线，敌二五八旅刘润民部“围剿”神府区；南线，敌高双城的二五六旅和二五八旅各一部，随附民团，沿大理河、无定河，在青阳岔、石湾、绥德、清涧一线，对安绥清地区构成一个马蹄形的包围圈。敌军在战术上采取“撒豆战术”，分散配置，以连排为单位，多股分途，逐村“蚕食”，逐地推进，向红色中心区域安定地区作向心压缩。敌在全面“驻剿”的同时，又派出“追剿”部队兵分两路，一路由绥德沿淮宁河大道经田庄向安定东区“进剿”；一路由石湾沿大理河支流两边大道，向安定西区窜犯。敌人这两路兵力，犹如一把张开的钳子，向安定地区伸来。

8月15日，谢子长率红四十二师第三团和陕北游击队回师安定。根据敌军的部署，谢子长决定集中兵力，对付敌之分散配置。从总兵力上讲我远寡于敌；但若集中使用兵力，保持团一级作战单位，在战斗中便能保证自己的优势。在攻击方向上，决定先剪除敌军伸出的两支触角，消灭由田庄、石湾方向向我推进的两路敌军。

8月17日，谢子长指挥红三团和陕北游击队一、二、五支队全部兵力，突然包围了由石湾方向进至景武塌的敌军二五八旅五一四团第六连。景武塌是安定西北区的一个十多户人家的小山村，周围有大郎、二郎、三郎、四郎、五郎五座山。以优势兵力占领这五座山头后，红三团从三郎山冲下去，和陕北游击队一下就将敌人冲垮了。敌军发现自己被包围，慌忙向石湾方向逃窜，又被我事先布置的伏兵全歼。此役全歼敌军一个连。缴获敌长短枪百余支，毙敌30余人，俘虏80余人。打了一个漂亮的歼灭战，斩断了敌伸向根据地的一支触角。

景武塌之役后，谢子长率领部队挥戈东进，主动出击，向敌“围剿”军的大本营绥德挺进，直刺敌人心脏。敌慌忙派兵拦截。8月23日，红军又出其不意，在绥德的张家圪台痛歼敌军八十六师两个排。敌苏家岩驻军闻讯派一个连来增援，亦被我军击溃。

此时，红军集中优势兵力，所向披靡；敌军兵力分散，处处挨打。敌全线动摇，已由“进剿”变为收缩“保命”。井岳秀原欺我无重兵，采取“撒豆战术”纵兵劫掠。敌军以连排为单位的分兵遭到铁拳迎击后，保存实力的本能使井岳秀缩回老巢以求自保，再无勇气来进攻红军了。

红军却愈战愈勇，很短时间就歼敌200余人。敌榆林出版的《上郡日报》1934年8月31日惊呼：“近日陕北驻军多被赤匪缴械俘虏，驻军虽全力剿除，惟匪出没无常，时而千百成群，时而三五分散，难以奏效。”这说明谢子长同志已经能把毛泽东同志和中央红军创造的游击战争的战略战术，熟练地运用到陕北游击战争中了。但执行王明“左”倾路线的北方局代表事后却来信错误地批评陕北特委“没有乘胜攻打绥德、清涧、瓦窑堡城市”，是“没有掌握暴动艺术，空喊暴动，没有领导城市暴动”、“过去一个时期，对群众斗争的机会主义的消极空喊。陕北没有领导工人罢工运动，显出乡下党的倾向”等等。后来北方代表又发来军事指示信，要陕北特委攻打绥德、清涧、瓦窑堡等城市。陕北特委和子长接到指示信后，认为是脱离实际的，既没讨论，也没传达，采取了搁置不理的态度。

第八章　在最后的日子里

(1934.8—1935.2)

一、河口负伤

张家圪台战斗之后，谢子长率军沿无定河南下。

这里是未开辟地区，老百姓见有军队开来，闻讯早都跑到外边躲藏了。子长带领红二十六军红三团和陕北游击队一、二、五支队到达后，秋毫无犯，宿营做饭，用了群众的米面、柴草，都一一计价，留下硬币，并附纸条，说明情由。老百姓见此情奔走相告，说是来了“天兵天将”，很快，就和红军亲如家人了。他们向红军诉说他们的苦楚，倾诉他们的愿望，请求红军消灭驻在河口的一连“害人虫”。

这河口镇，位于无定河和黄河的汇合口岸，是陕北通往山西的一个重要渡口。敌二五八旅五一五团三营一个叫董正谊的连长带一连人驻守着这个黄河渡口。这帮家伙，平常敲诈勒索群众不消说，还经常窜入乡村，和地方上的民团乡保长相勾结，摊粮要款，欺压百姓。谁家娶个漂亮媳妇，要叫他们这帮家伙知道了，迟早免不了这帮野兽的糟踏。方圆的群众，早就对他们恨透了。子长带领部队驻在离河口镇四五十里路的一个村子时，许多老百姓就捧着刚从树上打下的大红枣，请求红军给他们除了这个害。当地党组织也建议拔掉这个“钉子”，为清涧东区革命根据地的发展创造条件。据此，谢子长决定打河口。

8月26日夜，绵绵秋雨下个不停。谢子长决定晚上冒雨偷袭河口镇。河口镇，地势险要。东是滔滔黄河，南是滚滚无定河。两河相夹，形成一个三角地形。敌依山势，在镇子里修有碉堡等坚固的防守工事，易守难攻。行军前，子长又一次把连以上干部召集到他住的窑洞内。土炕上放着老乡用高粱秸串的圆盖，上面摆着用泥巴捏的河口地形。子长边用泥巴捏地形，边详细地讲解着今晚的作战计划。他说："别小看河口这个小镇。地形对我不利，千万不能轻敌。我们要雨夜偷袭，一举成功。若偷袭不成打成强攻的话，我们就会付出很大牺牲……"

天黑后，子长带着战士们冒雨出发了。经过半夜行军，大家都变成了泥水人。由于天黑路滑，马骑不成，子长和大家一样在泥泞中步行，鞋子里边灌满了泥水，一踏下去"吱吱"直响，他便一扬脚将鞋子扔出几步远，打趣地说："不要你还倒灵便，免得暴露目标！"惹得大家都笑了。有的战士也扔掉不中用的鞋袜，光着脚片在泥水中行进。

在这里，按照事先计划，兵分两路，子长率王世泰带红三团由西向东攻击河口镇主阵地；贺晋年带一、二、五支队迂回河口北，沿黄河岸向河口镇进攻。

此时，雨越下越大，天黑得人站在对面连影子也看不清。战士们只好拉着前面人的后衣襟摸索前进。这时候，连两名带路的向导也弄不清到底到了啥地方。

正在大家疑惑之间，突然，敌人的哨所开枪了。原来，他们已摸到了敌人眼皮底下，被敌人的哨兵发现了。自红军消灭张家圪台之敌后，河口的敌人如惊弓之鸟。这个姓董的敌连长，十分狡诈，日夜派出哨兵，加强警戒。这天夜里，他害怕红军偷袭，更是不敢合眼，刚巧碰上了红军偷袭。

敌人哨所枪一响，霎时，枪声大作，河口镇火舌喷射，密如蛛网，雨声、枪声、喊杀声，混成一片。

子长指挥战士们向山包上的敌碉堡进攻。由于天黑我们的两路部队相遇，造成误会，互相接火。你攻上去，我压下来，打得都很顽强。打了几个回合后，发现是自己打自己，才集中力量，向敌碉堡进攻。

天已大亮。敌人凭借坚固的工事死守，我军几次进攻，都未奏效，再拖下去，敌人的援兵就可能来到。子长紧急命令红三团再次组织火力，尽快攻下碉堡。他亲自来到前沿阵地离敌碉堡几百米远的地方观察火力及攻击路线，指挥战斗。

突然，一颗子弹飞来，穿过子长的前胸。子长打了一个趔趄，身子往前一倾。站在旁边的一连长宋飞同志急忙来扶他时，他又站起来说："不要紧，你快指挥往上冲！"旁边的同志也都急忙赶来看他的伤势，他睁大眼睛大声说："不要管我，赶快往上冲！"他的二侄福成慌忙赶过来给他包扎时，他发脾气了："你管老子干甚！为啥不去包别的伤兵！"他左手捂着胸口，右手抡着驳壳枪，继续指挥同志们往上冲……

殷红的血，透过他穿的紫褐色的夹袄，混着雨水，一滴滴地流了下来，他的腿，似乎也不听指挥，一阵发软倒了下来……此刻，身旁的同志再也不顾他发脾气，硬将他连拉带扶地从前沿阵地上抬了下来。他以微弱的声音下达命令："对我负伤的事保密，不许声张。"

这时候，他的警卫员、侄子福成拉过马让他骑上往后撤。子长发现前面山坡下躺着几名负了伤的战士，便叫福成赶快去抢救他们。福成执意要先抢救子长，子长却厉声喝道："别管老子，快去把山下的伤员救上来！"直到山坡下受伤的同志全部撤上山后，他才和大家一同撤出了战斗。

负隅顽抗的敌人，在遭受重大损失后，当晚，丢掉河口，偷偷撤回了清涧城。这颗钉在黄河边上的"钉子"终于被拔掉了。至此，红军在谢子长同志的指挥下粉碎了敌人对陕北根据地发动的第一次"围剿"。不幸的是此次战斗中谢子长同志负了重伤。

二、带伤战斗

听到子长负伤的消息，同志们的心情十分沉重、焦虑。大家既不愿意离开他，又为他的伤势担忧。子长看出了大家的心思，虽伤口疼得头上直冒汗，他咬住牙也不吭一声。在干部会上他还鼓励大家说："要革命就不要怕牺牲，打仗总是有伤有亡。我这点伤不要紧，随队比离队好，我在部队还能做点工作。"

负伤后的第六天，9月2日，子长带伤参加了陕北特委在清涧惠塬里召开的扩大会议。这次会议作出了《关于冲破"围剿"的决议案》，决定广泛开展游击战争，建立人民政权。并决定把第一、二、三支队扩编为第一、二、三团。

接着，谢子长又带伤率军北上，在安定董家寺，击溃敌高玉亭团一个营的进攻。

这个阶段，陕北革命根据地出现了迅速发展的大好形势。

8月25日，安定县临时革命委员会在李家岔宣告成立。

9月12日，在袁家沟成立了清涧县临时革命委员会。

9月18日，在温家川成立了神木县革命委员会。

绥德、吴堡、佳县、延川、延长、安塞、靖边、米东、米西、横山、府谷等14县的革命政权也相继建立。

与此同时，安定的第八、十三支队，延川的第九、十七支队，靖边的第十、十五支队，安塞的第十一支队，绥德的第十二支队，米东的第十四支队，米西的第十五、二十三支队，吴堡的第十五支队，横山的第十六支队，延安的第十八支队，延长的第十九支队，神府的第二十一支队等新建、扩建的游击队，也如雨后春笋般地发展起来，还有各区的突击队、武工队，各地的赤卫军、少先队，也都活跃于陕北的广大农村。随着红军、游击队对敌正规军的节节胜利，各地的游击队、赤卫军也对敌地主武装民团展开了进攻，半年时间内就拔除民团据点百余个。

在人民游击战争的推动下，陕北革命根据地由许多小块连成了安定、靖绥、佳吴、神府四大片。在安定、绥德、清涧等比较巩固的根据地内，还开展了轰轰烈烈的土地革命。而敌八十六师，却只能据守各县城和大的集镇，断断续续地占据着由延安到榆林的一条大路和绥德到宋家川、米脂到蚂蚁峪、榆林到府谷的三条支路，苟延残喘。

在蓬勃发展的革命形势下，谢子长忘却了自己的伤痛，继续率兵转战。

9月15日晚，他亲自指挥第一支队、第八支队和保卫队二打安定城，消灭了作恶多端的西区敌民团团总"狼儿子"李丕成。接着，又接连消灭了北区敌折科大民团、东区"黄儿子"黄天锡民团。

9月18日，在子长的亲自领导筹划下，在安定县的崖窑沟，陕北游击队第一支队和第八支队合编为中国工农红军陕北独立师第一团。下辖步兵第一、二、三连和骑兵连，共二百余人，长短枪百余支。团长贺晋年，政委马佩勋，参谋长路文昌。谢子长抱病参加了整编大会并亲自把一面军旗授给了团长贺晋年。他语重心长地对贺晋年说："我们多年的愿望总算是实现了，陕北终于建立了第一支正规红军。你是正儿八经学过军事的，一定要好好带领这支队伍，不断发展壮大，这是陕北革命斗争的需要，也是全国革命的需要。"

看着这陕北第一支红军正规部队的建立，这个铁骨铮铮的硬汉子，一双深陷的眼窝湿润了。为了建立一支人民的军队，十多年来，他转战陕甘宁，血战长城内外，失败、胜利，胜利、失败，付出了多少心血啊！今天，这鲜艳的战旗又飘扬在陕北高原，人民的武装将打出一个人民当家作主的新陕北。接着，红二、三支队也先后改编为陕北红军独立师二、三团。

至此，谢子长同志已负伤20多天了。当时，一无医，二无药，又得不到休息。同志们都十分关心他的伤势，他总是说："不要紧，没关系！"开始，他还解开绷带让同志们看，后来干脆连看也不让同志们看了。但大家明显地感到，他的伤势一天天在加重。开始，他骑在马上还能直立起身子，现在，只能趴在马背上了。他一天比一天消瘦，两只大眼睛也一天比一天深陷。马骑不成了，只好由别人搀扶着行走。到后来，只好坐在担架上随部队行动。

不久，他感到已成为部队行动的累赘，才被迫同意离队养伤。这年10月，他才终于离开部队，到秀延河上游一个偏僻的山村——阳道峁村养伤。

三、"被子留给娃娃们盖"

谢子长离队养伤的时候，敌人又开始了对陕北革命根据地的第二次"围剿"。

敌井岳秀八十六师的第一次"围剿"于1934年8月被我粉碎后，他接连向蒋介石苦苦求援。10月，蒋介石又调驻在河南洛阳的八十四师高桂滋部到陕北增援"围剿"。装备精良的敌八十四师长驱直入，占据绥德、清涧、安定、延川、延长、安塞、米脂、吴堡等县城，配合敌八十六师，在军事上采取驻点修堡，步步为营战术，分割"进剿"；在政治上推行保甲制，建立"肃反会"，实行连坐法，建立"铲共义勇队"，对我根据地实行抢光杀光政策；在经济上，加紧封锁，禁止一切工业品进入根据地，大肆烧杀、抢掠牲畜，实行焦土政策。

这种情况，极不利于谢子长同志养伤。缺医少药，除了用盐水冲洗伤口外，再就没有别的办法。同志们看他一天天消瘦下去，就想方设法给他搞点营养品，他又不忍心吃，还深情地说："老百姓现在生活这么苦，吃饱肚子都成问题，这些好吃的我怎么能忍心吃下去呢！"一些老百姓听到他受伤的消息，冒着生命危险来看望他，给他带来肉、蛋、核桃、干枣等物品，他却痛苦地对身边的同志说："我怎么能白吃人家的东西，我给老百姓没办多少事啊！再说穷人家的东西来之不易，咱不能要啊！"他为革命献出了自己的家产，献出了几位亲人的生命，重病在身，却不愿占百姓一分一文。

当时侍候子长的侄媳白盛英看到叔父病成这个样子还不愿接受群众的东西，便劝解说："三大呀！凡是看你的人也不是外人，人家带点吃食，也是一片心意嘛！既然拿来了咱不要，也不好说。我看只要你吃了，把伤早日养好了，带上红军消灭了白军，给老百姓分土地、分粮食，也报答了他们对你的关心。"子长却说："消灭白军，分地，分粮，这是我们革命者应做的事。不能因做这些事，就白吃人家的东西嘛。”这可难住了盛英，不收群众送的东西吧，实在没啥给叔父吃；收吧，他又不答应，就难为地说：“那你看今后咋办？”子长果断地说：“你就说我有吃的。一定不行给一点钱；万一不行，面留一两，鸡蛋留一个，肉割下一点就行了。亲朋的心意收下就行了。不管怎样，反正不能白吃群众的东西！”

他重病在身，还时刻关心老百姓的疾苦，甚至连群众的婚姻事情也放在心上。枣树坪村的佘大婶，因生活逼迫，不得不把自己的一个女儿嫁给徐家墕一个姓刘的富农家当儿媳。当时陕北，一些封建思想严重的家庭还以脚小为美，缠小脚。佘大婶家是穷人，女孩从小得干活，就没有缠脚，到这姓刘的富农家后，婆婆强制给她缠脚，结果脚受了伤、化了脓，走不成路，只好爬行。这个年轻姑娘，受不了折磨，产生了轻生的念头。一天，她的哥哥佘德银和子长谈话时，顺便说到了这个情况，子长立即让把佘大婶找来说：“刘家这么折磨你女儿，怎么能行？快把娃接回来！”佘大婶担心地说：“那怎行呢？刘家有钱有势，我们惹不起呀！”子长果断地说：“他们不答应，就说我老谢讲的！”

子长在陕北有很高的威望，特别在安定县，只要说是“老谢讲的”或“谢青天说的”，很少有人不遵从的，甚至连一些反动势力，迫于形势，也只得顺从。在子长的关心下，这位遭到折磨的年轻姑娘，从封建枷锁中解放了出来，后来自愿和一名红军战士结了婚，生活得很愉快。

1934年农历十一月的一天，盖着棉被子、躺在担架上的谢子长在同志们护送下，从安定王老河村往牛家山转移。路过小界墕时，在续殿革家休息。

续殿革是一位忠厚的农民。他看到群众爱戴的“谢青天”今天来到自己家，高兴得像逢着了喜事。忙和妻子张罗着给子长做点什么好吃的。但一看瓦罐、纸缸却凉了心——空空的。他们是吃了上顿没下顿，拿什么给子长吃呢？殿革忙打发老婆到邻家去借。

这时，连坐着说话都困难的子长，却一把拉住续殿革的手说：“老续，我们喝口水，歇歇脚就走，你要这样，我们现在就走！”

一看这样，续殿革拉住子长的手，声音颤抖地说：“老谢，你是为了我们穷人过好光景才把自己闹到这步田地的！你不吃饭，我们心里过意不去啊！”

忙招呼老婆给子长他们烧开水喝。

子长躺在炕上拉着续殿革的手问长问短，看到老续家五六口人，炕上连一条被子都没有，就关切地说："天这么冷，连一床被子都没有，晚上娃娃冻的咋行！"便揭下自己身上盖的被子说："这床被子留给娃娃们盖。"

这下可急坏了续殿革，他连忙说："这可不行！你受伤这么重，我们帮你做不了什么，还怎么能把你的被子留下呢？"他怎么也不要。

站在一旁的警卫员白盛武也很为难。留下吧，子长只有这一条被子；不留吧，他知道子长说话从来是算数的，他关心群众胜过自己，这条被子肯定是要留下了。但子长伤病这么重，天气又这么冷，还要上路，没有被子又怎么行！就鼓起勇气劝子长道："总指挥，你就只有这条被子，留下你盖什么？"子长不满意地看了小白一眼说："你们光晓得我，不晓得群众！把我看得比群众还贵重。这就颠倒了！他们一家人没一条被子，我盖上这条被子心里能安稳？快留下，我有这件皮袄就行了。"

听到这，老续急得哭出声来："使不得呀老谢，老百姓都指望你哩，养好你的伤不光是我续殿革一人一家的事，那是众人的事，大家都为你的病重着急哩，我咋能忍心留下你的被子呢？！"子长还是坚持要留下被子，他说："老续，不要这么说了。留下吧，还是留给娃娃们盖吧，将来的世事是娃娃们的！"就这样，谢子长终于把被子硬留下了。

子长一行迎着寒风离开了小界墕村，续殿革一家老小满含热泪站在村头群众送行的行列里，子长他们的背影早都看不见了，他们还望着子长离去的方向……

四、"想闻闻火药味"

狡猾的敌人，许久听不到谢子长的名字，他们便幸灾乐祸地传出谣言说："谢子长死了！共产党完了！"与此同时，又派出侦探到处打听子长的下落：

“谢子长到哪里去了？”

老百姓气愤地回答：

“你们不是说被你们打死了吗？”

有的群众为了迷惑敌人，干脆回答：

“哼！打死了？恐怕你们还没那本事！老实告诉你们，谢子长到外国治病去了！”

但是，敌人还是到处探听，到处追踪。为了躲避敌人的搜捕，群众把子长从阳道峁转移到周家崄，再转移到磁圪湾、水晶沟，后又转到安塞县的小拐沟、毛家砭、韩河里等地。在群众的掩护下，敌人一直得不到子长的消息。子长住在哪里，哪里的群众都主动组织起来，站岗、放哨、报告敌情；转移时，他们又不顾山高路陡，踏着一尺多厚的积雪，抬担架、护送、转移。当晚走过的路，第二天清晨就有群众赶着羊消灭掉踪迹。

腊月十五前后，子长住在阳道峁被敌人发现，转移到周家崄。刚刚停下，敌人又追上来了。他们又不得不立即出发，转移到磁圪湾还是没有甩掉敌人，他们又转移到水晶沟。还没停稳脚，群众就送来消息说，敌人到了几里路外的一个村庄，可能要向这里追来。子长听到消息后，看到同志们抬着他爬山过洼跑了一整天，连口饭都顾不上吃，疲惫不堪，就对守护他的保卫队长、外甥薛兰岗说：“抬我走吧，抬不动就一枪打死，你们逃命，绝对不要让他们把我捉去！你们也赶快逃命，不要为了我再把战士们搭上！”薛兰岗说：“舅，你说的啥话！跑不掉，要死咱们就一块死！怎么能丢下你！”

听了这话，子长严峻地说：“革命正需要人，你们还年轻，正是为革命出力的时候，怎么能为了我一个人牺牲大家呢！记住我的话，万不得已时，就这么办！”

兰岗流着泪从子长的住处出来，把保卫队的战士们集合起来，介绍了当前的处境。并把子长的话一五一十地告诉了战友。这时候，20多名战士齐声喊道：“不能丢下总指挥！”“死也要把老谢转移走！”“死，我们也要死在一起！”战士的情绪，使兰岗更加增强了战胜敌人的信心。他把战士分成两部分，挑几个身强力壮的负责抬担架，继续转移，其余的人跟在后面掩护。到万不得已时，就把敌人引开。布置停当后，他们就出发。但这次不知道是他们走得太快，还是敌人走累了或者是被群众哄走了，没有见再追上来，他们又一次躲过了敌人的搜捕。

腊月三十，子长在群众的护送下，又从韩河里村转移到安定灯盏湾。此时，他的身体已十分虚弱，经过一天的折腾，坐都坐不住，他趴在被子上，按着受伤的胸脯，不停地咳嗽。病成这个样子了，他还关心着部队的活动和生活，不停地向来探望他的部队负责人询问着情况，甚至连过年给战士们吃些什么他也问到了。当听到已给战士们准备下肉和白面时，他高兴地嘱咐说："应该让同志们好好地吃一顿，过个好年！"

除夕之夜，灯盏湾这个安静的小山村传来了噼噼啪啪的爆竹声。这段时间一直跟着父亲的小绍明，这时也拿着保卫队叔叔们给的一盒小鞭炮，和村里的小伙伴们在子长住的窑洞门口，放得好起劲。

忽然，听到父亲从窑里喊他。绍明应声跑去，父亲高兴地对他说："双玉[①]，我有几个月没有打仗了，想闻闻火药味，你把鞭炮掰开，把里边的火药倒在炕栏上点着。"

刚满10岁的绍明，没想到病重的父亲还有这个兴致，便兴高采烈地照父亲说的办了。但用香点了几次都没点着。子长又让他捏个纸捻埋在火药里，再用香把纸捻点着引火药。

绍明按照父亲的指点，点着了火药，随着耀眼的火花，发出了浓浓的硝烟味。子长深深地用鼻子吸了两下，意味深长地说："你闻，这火药味多好闻呀！"

说着，他便满意地闭上他那双深陷、但却炯炯有神的大眼睛，陷入了沉思。

此时，他仿佛又回到了那硝烟弥漫的战场，率领战士们向敌群杀去……

---

① 谢绍明同志的乳名。

五、灯盏湾的友谊

1934年冬，敌人在对陕北革命根据地发动第二次“围剿”的同时，对以南梁为中心的陕甘边革命根据地也发动了“围剿”。敌人出动了7个师、33个团5万余人的兵力，从东、南、西、北四面，向当时尚未连在一起的这两块革命根据地压过来。除了敌原驻在这两地的兵力外，北面：敌增派八十四师“进剿”陕北后，又派傅作义的一个骑兵师增驻长城外；东面，敌晋军孙楚部三个旅和第七十一师李生达两个旅集结黄河东岸各要点待命。敌二零六旅两个团已西渡黄河进驻吴堡县和绥德义和镇等战略要地；南面敌四十二师四个团由宜川、洛川、富县、甘泉“进剿”；西面敌三十五师马鸿宾7个团由甘肃的环县、庆阳、合水向东“进剿”；西南面蒋介石调来其嫡系六十一师杨步飞部六个团由甘肃的宁县、正宁，陕西的淳化、旬邑向北“进剿”。

形势的发展，迫切需要陕甘边、陕北两块根据地连在一起，陕甘边、陕北两支红军协同作战，形成打击敌人的拳头，粉碎敌人的“围剿”。

此时，子长的伤病已经很严重了，连说话也都感到困难，但他日思夜想的还是革命工作。这年年底，陕北特委的负责同志马明方、郭洪涛、白坚去看他时，他就如何开展陕北工作，提出了三个问题：第一，苏区斗争发展很快，但在根据地的腹内还有个别地主武装对我们威胁很大，必须迅速地消灭掉。如安塞的吊儿沟，安塞和保安交界处的李家塌，对苏区扰乱很大，特别是妨碍陕北和陕甘边两块根据地的联络交通线。又如靖边的卧牛城、青阳岔，横山的寺儿畔，清涧与延川之间的贺家湾，清涧与绥德之间的张家圪台，将这些地方的敌人消灭掉，既可解除对根据地腹地的威胁，又便于和陕甘边根据地的联络。第二，陕北和陕甘边两块根据地的统一和协调，已成为一个迫切需要解决的问题。陕北应主动地和陕甘边联系，在军事上、党的组织上很快统一起来。他说，他已写信约刘志丹同志北上，来交谈这个问题。第三，在军事上应集中力量打击高桂滋的八十四师。他分析说：高桂滋进陕北后和井岳秀的矛盾日益尖锐化，井岳秀为了保存自己的力量，在高桂滋向我进攻时可能采取消极观望的态度。我们应该利用这个矛盾，暂时放松对井岳秀的打击，集中力量打高桂滋，在他还立足未稳的时候，就把他打掉。又说，高桂滋的部下中上层陕西人多，士兵主要是晋冀鲁豫人，多是抓壮丁抓来的，思家心切，战斗情绪低落，官兵关系紧张，要注意做兵运瓦解工作。

1935年元月中旬，刘志丹同志率红二十六军第二团及庆阳游击队，来到陕北根据地的陕北特委所在地水晶沟。第二天即去灯盏湾探望老战友谢子长。

头一天晚上，薛兰岗向子长报告了志丹到达陕北的消息。第二天早上刚吃完早饭，子长就急不可待地打发儿子绍明到村头瞭望等待。

上午9点钟，志丹骑马来到了灯盏湾。志丹一跨进子长住的窑洞，两人就拥抱在了一起。子长说："我约摸你这几天快来了！有许多事等着你商量呢！"志丹说："我早就想来看你！总一直脱不开身。"

他俩亲热地问候之后，便交谈工作。志丹同志认为，当前的首要任务是发展扩大陕北根据地，使陕北根据地、神府游击区和陕甘边区联系起来，形成掎角之势，造成红色割据。第二，党的领导亟需统一，统一愈早，对革命的开展愈有利。两个地区统一起来，才能全盘考虑集中力量、打退敌人的进攻。两个地区的统一，不仅是形势的需要，而且也是两个地区干部和群众的迫切要求。刘志丹、谢子长这两位西北革命领袖对形势的估计和认识完全相同，取得了一致的意见：迅速成立中共西北工作委员会，统一陕北、陕甘边党的领导；建议两个特委尽快派出代表研究解决；尽快成立中国工农红军西北革命军事委员会，统一领导指挥陕甘边、陕北红军和游击队；集中红二十六军、红二十七军的主力兵团，形成拳头，开展歼灭敌营、团规模的运动战；各游击队向外发展，扩大根据地，围困敌人的据点，限制敌人外出抢杀烧、骚扰人民群众；选择的主要打击对象为敌高桂滋八十四师，该敌虽装备优良，但人生地不熟，驻守的据点都在我根据地的包围之中；高举反帝抗日的旗帜，争取瓦解白军；在根据地内发动群众没收土地，分配土地，迅速开展土地革命运动。

在上面这些重大问题上，子长和志丹的意见十分默契；但在西北军委主席人选问题上，他俩却发生了争执。子长说：

“我已经病得不行了，这个担子要你挑！不要挂我的名义了。”

志丹说：“你是老大哥，又是中央派驻西北军事特派员，这个职务应当由你担任！”

两人推来让去，最后子长说：“我是西北军事特派员，就决定你担任西北军委主席。”志丹还是不答应，说：“那就交联席会议决定吧！”

这天，子长显得格外高兴，伤痛使他疼得直不起腰，咳嗽得喘不过气，一句话有时要停几次才能说完。但他总觉着和志丹有说不完的话。

志丹看到自己这位叱咤疆场的老战友说话艰难的样子，忙扶他躺下，给他盖好被子。看到子长盖的被子很薄，就关切地说：“你的被子太差了，应当给你换条好的。”又对子长说：“我派出去给你买药的同志快回来了，你好好养伤！”

听到这话，子长说：“你不要再费心了！我可能不行了，今后的担子就要你挑了！……”说着，便流下泪。

志丹这时也流下了泪，这两位驰骋疆场的战将，这时手握着手哭了。周围在场的战士、干部、老百姓也都跟着哭了。

一会儿，志丹转过身子，抚摸着趴在子长跟前的绍明的头问：“叫啥名字？几岁了？”小绍明不好意思地低下头不作回答。站在旁边的继母史秀芸给儿子解围说：“叫双玉，十岁了。”

志丹又问：“你长大了干啥？”

不等儿子回答，子长就说：“长大了跟上刘叔叔当红军！”

听父亲这么一说，小绍明才抬起头来一板一眼地大声说：“跟刘叔叔当红军！”

看着绍明那倔强认真的样子，子长、志丹和大家都笑了。

在党的关怀下，谢绍明同志1937年初12岁时就参加了革命。曾任河北省赤峰市区委书记、武工队政委。1948年被党送往苏联莫斯科大学学习。曾任留学生党支部书记。回国后先后在哈尔滨、沈阳航空工厂任副厂长、总工程师、厂长。“文革”后，先后任八机部局长、国家科委局长、党组成员兼机关党委书记，中纪委派驻国家科委纪检组长，全国政协委员、国家科委顾问等职。

六、"我给他们做的事太少了！"

1935年元月30日，在陕北特委的领导和子长的关心下，在安定县的白庙岔，陕北红军各独立团合编为中国工农红军第二十七军第八十四师。成立师部，下辖第一、二、三团，千余人。师长杨琪，政委张达志，参谋长朱子休。子长闻讯，兴奋异常，夜不能寐。

2月5日，中共陕甘边特委和陕北特委在安定西区周家崄召开联席会议。讨论统一两地区党和军队的领导及粉碎敌人第二次"围剿"的工作方针问题。会上，刘志丹同志转达了他和子长商定的意见。大家一致表示同意统一陕甘边、陕北两个根据地的党组织和红二十六军、二十七军的领导。会议决定成立了中共西北工作委员会和西北革命军事委员会，统一领导两地的党组织和军队。会议选举谢子长为西北革命军事委员会主席，刘志丹为副主席①。谢子长病故后，即由刘志丹担任军委主席。

革命需要谢子长挥戈上马，但子长的病情却突然恶化了。

听到子长病危的消息，老乡们纷纷赶到灯盏湾，看望子长同志。从早到晚，四处来的乡亲们站满了院子，挤满了村子，要求最后见一面他们的"谢青天"。警卫人员给他们做工作，劝他们回去。但是，男女老少冒着寒风，默默地站着，谁也不走。有的暗暗流泪，有的则放声痛哭。有个老婆婆提着鸡汤，小脚一跌一颠，从十多里外的山路赶来，提来的鸡汤都冻成了冰块块。她一见子长已不省人事，就放声大哭着说："我们不能没有你啊——老谢……"

---

① 关于军委主席，一说为谢子长，一说为刘志丹。李维汉同志在《回忆与研究》一书中写道："……委员会主席，我记得是谢子长，一说是刘志丹"。李维汉同志当时任中共中央组织部长，是随中央红军先遣队早先到达陕北的，参加了纠正陕北错误肃反工作。

有些信神的老乡，还跑到白云山去求神说：“只要保佑老谢病好了，我们给神爷爷重塑金身！”

1935年2月21日，谢子长同志与世长辞了，年仅38岁。临终前，他睁开微闭的眼睛，难过地说道：“就这样死了，我对不起老百姓，我给他们做的事太少了！”说罢，几颗晶莹的泪珠从眼眶里涌出来，慢慢地闭上了双眼。闪耀在祖国西北上空的一颗红星殒落了！

子长去世后，为了不影响陕北根据地军民的情绪，防止敌人乘机袭击，中共西北工委决定保密：不发讣告，不开追悼会，家属和战友们都不着孝服，不戴黑纱。将子长的遗体秘密地安葬在离灯盏湾20多里远的一个山沟里。西北军委的布告文件仍签署他的职衔姓名。直到这年5月上旬，我军解放了安定县城和延川县的永坪镇后，才逐渐地公布子长去世的消息。

子长去世后，刘志丹同志率领红二十六军、红二十七军和陕甘边、陕北的人民群众，继续同敌人浴血奋战，粉碎了敌人的“围剿”，迎接了中央红军的到达。

1935年10月，中央红军到达陕北后，陕甘根据地在以毛泽东为核心的党中央直接领导下，进入了一个崭新的发展阶段。陕甘根据地成为中央红军长征的落脚点和抗日战争的出发点。

第九章　党和人民永远怀念他

一、毛主席题词写碑文

谢子长去世后，为了永远怀念这位无产阶级的革命战士，1935年中共西北工作委员会决定改子长的家乡安定县为子长县。至今，烈士的英名仍印在我们伟大祖国的版图上。

1939年，中共陕甘宁边区党委和政府决定将子长的遗骨移葬于子长家乡枣树坪，并修建了子长烈士墓。毛泽东主席6月23日为此亲笔题词："谢子长同志　民族英雄"。

这年七月初九，毛泽东主席又在延安杨家岭接见了当时在富县县委工作的子长的侄子谢绍彦和子长县的代表白卓武同志。这天，毛主席把谢绍彦和白卓武让到他窑洞的办公桌前问道："你们俩谁是子长烈士的侄儿？"白卓武指着谢绍彦说："他是谢子长的侄儿谢绍彦。"主席问谢绍彦："你多大岁数了？"谢绍彦回答："18岁了。"毛主席又问："你在哪里工作？"谢绍彦说："在富县县委工作，担任青年部部长。"便顺手把西北局的介绍信和贾拓夫同志（时任西北局少数民族委员会主任）写的谢子长的简历交给了毛主席。

毛主席一边翻看着谢绍彦递给他的材料，一边询问子长家庭的情况，并问："家里有什么困难没有？"谢绍彦回答说："没困难！"这时，毛主席感慨地说："西北红军的创始人谢子长败不丧志，真了不起呀！"又说："我要给他写碑文，你们知道碑的大小吗？”这下把他俩问住了，只好说：“不知道”。主席说：“你俩到后山把石碑的尺寸量一下，可以吗？”

谢绍彦和白卓武一口气爬上杨家岭后山，挑最大的石碑量好尺寸，又赶回毛主席住处。毛主席坐在办公桌前，抽着烟，望着窗外好像在思考什么，桌上还放着几张宣纸。见他俩进来，主席示意坐下。他俩向主席汇报了石碑的尺寸。毛主席站起身，把一张宣纸铺在桌子上，提起毛笔一挥而就，写下了：“谢子长同志　虽死犹生”，并题写了：“毛泽东题　中华民国二十八年七月初九日埋葬”的落款。

谢绍彦和白卓武把写好的题词铺放到地上，毛主席又点燃了一根卷烟，端详着桌子上铺着的碑一样大小的宣纸。毛主席深深地吸了一口烟，抓起笔一边吐烟，一边刷刷地写着。一会儿，277个字的碑文就写好了。这也是毛主席一生中唯一亲笔书写的一份碑文。

谢子长名德元安定人一九二五年在北平加入共产党自此即以共产主义为解放中国人民之道路创农民讲习所组农协会领导人民参加反帝反军阀运动人民因有谢青天之称一九二七年大革命失败后子长起义于清涧继参加渭南暴动败不丧志奔走西北华北各地“九一八”事变后于陕甘之间组织反帝同盟军改为中国工农红军陕甘游击队即是红军第二十六军之前身一九三三年赴察哈尔参加抗日同盟军失败后回陕北组织第二十七军协同刘志丹高岗诸同志创造了陕甘宁边区一九三四年于河口之役负伤一九三五年春因伤逝世党政军民各界感子长之功德改安定县为子长县以志纪念于政府及人民为子长立墓之时书以叙之

毛泽东题

中华民国二十八年七月初九日

谢绍彦和白卓武把毛主席的题词和碑文带回子长县，交给专门成立的谢子长烈士埋葬委员会。埋葬委员会请了陕北闻名的书法家张宗贤老先生和上等石匠王志诚到子长家乡枣树坪镌刻。“民族英雄”、“虽死犹生”字体比较大，张老先生就用剪刀照样把字剪下来贴在石碑上，然后由王志诚石匠一刀刀刻在石碑上。碑文由于是草书，字迹小，刻碑有困难。埋葬委员会决定由张宗贤老先生用楷体抄至石碑上。主席的原稿由烈士家属保存，待革命胜利后，再请人临摹镌刻。

1947年，胡宗南匪帮进犯陕北时，谢子长烈士的侄子谢绍生得知匪兵要破坏烈士墓的消息，找人连夜把毛主席的题词墓碑埋藏。1952年重修谢子长烈士陵园时，谢绍生才把主席的题词墓碑从地下挖出，重新竖立于子长墓前。

二、子长陵

1946年，中共中央西北局和陕甘宁边区政府在子长县城瓦窑堡市修建了子长陵，这座宏伟建筑倾注着党和人民对子长的深厚感情。1947年胡宗南匪帮进犯瓦窑堡时，遭到破坏。值得庆幸的是，程秀山同志在当时《解放日报》上留下了一篇介绍子长陵的报道，现摘引如下：

走出瓦窑堡东门，站在秀延河南岸的河滩，可以瞭见对岸子长陵高大的钝圆的陵顶；踏上秀延河北岸的祁家湾坪，子长陵的全貌就看得很清晰了。深灰色的青砖砌成一座长方形的围墙，突出的陵园大门和子长纪念堂的尖巅，饱满的陵园显得更高大了。而更远的冯家屯山的山峦，恰恰成了子长陵的旷野的背景。

子长陵的大门是方线条的立体的，深灰色的新墙嵌着洁白的石灰线，围墙上饰有磨光了的长寿字的花砖，砌成枣核形的镂空窗洞；子长同志的石膏像，镶在最高一层砖墙的门顶，使瞻仰者在进入陵门先对这位西北人民领袖之一的子长同志，首先引起崇敬的追念。

陵园里的主要部分是陵墓与纪念堂，其余是林立着各种式样的纪念碑。纪念堂与陵墓，在陵园的正中线，碑亭则两列纵队左右站着。纪念堂是五角红星形，堂里陈着子长同志的画像和他的革命事略。

绕过纪念堂，是一座大栏杆围着的地球模型。从地面上用秀延河的鹅卵石砌起一个地球的圆顶，地球上竖着一幅石质的陕甘宁边区地图，林伯渠主席在上面的题词告诉我们：谢子长和刘志丹……等同志创造了这块福地。

子长同志的墓，是陵里最高的一层建筑。三丈正方的墓基，也是用砖砌成的，灵柩停放在墓后的石灵穴里，墓的前面的宽阔的石级可以登上圆形墓顶的四周去拜祭子长同志。陵墓的左右各建有纪念碑亭，毛泽东同志写着‘前仆后继，打倒人民公敌蒋介石’……

在子长陵的纪念碑上，朱德总司令的题词是：

“子长同志，陕北人民领袖，前仆后继。”

中共中央和中央军委的其他领导同志刘少奇、周恩来、任弼时、彭真、彭德怀、贺龙、刘伯承等也题了词。

谢子长同志光辉的一生，受到了党和人民的高度赞扬和热爱。《解放日报》刊登的介绍子长陵的报道中还记载：“子长陵还没有正式开放前的整整半个月，子长县的人民从四面八方成千成百的来到子长陵，陵园的警卫员无法按照秩序来说服人群。人们像潮水似的直往陵园里涌——业传万世的瞻仰啊！”

2月19日，瓦窑堡市举行了隆重的移葬公祭典礼，党政军民两万多人凭吊致祭。中共中央西北局挽联上书：“一生为人民创造红地；百姓到如今叫你青天”。

2月27日《解放日报》报道：“子长同志灵榇于十七日由枣树坪故里移至瓦窑堡新陵，迎灵群众拥满街衢，临街窑顶亦站满人群，肃然俯视……延川、延长、清涧、横山等地群众亦来致祭，陵园前四五垧地全为吊祭者踏平，附近三条道路为之增宽。人众之广为瓦市空前未有。”

在此期间，在延安出版的中共中央机关报《解放日报》从2月1日开始到28日止，一月之内在6天的版面上接连刊登了介绍子长革命事略、怀念子长的文章、故事及子长的画像、报道等共12篇（幅）。

三、浩气长存

全国解放后，为了纪念这位功勋卓著的西北革命领袖、无产阶级革命家、党的忠诚战士、人民的忠实儿子——谢子长同志，1952年，陕西省人民政府拨专款13万元，在被国民党反动派破坏了的“子长陵”原址，修建“子长烈士纪念馆”，历时21个多月，1954年11月25日，肃穆宏伟的“子长烈士纪念馆”竣工落成。

此后，这里成了一个革命传统教育基地。一队队的红领巾经常列队在烈士纪念塔下宣誓；一群群的共青团员不时到这里来过团日；就连那南来北往对革命怀有感情的旅客，到了陕北，哪怕绕道，也愿在瓦窑堡这座革命名城停留，专程去瞻仰“子长烈士纪念馆”。

1980年，中共延安地委根据陕西省委指示，决定在“子长烈士纪念馆”重立毛主席的题词和碑文石刻。1981年10月3日，子长县党政军民各界在“子长烈士纪念馆”举行了隆重的立碑仪式。

1997年元月19日是谢子长同志诞辰100周年纪念日。元月20日，北京人民大会堂隆重举行了谢子长诞辰百年纪念座谈会。座谈会由中共陕西省委、中央党史研究室、中国延安精神研究会等单位主办。中共陕西省委书记安启元主持座谈会并介绍了谢子长烈士的革命业绩。刘华清、刘澜涛、布赫、洪学智、马文瑞、汪锋等中央领导人出席座谈会。曾经和谢子长同志一道工作、战斗过的老同志刘澜涛、马文瑞、贺晋年在座谈会上发了言。国务院总理李鹏题了词，中共中央政治局常委、中央军委副主席刘华清代表中共中央、中央军委作了重要讲话，薄一波致信座谈会。新华社为座谈会1月20日发了专电，全国各大报刊都刊发了电文。《人民日报》1月21日在《要闻》版全文刊发了新华社《谢子长百年诞辰纪念座谈会在京举行》的消息及刘华清的讲话全文。

刘华清在讲话中对谢子长烈士的革命业绩给予了高度评价。他说：“谢子长同志是西北红军和西北革命根据地创始人之一。他为中国革命建立了不可磨灭的功勋”、“谢子长同志的一生是短暂的，又是光辉的。他毕生为革命英勇奋斗，对人民忠贞不渝，为党的事业作了重大贡献，给后人留下了许多宝贵的精神财富。”

刘华清在简述了子长一生的革命经历和革命精神后最后强调说：“我们今天纪念谢子长同志，就是要学习、继承他的高尚品质和革命精神，推进社会主义现代化建设事业。”

“人生自古谁无死，留取丹心照汗青。”刘华清代表中共中央、中央军委的讲话，是对谢子长烈士百年之后的历史定论，也是党对子长短暂而光辉一生的历史评价。

中共中央党史研究室在党的十六大召开前夕编著的《中国共产党历史》，2002年由中共党史出版社正式出版。该书第三编第十二章《红一方面军长征到达陕北》一节中写道：

“11月7日，中共中央机关到达陕甘根据地中心瓦窑堡。

陕甘根据地是谢子长、刘志丹等领导红二十六军和红二十七军经过多年艰苦战斗创建的。”

并加注：“谢子长（1897—1935），于1934年夏在第一次反‘围剿’负重伤，1935年2月逝世。”

谢子长的革命业绩光荣地载入了中国共产党的历史。

谢子长烈士的革命精神和优秀品质，将变为巨大的精神财富，激励人民在现代化建设中奋进。

谢子长同志英名永世，浩气长存！

附　录

一、谢子长生平年表

谢子长，名德元，字子长，号浩如，曾化名冬阳。

1897年

1月19日　（即清光绪二十三年农历腊月十七日）子长出生于陕西安定县（今子长县）枣树坪一个小康的农家。

1911年

开始在本村上冬学。时年13岁。学习之余，帮助父兄干一些农活。

1914年

转入安定县城小学上学。他学习刻苦，成绩常列前茅。

这年，安定县农民围攻县衙门，反对“羊圈税”的斗争，对子长思想教育比较大。子长痛恨贪官污吏，钦佩农民群众的斗争精神。

1916年

安定县群众奋起砸了瓦窑堡税局招牌，进行抗盐税斗争，遭到延安知府王操权弹压。此事对子长思想震动很大，开始思考“救国救民”之道。

1918年

秋　考入西安省立第一中学上学。

冬　由家庭包办，和本县李家岔南氏姑娘结婚。时年20岁。子长反对这门包办婚姻，婚后即离家，步行到榆林府状告县长章尚武贪赃枉法，章尚武被革职。

1919年

转入榆林中学读书。任学生联合会负责人。受到了进步思想的熏陶。

当五四运动的消息传入陕北后，在校长杜斌丞的支持下，谢子长领导学生会发动全校罢课3天，支持北京的学生运动。

年底 受杜斌丞老师“教育救国”的思想影响，回家乡安定办学。

1920年

春 到安定县立第一高级小学任教，至次年夏。在此期间的实践，使他认识到“教育救国”行不通，“靠武力才能打碎旧世界”。

1921年

夏 赴山西陆军学兵团学习军事。子长属第二期学兵，被编在第二营第六连。在此期间，他奋发学习军事，以掌握改造世界的本领。

1923年

夏 子长从学兵团毕业。毕业后，子长即直接到北京，寻找救国救民的真理。

在北京，结识了魏野畴等中共陕西党组织的创始人，参加了“共进社”的活动。接受了共产主义思想教育。

1924年

春 子长回到家乡安定县，利用合法地位办起了有40多条枪的县民团。子长任团总。

秋 子长帮助共产党员李象九成立了学兵连。

1925年

2月 子长带领的安定县民团被石谦团收编为第十二连，子长任连长。

冬 子长再次赴京，结识了中共北京地委书记刘伯庄、耿炳光等共产党员，接受了党的教育，认定只有马列主义才能救中国，积极参加了正在北京进行的反对帝国主义侵略和封建军阀政府的斗争。经白超然、白志诚二同志介绍、中共北京地委批准，谢子长在北京大学支部加入中国共产党。时年27岁。

年底 经中共北方区委介绍，子长回到陕北，与中共绥德特别支部（次年春改为绥德地委）负责人李子洲、王懋廷同志接上组织关系。决定争取石谦，在石谦的部队中，发展党员，建立党组织。

1926年

春 子长积极在部队中秘密发展共产党员。

夏 在中共绥德地委的领导下，石谦团中秘密成立了中共特别支部。子长、李象九、史唯然为负责人。在中共特支领导下，在石谦团内举办了“基层干部训练班”。

1927年

春 中共特支改为直接受中共陕甘区委领导的军支，子长为军支委员。石谦部队中几个营、连都成立了党的秘密支部，100多名官兵加入了党、团组织。

2月16日 子长率部由宜川回安定县驻防。

23日至25日 子长主持召开安定县地方行政会议，商讨兴利除弊之事，通过了《农民协会案》、《教育案》、《天足会案》等八个决议案。在《农民协会案》中明确宣布“组织农民协会极力成立各区农民协会”。

29日　子长主持召开安定全县市民大会，会后发布《各团体宣言》，宣称：“铲除压迫我们的各种坏东西！打倒帝国主义！打倒军阀官僚！取消一切不平等条约！改善我们民众的生活！”

3月　子长协助领导建立了中共安定特支，并举办了安定县农民运动讲习所。子长亲自给学员讲课，并带领学员下乡讲演。

农民协会促成会成立。该会推举28人分赴全县14个区组织区农民协会。

20日　东一区农民协会成立。所属10个乡的农民协会会员隆重集会召开成立大会。

南一区三个乡农民协会会员390余人，南三区五个乡农民协会会员370余人，也于同日成立农协会。

24日　东二区农民协会成立。

26日　西三区农民协会成立。

5月1日　安定县农民协会正式成立。

30日　安定县第一次全县农民代表大会在子长主持下召开预备会议，通过大会组织简章及会议细则，选举了大会各项职员。

召开安定县纪念五卅惨案与追悼李大钊同志及户县遇难农友群众大会。参加农民代表大会的全体代表也参加了这个大会。

30日至6月2日　安定县第一次全县农民代表大会在安定城内明伦堂召开。会议三天，通过关于农民切身利益决议案40余条。大会闭幕时，“各区代表及来宾讲演者数十人均慷慨痛切，词短意长，听者无不鼓舞奋勉”。

6月中旬 子长主持隆重召开安定全县农民协会会员大会，子长亲自担任大会主席。

同月 子长领导农民协会对土豪劣绅进行斗争，拘禁审判了大土豪宋运昌、王伯阳、李耀辉；斗争驱逐了高利贷者王玉书、马子厚。

8月22日夜 井岳秀派其侄、伪营长井继先在榆林城暗杀了同情革命的旅长石谦。

同月 井岳秀下令封闭了绥德第四师范和延安第四中学；又委任亲信康子祥接任石谦旅长职务，密谋消灭石部中我党力量。命令李象九营到延安、子长连到宜川换防，阴谋分而歼之。

9月26日 中共陕西省委在西安召开省委扩大会议，根据党的八七会议精神，提出党到军队中去，掌握武装力量，组织革命兵变。

随后，中共陕西省委即派唐澍、白乐亭二同志到子长、李象九部队中工作。陕北革命军事委员会旋即成立，唐澍任书记，子长、李象九任委员。同时，还成立了部队党委。

10月11日夜 革命军事委员会在清涧县城召开排长以上党员干部紧急会议，部署起义事项。

12日凌晨 在革命军事委员会的领导下，驻在清涧县城的以子长为连长的第十二连、以韩子丰为连长的十一连等四个连队正式宣布武装起义。子长亲自带领士兵在城内巡逻，发现李象九的护兵黄中甫乘机抢劫老百姓财物，将其处决，并借此向部队进行教育。

随后，起义部队从清涧县城出发，下午到达延川，同共产党员王有才带领的第四连会合。

14日 子长率一部首先进入延长县城，活捉反动营长齐梅卿（后被击毙），收缴敌营部及所属两连枪支。

19日 起义部队来到宜川城下，同驻在城内的共产党员李瑞成、王正娃带领的两个连里应外合，占领宜川城，敌旅长康子祥弃城逃跑。

11月 敌师长高双城率六个营的兵力围攻宜川城。子长率一营担任突围先头部队突出重围。

在慕村，子长亲自到五连驻地处决了预谋叛变的五连长雷进财。

中旬 起义部队到达韩城西庄镇。此时，唐澍、阎揆要从西安来到部队，传达陕西省委指示。总结了起义以来的经验教训，办起了教导队。

12月30日 起义部队在西庄镇公开打出了“西北工农革命军游击队”的红旗，以子长营为基础，分编为四个队。唐澍、子长分任正副总指挥，阎揆要任参谋长，率部北上。

1928年

1月 西北工农革命军游击队攻打宜川。战斗失利后，转向保安方向的陕甘边界前进。一路上，敌前堵后截，天寒地冻，部队减员很多。抵甘肃合水县豹子川时，剩29人，分散隐蔽活动。清涧起义，至此失败。

2月 清涧起义失败以后，子长同唐澍回到西安，向陕西省委汇报了情况。后被派到洛南三要司共产党员许权中旅工作。参加了旅党委的领导工作，行政上任二营特派员兼副营长。

5月16日 子长所在的许权中旅开赴高塘镇参加渭华起义，宣布成立西北工农革命军。部队编为四个大队，一个赤卫队和一个骑兵分队。子长担任军委和军党委委员，兼任第二大队大队长。

6月8日　敌一旅人由渭南县伪保卫团带路，进攻塔山的陕东赤卫队。子长奉命率第二大队增援，粉碎敌人的进攻。

中旬　敌田金凯骑兵师袭击工农革命军司令部驻地高塘镇，发生激战。适逢子长率二大队袭击华县县城归来，投入战斗，对敌形成东西夹攻之势。敌以为中伏，狼狈逃窜。

19日　国民党陕西省政府主席宋哲元亲率三个师，向渭华地区大举“围剿”。子长率二大队驻高塘镇东，拱卫高塘，奉命英勇阻击。面对数倍之敌的猛烈炮火，率部激战半日后，随司令部转移到南山涧峪、牛峪口一带。

7月初　渭华起义失败后，子长回到西安。

8月　子长取道陇东回陕北，途经合水太白镇，被太白黄玉麟民团扣押吊打，子长宁死不屈。时任保安县教育局长的共产党员刘约三托李绪增从中斡旋解救脱险。

年底　陕北特委在张家渠召开扩大会议，讨论了加强兵运工作的问题。子长赶去后，会刚开完，他用三天时间，看完会议文件，并参加了新特委第一次执委会及军委会会议。

1929年

2月　陕北特委书记白乐亭召集子长、赵通儒在清涧高家村自己家里开会，决定开展各种形式的武装斗争。会后，子长到陕北和山西交界的黄河两岸潜行勘察。此时，子长任陕北特委军委委员，具体负责革命武装的创建工作。

7月　子长偕刘廷瑞到宜川后九殿山寨作争取改造杨庚武部队工作。

后又到宜川凤凰山梁占魁部从事兵运工作。

1930年

2月 子长在枣树坪家里与白乐亭、赵通儒开会，研究开展武装斗争问题，决定打入宁夏骑兵第四师苏雨生部开展兵运活动。

3月 子长到宁夏平罗县苏雨生部活动，取得苏部第十一旅旅长头衔，筹划成立第十一旅。陕北特委得到子长的汇报后，积极动员党团员和革命青年到十一旅去当兵。子长派人在陕北平罗的中途盐池设一办事处，专门接待赴平罗的青年。

4月 子长把从陕北来的张秀山、贺晋年、高鹏飞、杨林、李树林等近百名党团员和革命青年组成一个学兵队，由当时任八旅十五团团副的共产党员张东皎同志任队长，进行革命教育和军事训练，名义上暂属十五团。学兵队成立了党的特别支部，张东皎任书记，张秀山任组织委员，贺晋年任宣传委员，李树林、黄育华任委员。

夏 子长、志丹离开苏雨生部，到庆阳陇东民团军总司令谭世麟部挂名建军。子长任直辖三团团长职务，马云泽、姜兆莹任团副，团部设在庆阳与吴旗交界的三道川的水泛台。志丹任该团第一营营长，驻军三道川底的张家沟门；周维祺任第二营营长，驻军三道川靠里的齐家阳坬；张廷芝被谭世麟编为直辖二团，驻三道川口的蔺家砭。

8月 张廷芝叛变，收缴了周维祺营的枪支，袭击了第一营和团部，部队被打散，子长脱险。

陕北特委召开扩大会议，决定成立陕北行动委员会军事指挥部，具体负责革命武装的创建工作。子长、志丹被任命为正、副总指挥。在凤凰山，子长和刘志丹、马云泽等具体研究了军事行动委员会的工作，决定："第一，加强兵运工作，策动敌军官兵起义，尔后消灭小股或零星之敌，夺取敌人的枪支弹药；第二，千方百计发动群众；第三，收编改造一些自发的群众武装。"同时商定，子长仍留陕北做梁占魁部工作，刘志丹回陕甘交界的南梁一带收编改造自发的群众武装，马云泽上三边一带去开展各县民团的工作。

冬 子长受中共北方局指示赴天津参加清算"立三路线"的斗争。

1931年

春 子长被陕西省委任命为军事特派员，回枣树坪家乡从事地下活动。白天在山里隐蔽，晚上回村开展工作。此后，他奔走陕甘边，开展兵运工作。

5月中旬 子长派共产党员雷恩均到清涧师储杰的商贩保运武装中去开展工作。

8月 子长过黄河，到山西了解晋西游击队及保运武装的活动情况。

9月2日 晋西游击队渡过黄河，到达陕北。

上旬 子长由山西汾阳到西安，向陕西省委汇报请示工作。

10月4日 晋西游击队和肖永胜、杨鼎、杨琪带领的保运武装在安定孙家河会见，保运武装要求与晋西游击队一起行动。

5日 师储杰的保运武装在共产党员雷恩均的带领下在安定北区涧峪岔找到晋西游击队会合。

6日 在安定县南沟岔，这两支保运武装在接受晋西游击队队委会提出的三个条件（即：一听从队委会领导；二不抢穷人东西；三不强奸妇女）下，同晋西游击队联合行动。

10月20日 晋西游击队和改编的保运武装到达甘肃庆阳地区南梁和刘志丹带领的部队会合。

30日 子长受中共陕西省委委派，从平凉到庆阳南梁，负责游击队的领导工作。同到南梁的有高岗、刘约三、魏佑民、马云泽及陈国璋的副旅长刘宝堂。子长到南梁后，首先召开了党团会议，成立了部队的党委会。党委会是部队的最高领导机关。党委会由子长、志丹、阎红彦、杨重远、胡廷俊、白锡林等同志组成，子长担任书记。

12月 子长率部队移防庆阳县城东北60里外的新堡一带休整。一支队驻新堡，二支队驻新堡附近的城壕川。

中旬 中共陕西省委派荣子卿到部队传达省委指示，让部队整顿改编，南下关中道。

月底 部队从新堡向南转移。部队开拔的次日十时左右，在庆阳六寸塬遭到驻庆阳陈国璋部两个连阻击，击溃敌进攻后，沿子午岭方向，向正宁县行进。

1932年

1月初 部队经合水古城、宁县盘克，沿子午岭南下到达正宁县北柴桥子村。途经宁县盘克任掌堡，打开堡子后，发生抢劫等违犯群众纪律情况。子长知道后，十分生气，愤慨地说："这简直是土匪行为，哪里像共产党领导的部队！这样下去，脱离群众，要不了几天就会失败！我们共产党领导的部队绝不允许这样搞！"下决心整顿部队。

上旬 陕西省委军委书记李杰夫（又名高维翰）偕旬邑县特支书记第五

伯昌来到部队，再次传达省委指示，要求部队整编南下渭北，开展游击战争。

2月 西北工农反帝同盟军在正宁县北柴桥子村正式成立。子长担任总指挥，志丹担任副总指挥，参谋长杨重远。总指挥部下设：政治处，主任李杰夫；参谋处，主任杨重远（兼）；经济处，主任马云泽；副官处，主任杨琪；文书室，主任刘长汉。反帝同盟军下辖一、二两个支队、一个警卫大队。第一支队司令员师储杰，下属：第一大队，大队长阎红彦；第二大队，大队长杨鼎，副大队长吴岱峰；第三大队，大队长雷恩均，副大队长陈玉清。第二支队司令员刘志丹（兼），参谋长朱理凯，军需马锡五，副官赵子实。辖：第一大队，大队长赵连壁；第二大队，大队长杨丕胜，副大队长白冠五；第三大队，大队长贾生才，副大队长谷聚山。军直属警卫大队，大队长白锡林。共约700余人。

4日 西北工农反帝同盟军移住正宁县三嘉塬。并按《古田会议决议》开始进行整训。部队分别驻在后坡、前马塬、吴家圪塄、细咀子、锦章、狼牙洼、秦曲、南庄子等村庄。总指挥部设在锦章村。子长住在锦章张积发家，志丹住细咀子张万有家（后住南庄子）。

8日晚 师储杰带他手下原保运武装的人员叛变。

12日 中国工农红军陕甘游击队在三嘉塬正式成立。在锦章村的一个打麦场上，举行了隆重的成立誓师大会。彩棚横标上书“中国工农红军陕甘游击队授旗典礼”。周围上千名群众赶来祝贺。全体指战员系戴红领带（又名牺牲带）参加大会。陕西省委军委书记李杰夫代表省委宣布中国工农红军陕甘游击队组成建制和指挥部、大队军政领导的任命：总指挥谢子长，政委李杰夫，参谋长杨重远，经济处主任马云泽。下辖两个步兵大队，直属一个骑兵队和警卫队；第一大队，大队长阎红彦；第二大队，大队长吴岱峰；直属骑兵大队，大队长强龙光，副大队长杨琪，政委杨森；直属警卫队，队长白锡林。命令宣布后，旬邑县委代表第五伯昌将绣有镰刀斧头的“中国工农红军陕甘游击队”的队旗授予子长。子长在大会上讲了话。

陕甘游击队是以中央红军为榜样，以《古田会议决议》为指导建立起来的一支新型人民武装。一成立，即成立了党的领导机构——中共陕甘游击队委员会（简称队委会）。书记由政委李杰夫兼，子长、杨重远、阎红彦、马云泽、白锡林、胡廷俊等任委员。下属各大队也都建立了党的组织，大队党支部书记为大队政治委员。此外还建立了政治委员会和政治工作系统，成立了士兵委员会和政治工作系统，成立了士兵委员会、宣传队和列宁室等。

13日　子长先命骑兵大队长强龙光带领骑兵大队包围职田镇，后大部队攻占职田镇，歼灭敌民团，活捉了唐碧武等八大土豪。

14日　陕甘游击队在职田镇召开群众大会，子长讲话，讲解了红军的性质、任务。宣布解散了敌区公所及民团，当场烧毁了区公所的文书、账本及逮捕的豪绅的账债契约。公判了8个大土豪。并开仓放粮，赈济贫苦农民。

15日　敌驻旬邑县境的警卫团第三营及彬县、旬邑、长武三县民团千余人，向职田镇扑来，妄图消灭陕甘游击队。

子长事先得到任敌三营七连长的我地下党员李明轩同志送来的情报，命令部队连夜撤至职田镇以东20里的阳坡头，占据有利地形，待机歼敌。

16日　敌在第三营樊营长的带领下，在职田镇扑空后，向阳坡头方向追击。敌进入我阳坡头伏击圈后，子长命战士一齐猛烈开火，并带头冲向敌群。李明轩同志也紧密配合，作内应，高喊：“红军来了，快跑！”掉转马头即跑。敌争相逃命，溃不成军。我军乘胜追击。歼敌300余名，缴获300多条枪支及大批弹药、物资，大获全胜。我军仅三人受伤。

19日　子长率军刚到清水原的郝村，敌警卫团、特务团即从淳化赶来截击。子长率军避其锋芒，向耀县照金山区转移。

20日　趁敌照金镇民团在元宵节夜狂欢滥饮之时，子长率军将其30余人全歼。

21日　子长率军进入耀县香山寺休整。在香山寺，子长主持召开了游击队党委会，着重讨论了省委关于游击队南下三原、富平的指示和部队行动问题。会议认为，三原富平一带虽然党和群众工作基础好，但敌在这里兵力集中，军事力量强，又是平原地区，敌调动迅速，我无处隐身，不利于开展游击战争。用这支刚成立的部队到敌人统治的中心平原上去，无异于用鸡蛋碰碌碡。最后，会议决定，先向敌统治力量比较薄弱的铜川、宜君一带山区游击，就地开展游击战争。然后在正宁、旬邑一带陕甘交界的子午岭山区建立根据地。

24日　子长率陕甘游击队北上宜君地区。在此期间，出其不意歼灭敌瑶曲镇民团和驻焦家坪的敌第二五六旅五一一团的一个连，并击溃五一一团一个营及富平、铜川、耀县三县民团的两次进攻。共歼敌200余名，缴枪200余支。其后敌重兵来攻，子长率军退入桥山山脉中段的黄陵县上畛子地区休整。

3月19日 敌陈国璋警卫团副团长刘明发率残部占领正宁城，给群众派款达数万元之多，并限期交清，激起正宁西坡、山河、永河、永正、罗川、湫头等地农民反抗，自动起来围攻山河城。子长决定连夜率军奔袭正宁县城山河镇，配合农民围城斗争攻城。并派人和城内的窦巡官等二三十人联系作内应。约定3月19日拂晓进攻。但因游击队夜间迷路未按约定时间到达，城中内应的窦巡官等人因叛徒告密被捕，夜晚偷袭变为白日攻坚。围城的南原群众因豪绅阻止也未赶来配合。攻城一天不克，部队即撤到正宁县寺村塬驻扎。

下旬 子长在寺村塬主持召开游击队党委会，决定部队立即转入群众工作。在寺村塬发动群众，建立革命根据地。并将部队分散到各村作宣传、组织工作，以大队为单位分区域活动，包干负责。游击队到各村后首先解决那里的恶霸豪绅，然后召开群众大会进行宣传，将各村自发成立的农民武装改组成赤卫队，组织贫农团、少先队等各种组织。

在陕甘游击队的发动组织下，在新庄子、西城、上南坡头、碾庄子、双佛堂、苟仁、张村、巩家斜、苜蓿岭、车家沟等村先后成立了农民联合会、贫农团、赤卫军、少先队等组织。在此基础上成立了寺村塬赤卫军总指挥部。总指挥杜兴邦，副总指挥巩世信、张进有、张进选（绰号张聋子）。

22日 在陕甘游击队的领导下，寺村塬东起五顷塬，西至上南坡头等数十个村庄的贫雇农积极分子在新庄子集会，选举成立了寺村塬革命委员会。

在此期间，子长住在新庄子村的张德选家中，他走乡串户，访贫问苦，向群众讲解革命道理，亲自领导群众没收了西城大地主刘西昆和于家庄的大豪绅赵元亨的土地、粮食、牛羊等财物，分配给贫苦农民。

月底 子长主持在湫头苟仁寺戏园子召开千余人的群众大会，公审处决了民愤极大的土豪赵元亨（人称“赵大人”）和恶霸巩德功（绰号“黑头虫”）。子长在大会上讲话，号召穷苦农民组织起来，闹革命，求解放。

4月13日 陕甘游击队在近千名赤卫军、少先队员配合下，二次攻打正宁县城山河镇，围城三天。

15日 敌西峰镇驻军一个营来山河镇解围，子长指挥游击队在城外设伏，歼敌200余后，放弃攻城，撤回寺村塬。

20日晚 子长率陕甘游击队急行军100余里奔袭旬邑县城，子长身先士卒，率领指战员出敌不意，攻进县城，歼灭守敌两个连和民团，枪毙了反动县长和警察局长。

下旬 执行“左”倾路线的陕西省负责人杜衡来到陕甘游击队，诬蔑子长是“逃跑主义”、“梢山主义”，执行了右倾机会主义路线，召开队委扩大会议和党员大会，以势压人，无限上纲，给子长扣上右倾机会主义的大帽子，错误地进行了批判斗争。在党内宣布撤了子长的一切职务，强令子长离开部队。

5月初 子长化名冬阳秘密来到甘肃定西地区北部靖远县驻军警备三旅王子元部搞兵运工作。在靖远，和任该旅副旅长的我地下党负责人张东皎接头，详细地计划部署了起义事项。

6日 5日晚王子元扣押了张东皎、王儒林（党员，时任营长兼军法主任）并缴了王儒林营及执法队的枪。谢子长得到张秀山同志报告，当即召集石子健、苏醒民等同志开会，决定天黑后立即起义。时任一营营长的共产党员吕振华即率该营五连及教导队赴打拉池东的狼台山起义。同时，共产党员张秀山也将他所在的一连拉出起义，“靖远起义”拉开了序幕。

中旬 王子元派旅部特务连长杜鸿范到兰州领取军火，子长带领张东皎（扣押后已释放）、王儒林、杜润芝、姜耀、吴景敖、常焕章、邬逸民等在兰州的五六十名同志，随同杜鸿范，将军火运到靖远北部靠近哈思山区的水泉堡。

30日 子长带领我党领导下的200多人的部队在水泉堡宣布起义，竖起印有镰刀斧头徽标的“陕甘工农红军游击队”的红旗，子长担任总指挥，下辖三个支队，杜鸿范为第一支队司令，张东皎为第二支队司令，王儒林为第三支队司令。王子元闻讯，即派三团二营周维邦率部到水泉堡“围剿”。起义部队在寡不敌众的情况下和敌展开激战，击毙敌营长周维邦。张东皎同志在战斗中壮烈牺牲。

水泉战斗后，起义部队在姜耀、王儒林、杜润芝同志带领下，向海原转移。子长离开部队到平凉活动。

6月 子长从靖远回陇东途中，遇到杨林等同志。在平凉白水镇一个客店，子长召集杨林、郝维新、高照壁、苏杰如四同志开会，决定派杨林等去陇东国民党警备十一旅组织兵变。临行前，子长给十一旅我地下党负责人高鹏飞、李树林同志写了信。7月9日高鹏飞等率敌警备十一旅特务营第一连（高任该连连长）在合水县西华池起义，收缴了第二连和营部的武器，扣押了营副潘自力，起义获得成功。11日西华池起义部队胜利到达宁县盘克塬，和陕甘游击队胜利会师。起义部队被编为陕甘游击队第三大队，高鹏飞担任大队长。

7月23日 中共陕西省委派李艮担任陕甘游击队政委。由于他执行“左”倾路线和错误的政策，致使部队遭到重大损失。

8月24日 陕甘游击队受挫后在旬邑县马栏附近集结。

30日 陕西省委派子长重回陕甘游击队担任总指挥。

9月上旬 敌驻陇东之甘肃警备旅第九十七团、九十八团配合陕西警卫团及富平、铜川、耀县三县民团分三路对陕甘游击队进行“围剿”，子长将部队带入旬邑、耀县、淳化三县交界的照金山区。

11日 子长率部进驻照金附近的杨柳坪时，敌富平、铜川、耀县三县民团400余人在副总指挥党谢芳带领下“追剿”而来。子长率部撤离杨柳坪，诱敌进驻照金。

12日 子长率陕甘游击队连夜回戈照金。拂晓前乘大雾迷漫，冲进敌驻地，激战一个多小时，全歼敌三县民团四百余人，缴获全部枪支弹药。

15日 子长将部队埋伏在照金西南的安子洼，利用有利地形，击溃敌何高侯部一个团一千余人的进攻，粉碎了敌人的“围剿”。

下旬 子长率部奔袭保安县城。因敌事先有备，据险防守，我军攻城失利。

10月1日 陕甘游击队在合水县墩儿梁、八卦寺一带遭敌张瑞禄、高雨亭部两次袭击。部队损失较大。

上旬 子长率部进入子午岭山区，决定化整为零，分散游击，发动群众，筹集粮款，渡过困难。志丹带一个大队到合水拓儿塬一带活动；阎红彦、杨重远带骑兵大队到照金、耀县一带活动；黄子文、杨森带一路回三原武字区活动。

冬 子长带吴岱峰、高鹏飞等30余名战士和二三十名伤病员、少先队员在子午山岭山区的平定川一带隐蔽活动，度过了极为艰苦的日子。

12月 子长率骑兵队北上陕北，在安塞真武洞打土豪，筹集了一部分款饷，解决了游击队的经费困难，并将一批现款送给陕北特委和北方局，作为党的活动经费。

中旬 各路游击队在合水县拓儿塬会合。子长经过分兵发动群众打土豪，游击队不仅渡过了困难，而且还有发展，士气振作。

根据中共陕西省委指示，陕甘游击队旋即开赴宜君县马栏转角村整编。

18日 王明“左”倾路线的忠实执行者、陕西省委负责人杜衡来到陕甘游击队。

22日 杜衡在宜君县杨家店子召开党、团员及战士代表大会，宣布了子长、志丹、杨重远、阎红彦四名游击队的军事领导同志执行了“右倾机会主义”的“上山逃跑路线”、“有反革命阴谋”，对“谢、阎、刘、杨四人，执行党的纪律，开除出部队。”给子长留党察看三个月的党内处分。

24日 杜衡根据陕西省委决定，将陕甘游击队改编为红二十六军第二团。杜衡自任军、团两级政委，举行就职典礼。

月底 子长被迫离开部队。

1933年

春 子长在上海中央局受训。

夏 子长在上海中央局受训期满，由中央驻北方代表派往张家口察哈尔民众抗日同盟军第十八师（师长许权中）负责党的工作，同时协助许权中指挥作战。

6月 子长由张北、多伦前线回到张家口，同尤祥斋结婚。杨晓初、李馥清夫妇参加了简单的婚礼。

9月中旬 经过多次艰苦鏖战，十八师终因弹尽粮绝被打散。抗日同盟军失败后，子长回到北平。

10月 离开陕甘和红二十六军已快一年时间了，但谢子长时刻关注着那里的情况。特别是当听到杜衡导致红二十六军南下失败，杜衡叛变的消息后，他痛心疾首，夜不能寐。遂找到阎红彦，又分别向陕西省委、陕北赴京的同志那里收集了解情况，向党中央反映。谢子长、阎红彦作为红二十六军的代表向党团中央驻北方代表团的代表李华生同志汇报了红二十六军在陕西省活动的情况。

刘志丹等同志于1933年11月8日，在庆阳合水葫芦河川的莲花寺正式宣布恢复红二十六军，成立四十二师。决定以南梁为中心，逐步把南梁同关中地区的根据地和陕北游击区连接起来。此后，红二十六军在不到一年时间之内解放了陕甘边十多个县的广大农村，拔掉了敌人成百个据点，摧毁了敌人的保甲制度。

10月底 在北平榆林会馆召开了陕北党团联席会议。党团中央驻北方代表的代表李华生和谢子长、阎红彦、郭洪涛、陕北特委书记崔田夫、陕北团特委书记鲁贲和他的爱人安建平、陕北特委交通崔润及常胖子、李铁轮、尤祥斋等同志20多人，参加了会议。会议总结了自北方会议（1932年6月下旬在上海召开）以来陕北党的工作，分析了陕北政治形势及阶级力量的对比，通过了开展陕北游击战争的决议。

会后派郭洪涛、崔田夫、李铁轮等同志回陕北。郭洪涛任北方代表巡视员，加强陕北党的领导。

11月 中共中央驻北方代表决定派子长任西北军事特派员，回陕北领导游击战争。

1934年

1月22日 子长以中共中央北方代表派驻西北军事特派员的身份，由北平经太原西渡黄河回到家乡安定县。

月底 子长召集陕北游击队第一支队的骨干成员李盛堂、薛兰岗、南贵臣、谢绍安、刘明山等同志在枣树坪附近的山窑子里开会，总结失败教训，决定恢复成立一支队。此后，子长即带领一支队的干部、战士，白天钻山沟住窑洞进行整训，晚上回村发动群众。

3月8日 陕北游击队第一支队在子长的主持下，在刘家圪塄刘海旺家正式恢复成立。子长把一块红色包袱皮剪制成红旗，上书“陕北工农红军第一支队”，授给新任支队长李盛堂。

9日 子长派一支队处决了在胡家坬催粮要款的反动伪乡长姬占富。

同月 子长指挥一支队在李家岔伏击李丕成的民团，打死一人，缴枪一支；在梨树台打跑催粮要款的民团十余人，缴获一匹马和许多账本。又袭击了石湾镇的民团。

4月初 子长率一支队在庆阳游击队的配合下，在姚则峁河消灭了大地主贾生金的民团和敌张建南营一个排。从此，一支队声威大振，迅速发展到100多人。

8日 在柏山寺召开祝捷大会。

5月 当时误传尤祥斋同志被捕已牺牲在狱中。经南海山介绍，子长同史秀芸结婚。

7月8日 中国工农红军陕北游击队总指挥部在安定西区阳道峁正式成立。子长担任总指挥，郭洪涛任政委，贺晋年任参谋长。下辖一、二、五支队，一支队长谢绍安；二支队长白雪山，政委马万里；五支队长崔正冉，政委王子文。

17日 子长率一、二、五支队和600多名赤卫军战士攻入安定县城，救出被敌人关押在监狱里的200多名革命同志和群众。

23日 子长率一、二、五支队和200余名赤卫军战士南下南梁，在阎家洼子和红四十二师会合。

25日 子长、志丹等同志主持，在阎家洼子召开了陕甘边、陕北军政联席会议。会议研究了粉碎敌人"围剿"的问题，决定派红三团上陕北。会议撤销了高岗的四十二师政委职务，改由子长兼任。

8月上旬 敌井岳秀第八十六师及各县民团共万余人，向陕北革命根据地开始第一次"围剿"。

15日 子长率陕北游击队和红四十二师第三团回师安定。

17日 子长指挥红三团和陕北游击队一、二、五支队包围了由石湾方向进至景武塌的敌二五八旅五一四团的一个连，毙敌30余人，俘敌80余人，缴枪100余支。

23日 子长指挥我军在绥德的张家圪台痛歼敌八十六师两个排。又击溃敌苏家岩驻军派来增援的一个连。

26日夜 子长率红三团及陕北游击队冒雨偷袭清涧县河口镇。

27日 子长率军和驻河口敌二五八旅五一五团三营董正谊连展开激战。子长在前沿阵地指挥战斗，胸部中弹负伤。

9月2日 子长带伤参加陕北特委在清涧惠塬里召开的扩大会议。会议作出《关于冲破"围剿"的决议案》，决定广泛开展游击战争，建立人民政权。并决定把第一、二、三支队扩编为第一、二、三团。

上旬 子长带伤率军北上，指挥部队在安定董家寺击溃敌高玉亭团一个营。

15日晚 子长指挥第一、八支队和保卫队二打安定城，消灭了作恶多端的安定西区敌民团团总、人称"狼儿子"的李丕成。并将地下党员刘光汉等从民团全部拉出，后被编入陕北特委保卫队。

18日 陕北游击队第一、八两个支队合编为中国工农红军陕北第一团。团长贺晋年，政委马佩勋，参谋长路文昌。下辖第一、二、三连和骑兵连，共200余人。子长抱病参加整编大会，并亲手把一面军旗授给团长贺晋年。

10月 子长伤情加重，离开部队，到安定阳道峁村养伤。

同月 蒋介石调驻在洛阳的八十四师高桂滋部到陕北增援"围剿"。

冬 子长在群众的掩护下，先后在安定县的阳道峁、周家崄、磁圪湾、水晶沟、安塞县的小拐沟、毛家砭、韩沟里等地养伤。陕北特委负责人马明方、郭洪涛、白杰等同志去探望子长。

1935年

1月中旬 子长被转移到水晶沟时，敌人闻讯追来。在保卫队战士同心协力的保护下，子长脱险。

此后，子长被转移到安定灯盏湾养伤。

19日　刘志丹率红二十六军第二团及庆阳游击队从陕甘边根据地来到陕北，到达安定水晶沟。

20日　刘志丹到灯盏湾看望子长。两人共商了陕甘边和陕北两地的军、政统一领导及反“围剿”等问题，取得了一致意见。惟在西北军委主席的人选上，两人你推我让。最后，两位战友挥泪而别。

30日　在陕北特委的领导和子长的关心下，中国工农红军第二十七军八十四师在安定县的白庙岔正式成立。师长杨琪，政委张达志，参谋长朱子休，下辖第一、二、三团，共千余人。子长闻讯，十分高兴，夜不能寐。

2月5日　中共陕北特委和陕甘边特委联席会议在赤源县周家崄召开，根据子长和志丹商定的意见，讨论了两地党、政统一领导和反“围剿”的战略部署。会议决定成立中共西北工作委员会，选举惠子俊为书记，子长、志丹等为委员，统一领导两个地区党的工作。同时，成立了西北革命军事委员会，统一领导两地红军和游击队。子长被选为主席，志丹为副主席，实际工作由志丹负责。

21日　子长不幸与世长辞，终年38岁。临终前说道：“就这样死了，我对不起老百姓，我给他们做的事太少了！”

子长去世后，为了不影响根据地人民的情绪和防止敌人乘危袭击，中共西北工委决定保密，将子长遗体秘密地安葬在离灯盏湾20多里远的一个山沟里。

同年，中共西北工委决定改子长的家乡安定县为子长县。

二、谢子长一家为革命牺牲的八位烈士生平简介

谢子长同志家先后有11人参加革命，其中有9人被敌人杀害或在作战中牺牲。现将其中8人生平简介如下：

谢德惠（1882—1937），谢子长的大哥。1927年入党，曾任中共安定县西区第一任区委书记。长期从事地下工作，支持子长闹革命，营救革命同志和群众，给红军游击队筹办经费等，做了大量工作。子长牺牲后，为免遭敌人毒手，避居到安塞毛家砭。于1937年1月20日因积劳成疾病逝，终年55岁。

谢占元（1891—1934），谢子长的二哥。早年加入农民协会，后随大哥做地下工作。1932年9月13日（农历八月十三日）在马圈坪村被敌民团团总李丕成、李丕胜（外号“大狼”、“二狼”）带人抓走，押在安定县城狱中。在狱中遭受敌人的严刑拷打，身体受到极大摧残，始终没有暴露党的机密和谢子长的革命活动。1934年牺牲于狱中，时年44岁。

谢福成（1906—1935），又名史尚直（因给舅家顶门，故改姓史）。谢子长侄子、谢德惠之第二子。1927年加入中国共产党，曾随子长参加清涧起义。后在安定西区进行地下工作，任中共安定西区区委秘书。九支队、一支队成立后，负责政治宣传工作。1932年9月13日与谢占元、谢绍斌同时被敌抓捕入狱。1934年7月17日，谢子长率部攻入安定县城获救。后曾任游击第十二支队指导员。1935年5月下旬在甘泉县下寺湾狐皮头与敌作战中英勇牺牲，时年29岁。

谢绍安（1908—1935），外号老实人，谢子长侄子、谢德惠之第三子。1932年参加游击队，曾任陕北游击队第一支队副支队长、陕北特委保卫队大队长、红四团团长等职。1935年12月初，党中央、毛主席到瓦窑堡后，在齐家湾召开的一次政治局会议上决定派杨和亭同志去神府开展工作，军委指派谢绍安率部队护送（同时调谢绍安任当时活动在神府地区的红三团团长）。会后谢绍安从四团抽调第二连与杨和亭一起从瓦窑堡出发，经李家岔、米脂鱼河堡去神木府谷。12月14日（农历十一月十九日），赴任途中，在鱼河堡附近的奕家高梁通过敌人封锁线时与敌二十二军史老尧的骑兵团两个连遭遇，作战阵亡，时年27岁。

谢财娃（1917—1933），谢子长侄子、谢德惠之第四子。1933年11月2日游击一支队在强世清率领下攻打枣树坪失利。次日，敌人进行大搜捕，正生病的谢财娃在马圈坪家中被敌人抓住，当即拉在大院里用铡刀铡死，年仅16岁。

谢福玉（1924—1936），谢子长侄子、谢占元之第五子。小时因躲避敌人迫害，转移时从驴背跌下，将腰椎跌坏。1936年6月21日（农历五月初三），敌人张云衢（营长）部从石湾来打瓦窑堡，途经枣树坪，谢全家出逃，福玉因跑不动，被藏匿在山水洞里冻病而死，年仅12岁。

谢绍斌（1911—1935），谢子长侄子、谢占元之第二子，中共党员，学生时代参加学运、农运。1932年8月与父亲谢占元同时被敌抓捕入狱。1934年7月17日，谢子长率部攻入安定县城，打开监狱，营救出被敌抓捕的革命同志和红军亲属二百余人，绍斌也被救出。但因长期受敌拷打伤重跑不动，敌人随后追来时，于草丛中又被敌人抓回。1935年3月6日，被敌杀害于安定城西门外新城壕，年仅23岁。

谢玉梅（1925—1934），谢子长侄女、谢占元之幼女。1934年在一次逃避敌人搜捕时，在山上病、饿而死，年仅9岁。

三、谢子长1927年主持召开的“安定县地方行政会议”文件*

叙　言

安定于民国十三、十四年已有第一、第二两次地方行政会议，不过徒有其名而无其实。莅会人员多无一定之宗旨，比至会场则哗然大噪，任意哄散，此种现象实令人心寒意冷。今岁二月，全县诸同志复定于二十三号开第三次地方行政会议。以此改进地方一切行政事宜，解除民众种种痛苦，幸有地方官驻防军及各法团均热心参加，共襄盛举，届时到会，人员足有一百余名之多，而会场秩序井然可观。较之前二次进步不啻霄壤，决议案件亦彰然可见。故此次会议诚可谓安定空前未有之会议。

兹将本会经过情形照录于后。

甲　筹备会议：

安定县地方行政会议临时筹备第一次会议。

1.开会地点：本县教育局。

2.时间：二月二十一日上午。

3.出席人数：三十六人。

4.推举临时主席：谢德元。①

---

* 此件原为与会者徐昌弟同志珍存，现存中国革命博物馆。

① 谢德元即谢子长当时用名。

5.主席报告开会理由：（一）安定从前开会既无程序又无结果。（二）此次会议应当重新组织。并将议决案件须确实施行。

6.推定起草委员：冯景异、吴士俊、郭光青、李耀辉。

7.确定开会时间：上午自九点起至十二点止，下午自三点起至五点止。

8.教育行政会：当并归地方行政会内一齐会议。但教育事宜可以提前讨论。

9.开会地点：本城明伦堂。

安定县地方行政会议临时筹备会第二次会议。

1.开会地址：本县教育局。

2.时间：二月二十一日晚。

3.出席人数：二十六人。

4.推举临时主席：谢德元。

5.主席宣告开会。

6.起草委员宣读本会组织大纲及会议细则。

7.通过本会组织大纲会议细则。

8.推选主席团及各股人员。

〈甲〉主席团：冯景异、谢德元、李葆秀。

〈乙〉文牍股：主任吴士俊、郭光青、李国璋、营崇本。

〈丙〉庶务股：主任王世英、贾谊策、史宗南、孙兰馥、沙增录、营尔勋。

〈丁〉会计股：主任贺延年、唐亲贤。

〈戊〉招待股：主任张梦元，任光盛、张国人、阎鸿儒、李廷柱、南开元、史经纬、贾良策。

〈己〉编辑股：主任贾尚策、阎家瑞、郝司隆、赵鼎铭。

〈庚〉印刷股：主任贾其贵、张国儒、井助善、任耀宗。

乙　安定县地方行政会议组织大纲：

一、总纲：

第一条，名称：本会定名为安定县地方行政会议。

第二条，宗旨：本会以改进地方一切行政事宜解除民众痛苦为宗旨。

第三条，会员：凡热心安定县公务者均得为本会会员。

二、组织：

第四条，主席团三人。

第五条，文牍股四人。

第六条，庶务股六人。

第七条，会计股二人。

第八条，招待股八人。

第九条，编辑股四人。

各股各设主任一人。

三、任务：

第十条，主席团之任务。

（1）规定议事日程轮流充当大会主席暨审查各种提议案。

（2）本会一切议决案均由主席团督促县公署执行之，如不能实行得由会员十人以上联名提议召集临时大会。

第十一条，各股之任务：

（1）文牍股：充当速记收集整理议案，缮发通告文件等事。

（2）庶务股：布置会场，买办各物，管理膳食时间次序及本会一切杂务等事。

（3）会计股：管理本会一切出入账项。

（4）招待股：管理会员宿膳及维持会场秩序等事。

（5）编辑股：编辑本会一切决议案及各种宣传品等。

（6）印刷股：印刷本会一切刊物等。

四、选举：

第十二条，主席团及各股人员均由筹备大会选定。

第十三条，各股主任均由各该股人员互选之。

五、会议：

第十四条，会议期间定为三日（二十三日至二十五日），如有特别事故得延长之。

第十五条，每日开会两次，上午九点至十二点，下午三点至五点为定时。

第十六条，本会会议细则另定之。

六、经费：

第十七条，本会经费由地方行政款项下开支。

七、附则：

第十八条，本会会员须向签名册签名报到。

第十九条，本会会员有议案时须作成文字先期送交文牍处，不识字者可将本意宣告于文牍股以记之。

第二十条，本大纲自本会筹备大会通过实行之。

丙　安定县地方行政会议细则：

第一条，本会会员均须依照本会会议时间出席。

第二条，本会会员到会场时必依照座次坐定不得随便乱动。

第三条，本会会员坐定后不得喧哗。

第四条，本会会员如中途出席或退席时须向主席声明。

第五条，本会会议未宣告闭会时会员不得无故退席。

第六条，本会会员发言时须先向主席声明。

第七条，会员不得有两人同时发言。

第八条，会员对于讨论某议案时只能尽量发表理由不得生气争吵。

第九条，本会议案须经过半数之表决方为有效。

第十条，本会选举均用无记名投票。

第十一条，本会议细则如有未尽善处得随时修改之。

丁　决议案：

一、教育案：

A、教育会：

第一条，成立永久教育会。推选筹备员四人：冯景异、李葆秀、吴士俊、郭光青。

第二条，教育会按本会章程成立。

第三条，教育行政会议于每年夏历正月召集开会一次。

B、教育局：

第四条，改换教育局长及视学。在地方行政会议公推冯景异为本县教育局长，票选李葆秀为县视学。

第五条，教育局应发行月刊。

第六条，视学旅费按日拟定脚价。

C、学校及阅报社：

第七条，各村镇按各该地土产物情形设立实业简易科。

第八条，将第二高小学校在杨家园附近地内拨归该学校，作为操场。

第九条，各校国语采用讲义添加实业社会两门。

1.讲义费：归学校学生出纳。

2.各校添授实业一项，但要视各校各地学生需要情形而定。

3.各校增添社会课两门。

第十条，县立初高小学校每班十人以上方能开班。

第十一条，阅报社地点设立于安定县城及望瑶堡。

1.县城阅报社报张转寄西北各乡学校或农民协会。

2.望瑶堡阅社报张转寄东南各学校或农民协会。

第十二条，一高二高校长更换。

（1）一高校长郭光青。

（2）二高校长阎家瑞。

第十三条，第三高小地点因王家沟偏僻不适中应移于贺家湾之大王庙。

D、经费案：

第十四条，教育经费各校旧有资本仍归各校新近筹款宜统一分配。

第十五条，各区庙产全数划归各地学校。

第十六条，炭捐仍归教育局管理。

第十七条，各校经费每年必须有预算决算。

第十八条，教育局拨发各校款项时当以各校经资状况按成分酌量分配。

第十九条，取消本县奉祀一项将该款拨归教育费。

第二十条，取消地方自治所将该款拨归教育费。

第二十一条，各区畜税出境所得税票，拨归各区学校经理作为该校经费而杂税仍归各区办公委员摊收负责。

第二十二条，取消实业局将该款拨归教育费。

第二十三条，杂税附加款除旧日警察费应归农民协会外，其余款项概作教育费。

第二十四条，通俗阅报社经费归教育局担任。

二、天足会案：

第二十五条，天足会进行法，推举筹备员四人：贾秦策、任光盛、薛华英、营崇本。

三、农民协会案：

第二十六条，取消警察局将该款拨给农民协会。

第二十七条，重新组织农民自卫军。

第二十八条，先组织农民协会促成委员会极力成立各区农民协会。

第二十九条，农民协会促成会委员：冯景异、吴士俊、栾恩荣、谢子长、营崇本、郭光青、王士英、张梦元、贾尚策、李凤栖、任光盛、薛华英、李蕴生、侯藩卿。

四、保卫团案：

第三十条，取消安定全县保卫团。

五、保董案：

第三十一条，取消保董加一薪金费制改用薪金。

第三十二条，保董应与平民一样摊款不得私有苟打罚金。

第三十三条，限制保董人数议定薪金。

1.东二区、北二区及城堡两区各设保董两人。其余各区均系一人。

2.保董每年每人薪金大洋壹百元。保董吞款若经查出十倍惩罚。

第三十四条，保董摊款按户口之经济状况采用三等九级制。

第三十五条，将保董名目改为某某区办公委员。

第三十六条，保董将每次摊款数目张贴公布得民众团体承认。然后摊款收款后须付出款人连三票，执据并将出款人名及款数须贴于各村镇。

六、杂税案：

第三十七条，杂税应按实数摊派不得多摊分文。

第三十八条，商税局不得征收杂税。

第三十九条，芦有祥报告商税局差宋大汗越轨征收杂税由县署惩办。

七、皮毛捐案：

第四十条，皮毛捐不得在活羊身上收款。如有违者归县署惩办。

第四十一条，王玉书在东二三区苛捐羊户每羊二分，由县公署和驻军会同惩办之。

八、县公署案：

A、衙差方面：

第四十二条，差役不得向民众勒索。

第四十三条，限制衙差问题——按三等县章程不得超过二十人，并不得养用不支工食之差人。

第四十四条，公署派差提款只可认真提收不得强迫供应。

第四十五条，公署法警差票人民每里只付给口食费二十文。

B、诉讼方面：

第四十六条，诉讼案件必须急速从早解决，不得任意迟延。

第四十七条，除诉讼费应出以外科班均不得任意苛索，并将原有贿规一概取消。

第四十八条，诉讼除收讼费两串外公署如有吓索情事仰人民即行报告。

第四十九条，公署大门上置诉柜一个，人民有含冤情事即自投呈文于柜内，但务必署名盖章方可有效。

第五十条，诉讼者可不向长官跪拜。

C、财政方面：

第五十一条，公署出入款项于门宜公开全县财政由县城办公委员兼办再由各法团监督并须四季公布。

第五十二条，过粮不得有随陋规及其他苛索等事，过粮日期不得过二日。

第五十三条，入籍小户纳粮时与老户受平等之待遇。

第五十四条，人民可以取消先人之鬼名换成后代子孙之名（换名时不出分文钱但不能过两天）。

第五十五条，县公署公布钱粮大粮应征收之数目所有户首不得浮收分文。

第五十六条，粮差催户首不得苛索路程钱烟饭钱等。

第五十七条，钱粮大粮不能多收分文并预征。

第五十八条，所有印花税票，一概卖给商人，在民间揭借契约亦须贴票可向就近商号购买不得由户首销售。

第五十九条，税契一项无论过期与否即行投税分别无特别陋规情事。

第六十条，印约时直接交于县公署收发处可即时付取收条不得过两日，印约人即可持条取约如不付约大堂喊冤。

D、摊款方面：

第六十一条，本县摊款应按各区域大小及人民之贫富公摊之（须详细调查户口）。

第六十二条，本县如有摊款情事，县公署宜先将摊款原数及各区所摊之数目直接公布。收到款时须将所收款数切实公布。

第六十三条，堡区维持费……（以下不清楚故略。）

第六十四条，凡有两个办公委员的区域摊款不可各据一方，以免苦乐不均等弊。

九、驻军案：

A、驻军的经费问题：

第六十五条，驻军粮秣由各连长协同县长绅士商议定决办法。

第六十六条，驻军所用之炭须按实价发给，并不得拉差。

第六十七条，驻军对本地应负监督之责，不得任意勒索打骂人民。

以上两条李谢二连长曾云办法商定后务必发散宣言以晓民众。

B、支应问题：

第六十八条，就李谢二连长所出宣告实行。

十、其他方面：

第六十九条，户首可改成每户一个，将小户并归大户收理划成几人各点议决由提议人给公署上一计划。

第七十条，望瑶堡宜正式成立商务会以便发达商务。

第七十一条，望瑶堡将城墙修全以便稽查。

第七十二条，请县长指令各区保护林木实行罚金。

第七十三条，将营立全所欠学款设法提回以便振兴学校结果统统归教育局即时负责办理。

第七十四条，田秀山罚金一案结果归主席团负责办理。

四、谢子长1927年主持制定的《安定县农民协会章程》*

第一章　总　则

第一条，本会由安定县各区农民组织之议定名为安定县农民协会。

第二条，本会以团结农民互相维护改善自己的生活为宗旨。

第三条，凡赞成本会宗旨恪守本会纪律者皆得为本会会员。

第四条，分会须按旧习所分之社为分会得自行酌量本地情形拟定办事细则，但不得与总章相违反。

第五条，本会与总会下设分会于各社陆续推广。

第六条，总会地址暂设于①。

第二章　组织及任务

第七条，本会采用委员制设下列各委员。

（一）文书委员一人，经理本会来往文件等事。

（二）财政委员一人，管理本会收入及支出。

（三）庶务委员一人，管理本会一切杂务等事。

第八条，上列各委员合组执行委员会执行本会一切事宜。

第三章　任　期

第九条，本会各委员由各分会委员代表大会选定，任期半年得连任。

---

* 此件原为徐昌弟同志珍存，原件现存中国革命博物馆。

① 原件字迹不清。

第四章　会　议

第十条，本会开会分下列三种：

（一）每年农暇时间开全体大会若干次得请名人讲演。

（二）每半年至少开代表大会一次。

（三）委员会讨论本会重大事件及解决各分会解决不了之事。

第十一条，各种会议文书委员召集开会，开会时即为常务主席。

第五章　纪律及裁判

第十二条，凡本会会员皆得守下列纪律。

五、陕甘著名革命英烈小传*

刘含初（1895—1927）　名翰章，陕西省黄陵县备村人。1895年农历正月二十六出生于一个地主家庭。1917年夏考入北京大学文史系。因参加五四运动而被捕。后接受李大钊的教诲，立志革命。1920年，与刘天章、李子洲等创办《秦钟》。次年，又创立“共进社”，是“共进社”的骨干和核心人物之一。1920年北大毕业后，先后在广东岭南大学、上海大学、开封大学、西北大学等校任教。1923年在上海大学任教期间加入中国共产党。1925年8月，以共产党员身份任陕西省国民党党员俱乐部主任。9月，任国民党陕西省临时党部执行委员、宣传委员，后任常务委员。1927年3月改组西北大学为中山学院，任院长。大革命失败后，回家乡进行革命宣传，1927年8月15日，在宜君石堡村给群众讲演时，被陕北军阀杨衮枪杀，时年32岁。

魏野畴（1898—1928）　西北地区中国共产党和共青团的主要创始人之一。原名风标，号明轩。1898年3月8日生于陕西省兴平县板桥乡魏家村一个贫苦的农民家庭。1919年，他在北京高等师范学校读书时，积极地投身五四运动。1921年他和李子洲、刘天章等同志一起，在陕西旅京学生中创办《共进》半月刊，后又发起组织“共进社”。1922年，在北京，经刘

* 这份小传是我在撰写《谢子长》一书时，根据收集到的资料整理的。其中烈士大部分为第二次国内革命战争时期的共产党人，且和谢子长同志的革命活动有关，以牺牲时间先后为序排列。本次再版，依据《庆阳地区中共党史人物》和《子长英烈》两书作了补充修订。文后括号内人名为原整理者。

天章介绍，加入中国共产党。1923年，回陕西，先后在榆林、西安任教，积极开展革命活动。1924年在西安建立了第一个青年团支部，组织了青年文学社，出版《青年文学》刊物，被称为“学生司令”。1925年8月，创办了党指导西北地区革命运动的理论刊物《西安评论》。1927年3月，任中共陕甘区委5名正式委员之一，负责宣传工作。6月，负责军事工作。7月，中共陕西省委成立后负责军事。蒋介石叛变革命后，受党委派去杨虎城部队，在河南、安徽一带进行革命活动。1928年春，在皖北组织领导阜阳武装暴动中，不幸牺牲。终年30岁。

唐　澍（1903—1928）　字东园，1903年出生在河北省易县南贾庄（现属徐水县瀑河乡）。父亲是个清贫的知识分子。唐澍高小毕业后，先在家乡小学任教。1922年夏，19岁的唐澍考取了保定河北省立第二师范，开始受到革命思想教育。1924年夏天，以优异成绩考入黄埔军校，成为第一期步兵科学员。1924年底，加入中国共产党。次年3月，毕业留校工作。两次参加东征，冲锋陷阵，英勇顽强，被战友誉为“易水壮士”。1925年秋天，担任省港罢工工人纠察队总教练，兼模范大队队长。1926年，参加北伐战争。后受党委派，到冯玉祥部的军官学校任政治部主任。不久随军进驻西安，改为国民军联军军事政治学校，任政治部主任兼主任教官。被冯“礼送出境”后，参加了中共陕西省委军委的领导工作。1927年8月，到石谦旅任中共党团书记，以军事教官身份，领导党的地下兵运工作。10月12日，同谢子长一起，领导了清涧起义，打响在北方向反动派开火的第一枪。之后，又将起义部队改编为西北工农革命军游击支队，唐澍、谢子长分任总指挥和副总指挥。清涧起义失败后，1928年春，到许权中旅任参谋长，同刘志丹一起，领导了渭华起义，成立了西北工农革命军，担任总司令，刘志丹任军委会主席。帮助渭华地区的党组织发动群众，打土豪，分粮食，建立苏维埃政权和赤卫队。1928年7月1日，遭敌重兵包围，壮烈牺牲。时年25岁。

吕佑乾（？—1928）　河北枣强县人。北京大学毕业。1925年至1927年在西安省立一中任教，启发青年参加革命。是陕西地区党、团组织的创建人之一，曾任中共陕西省委特派员、中共西安地委负责人。1927年蒋介石叛变革命后被敌逮捕入狱，数月后方获释放。出狱后，深入旬邑县农村，发动群众，组织领导了旬邑暴动。1928年农历三月十二拂晓，吕佑乾、许才升等同志领导旬邑县农民五六百人手执长矛，攻进县城，杀死了反动县长，成立了地方苏维埃政府。后反革命势力反扑，他率领起义队伍英勇战斗，身负重伤。被敌押送县城，遍身鲜血，经过大街时高呼“共产党万岁”，壮烈牺牲。

王孝锡（1903—1928）　字遂五，1903年2月18日出生于甘肃宁县太昌镇西壕村一个农民家庭。1926年加入中国共产党，是甘肃第一个农村党支部即中共邠宁支部的创建人，党在甘肃早期的革命活动家。

1918年，15岁的王孝锡从宁县太昌小学毕业考入平凉省立二中。1924年3月考入西安国立西北大学，接受了马克思主义教育。曾任西北大学学生会主任。1926年6月，由刘含初、魏野畴介绍加入中国共产党，走上职业革命的道路。这年暑期回到家乡宁县太昌，与同学任鼎昌、王彦圣等一起，建立了甘肃最早的“青年社”，发展社员30多名，提出了“改造社会”的口号，宣传反帝、反封建、反军阀的革命思想。1927年初，受国民党中央政治委员会开封政治分会负责人、共产党员刘伯坚的委派，以“西北政治委员会特派甘肃省党部党务委员”的身份，同胡廷祯等3人一起来甘整理党务。在整顿国民党甘肃省党部的同时，改造了中共甘肃省特别支部，王孝锡任组织部长。还进行了兰州青年社的组建工作，以兰州女子师范和兰州一中为活动阵地发展社员300多人。王孝锡被选举为青年社社长，领导了反军阀的革命活动。

1927年6月，他回到家乡太昌，整顿了“青年社”，加强政治宣传；组织领导了驱逐脏县长索呈祥，“烂脏”校长杨蕃昌的斗争。于1927年秋，成立了“中共宁县支部执行委员会”（又称中共邠宁支部），发展党员33名。王孝锡任书记。1928年夏，王孝锡又积极参与组织和支持共产党员许才升，吕佑乾领导的旬邑暴动，亲自去百子沟煤矿发动工人。暴动失败后，又回宁县策划农民武装联合起义。农历十月十五，王孝锡在家中被捕。1928年12月30日凌晨，被杀害于兰州西关。年仅26岁。

李子洲（1892—1929）　西北共产党组织的创建人之一。原名登瀛，陕西绥德县人。1892年生于一个小手工业者家庭。少年在绥德县城上私塾，后入西安三秦公学上学。1923年北京大学哲学系毕业。五四运动时，是北大学生会干事，“五四”游行示威大会主席团成员，积极参加和领导了五四运动。1921年10月，和刘天章、魏野畴等，创办《共进》杂志，成立“共进社”。1923年初，由李大钊、刘天章介绍加入共产党。1923年暑假，北大毕业后回陕北从事革命活动。先后在三原私立渭北中学、榆林中学任教。1924年夏创立绥德第四师范学校，任校长，积极宣传马列主义，进行革命活动。1924年秋至1925年初，在绥德、榆林先后建立了党团组织。1926年冬，任国民党陕西省党部执行委员兼青年部长。1927年2月，中共陕甘区委成立时任常委兼组织部长。同年7月，中共陕西省委成立时，任常委兼组织部长。传达了党的八七会议精神。1927年秋至1928年春任组织部长和军委书记，参加领导了清涧、渭华、旬邑、三原等地起义。1928年秋任中共陕西省委书记。1929年初，由于叛徒出卖，省委机关遭破坏，李子洲被敌逮捕，在狱中坚强不屈，成立了狱中党支部，坚持对敌斗争。但肺病复发，于1929年6月18日，死于狱中。终年37岁。

任鼎昌（1899—1929）　字宜之，宁县太昌镇任家庄人。1919年太昌小学毕业，考入设在平凉的甘肃省立第二中学读书。1923年考入北京大学，翌年1月西北大学在西安成立，即转入该校读书。西安上学期间，于1926年加入中国共产党。

大革命失败后，他和中山学院的同窗好友王孝锡及该院农民运动讲习班学生王晓时（彦圣）、王之经等同乡一起，回到宁县继续从事农民运动和学生运动，首先以读书会的形式重新整顿了1925年暑假期间成立的青年社，还吸收了一批进步青年，通过学习《马克思主义浅说》，教唱《国际歌》，向邻里乡亲宣传新思想，利用逢集上街搞剪辫放足活动，并同王孝锡等一起，以在西安上学的同学为基础，秘密创建了宁县地区第一个共产党的支部——宁县支部（又称邠宁支部），任鼎昌为宣传委员。1927年冬，他到平凉与地下党吴天长秘密联络，打入设在平凉的省立第七师范学校任教，并负责平凉地下党的工作。他以教员身份作掩护，在平凉郊区歇马殿一带与平凉地下党员、进步人士联络，进行革命活动。同时利用讲授社会学的条件，自编教材，向学生灌输革命思想，在师生中影响很大。

1928年4月7日，国民党甘肃“清党”委员会，指使陇东镇守使陈毓耀在平凉将任鼎昌逮捕。4月19日用囚车把任鼎昌押解兰州。

1929年10月，在国民党当局决定要杀害他的时刻，任鼎昌因伤口溃烂，逝世于狱中。时年30岁。

任广盛（1887—1930）　安定（今子长）县北区任家砭村人。生于1887年，农民出身，上过三冬私塾，勤学苦读，能说会写，为人正直，被当地贫苦农民称为“农秀才”。1926年参加中国共产党。1927年当选为安定县农民协会委员，并出席陕西省农民协会代表大会。大革命失败后，利用任家砭小学校长的合法身份，从事党的地下活动。1930年，以安定县北区区长身份，开展党的工作，维护群众利益。因抗苛捐杂税，被反动派逼迫致死，终年43岁。女儿任志贞后为革命亦壮烈牺牲。

刘天章（1896—1931）　又名刘望，字云汉，1896年12月出生于陕西高陵县高刘村一个农民家庭。14岁时，到三原县城读书。1918年夏，考入北京大学。五四运动中，是北京大学学生会负责人之一。是五四运动的积极分子和骨干成员。他还负责主编北大学生会会刊。1920年1月，和李子洲、魏野畴创办《秦钟》月刊。1920年冬，加入社会主义青年团。1921年党的一大后，经李大钊介绍加入中国共产党。1921年10月创办《共进》杂志，创立“共进社”，任常务主席兼编辑股主任。1923年参加京汉铁路工人大罢工。1924年6月，投笔从戎，在国民二军（军长胡景翼）创办学生军，任陆军训练处学兵队大队长。1925年任中共豫陕区委委员兼军委委员。1927年2月，任中共陕甘区委候补委员，兼任《国民日报》社长，坚持拥共反蒋的宣传方针，积极进行革命宣传。后被拘捕，在狱中组织成立了秘密支部，任支书，坚持斗争。1929年夏出狱后在中共顺直省委做宣传工作。

1930年9月，任中共山西省委书记，领导地下斗争和武装起义。次年被敌逮捕，在狱中、法庭上大义凛然，怒斥群敌。1931年11月在敌法庭上高呼口号，英勇就义。时年35岁。

白乐亭（1896—1932）　原名白明善，字乐亭，清涧高杰村人，1896年生。1925年在绥德师范学习时，经李子洲介绍加入中国共产党。同年夏被党派往上海大学学习。后到中共中央发行部工作。1926年到黄埔军校学习。1927年回陕在国民革命军驻陕总部政治部工作。1927年10月参加领导了清涧起义，任军支书记。在二次打宜川战斗中，身负重伤。1928年前后，先后任中共绥德、米脂、府谷县委书记、陕北特委常委。1930年11月，因叛徒告密，被捕入狱。在狱中，被严刑毒打，坚贞不屈。1932年1月21日，被敌在榆林三次上绞刑，高呼“中国共产党万岁”，壮烈牺牲。时年36岁。

白锡林（？—1932）　陕北清涧县人。曾任晋西游击队负责人，陕甘游击队第二大队大队长。1932年在山西从事武装斗争，英勇牺牲。

焦维炽（1910—1932）　字炯亭，安定县焦家河（现子长县马家砭乡）人。大革命前，就学榆林六中及延安四中，思想进步，参加共青团、共产党。大革命失败后，被党组织派回陕北负责整理陕北团委工作。1928年秋被捕，次年冬被党组织营救出狱后赴西安参加省委工作。1930年为中共陕西省委委员、省委秘书长。1931年至1932年，化名赵仪三，在渭北及甘肃领导兵运及武装工作。同谢子长一起，领导了靖远起义。1932年夏秋之交，由党派到蒲城县领导武装暴动。事败被捕，遭敌严刑拷打，坚强不屈，怒斥群敌，并向士兵作宣传鼓动，被敌剜掉眼睛，割掉舌头，英勇就义，年仅22岁。

魏佑民（1907—1932）　出生于安定县（今子长县）玉家村。1927年，由李子洲介绍，加入中国共产党。1928年，山佑大学毕业后，回家乡担任代王梁第三高小校长职务，秘密进行革命活动。向学生讲述革命道理，培养革命人才，如路文昌、魏希文等都成为游击队的主要领导人。30年代初，随刘志丹从事兵运工作，参加了太白收枪。刘志丹称赞他是一名智勇双全的虎将。1932年参加“西北反帝同盟军”，后改编为“陕甘游击队”，曾任五支队政委。1932年在香山寺战斗中突围时壮烈牺牲，年仅25岁。

杨重远（1894—1933）　出生于陕北绥德县麻地沟一个贫农家庭。幼年父母双亡，从小给人揽长工达10多年。在五四运动新思想影响下，参加党领导的绥德师范业余夜校的学习，接触马列主义。1925年加入中国共产党。1926年奉党指示，打入井岳秀部任连长，参加了清涧起义。1928年到敌四十七军中担任中共地下党军委书记。1930年冬筹建晋西游击队，任总支书记、晋西游击队政委。后任西北工农反帝同盟军、陕甘游击队参谋长，协助子长、志丹指挥作战，屡建功勋。后受“左”倾机会主义分子杜衡排挤，1933年4月，被红军派往陕北游击队第一支队任政委。5月8日，在安定谭家岭战斗中腿部受伤，掩护同志撤退后，宁可牺牲不当俘虏，当敌人冲上来时，用最后一颗子弹结束了自己光辉的一生，终年40岁。

李　艮（？—1933）　陕西长安县人，1926年加入共青团。大革命时期参加长安一带农协会工作，领导农民进行抗粮斗争，是青年团陕西省委负责人之一，曾任中共长安县委书记。1930年任中共陕西省委秘书长与宣传部长。1932年春，任陕西省委组织部长，同年秋代理省委书记。1933年去甘肃搞兵变。1933年5月西乡马耳岩事变，被叛徒带领民团“围剿”，被捕后遭敌枪杀，壮烈牺牲，时年30余岁。

武止戈（1900—1933）　原名武喜祖，化名胡之康，1900年生于陕西省渭南县。1919年在西安圣公会学校读书时，即积极参加五四运动。1920年至1923年在南开中学和北京上学时，接受马克思主义，加入社会主义青年团和中国共产党。后党组织派他回西安与魏野畴、张性初一起创建团组织。1924年下半年受党委派到苏联学习，1931年毕业回国。1932年受党指派到张家口联络冯玉祥抗日，任党的特委委员。1933年5月，察哈尔抗日同盟军成立，任吉鸿昌北路军（总指挥吉鸿昌）参谋长。随军转战，同年10月初途经顺义县时，遇日寇飞机轰炸，光荣牺牲，时年33岁。

强龙光（1902—1933）　原名锡珍，安定（今子长）县栾家坪乡强家湾人。1902年出生于一个农家。幼年在栾家坪私塾读书，后在瓦窑堡平民学校读书。曾在瓦窑堡当过店员。1927年参加中国共产党，积极从事农民运动，因阻粮抗捐用铁铣砍伤下乡催粮收款的县衙差班头的头被伪县府拘捕，被当时驻军安定的谢子长解救，称其为“农民协会的好干将”。1930年随子长从事武装斗争，后曾任陕甘游击队骑兵大队长。1933年随谢子长赴察哈尔参加抗日同盟军。同年夏天，在河北对日作战中英勇牺牲，时年31岁。

魏　武（？—1933）　陕西韩城县人。陕北游击队一支队政委杨重远牺牲后受红二十六军委派接任政委。1933年10月在安定（今子长）县北区温家坡战斗中光荣牺牲。

赵明发（1910—1933）　出生在华池县怀安乡张阳坬一个贫农家里。1933年1月，23岁的赵明发参加了南梁游击队。由于他精明能干，耿直忠厚，不久被任命为游击队的中队长。1933年3月19日早饭后，赵明发召集游击队干部开会，遭叛徒告密，被盘踞在元城的马鸿逵部队300多人包围，经一个多小时的激烈战斗，因寡不敌众，赵明发3人被马匪俘虏。穷凶极恶的马军将赵明发3人吊在大柳树上，严刑拷打，残酷折磨，并把他们3人拴在马后，在地上被磨了几十里路，一直拖到元城。3月21日，马家军在元城召开群众大会，当场用马刀割下赵明发、李生江二人的头，悬挂在元城街北的高杆上示众。赵明发被害时，年仅23岁。（陶兴范）

李生江（1906—1933）　华池县怀安乡坪庄村赵湫沟人，从小务农。1933年1月，参加南梁游击队，任游击队中队副。1933年3月19日，李生江同赵明发、马孝在赵湫沟召开游击队干部会议，因叛徒告密，被元城窜来的马鸿逵部300多人团团包围。他们3人在窑洞奋力向敌射击，但因子弹打光，寡不敌众，终被马军俘虏。3月21日上午10时许，马鸿逵部在元城召集大会，当场用马刀将李生江头砍下，挂在街北的高杆上示众，并派匪兵站岗，不让家人收尸。26日晚，李生江游击队的战友，杀死马匪哨兵，将烈士的头颅同尸体运回到赵湫沟埋葬。（陶兴范）

王志明（1906—1933）　又名福英。1906年出生在子长县李家岔乡庙焉沟。1926年，王志明积极参加了在他家乡兴起的农民运动。次年初，他在安定参加了谢子长领导的军队。同年，加入了中国共产党。同年10月，参加了著名的清涧起义。清涧起义失败后，他回安定开展党的地下工作。1932年，参加了高郎亭等人领导的陕北游击队九支队。九支队改为一支队后，王志明担任分队长。1933年6月，红一支队返回安定，在杨道峁整编后，王志明提任为副中队长。王志明为革命英勇善战，多次指挥红一支队成功地消灭了敌人，受到谢子长的多次表扬，得到了广大人民群众的真心爱戴。1933年9月14日，由于叛徒告密，反动民团头子李丕成带领一百多人包围了王志明的住地，王志明被俘。入狱后，敌人采取软硬兼施的办法，逼他屈服，但得到的回答却是无情的揭露。敌人于1933年10月将王志明杀害于安定西门外。时年27岁。（郝凤鸣　李润富）

惠泽仁（1910—1933）　子长县瓦窑堡人。1910年出生在一个吹鼓手家中。1927年在绥德师范投身革命活动，同年加入中国共产党。1931年参加晋西游击队。1933年春，到陕北游击队红一支队，后任陕甘游击队大队长等职务。1933年10月2日，在攻打安定县枣树坪战斗中牺牲。年仅23岁。（郝凤鸣　李润富）

任志贞（1914—1934）　又名海棠，1914年8月出生于陕北安定县（今子长县）玉家湾区任家砭一个贫苦的农民家庭里。父亲任广盛是早期共产党员，曾任安定县农民协会常委、中共安定区委委员、北区区长。志贞八岁时，父亲就常教她识字，讲解革命道理，使她从小树立了革命理想。12岁时就开始了革命活动。1933年7月，党组织批准她参加了游击队。游击队一分队负责人白德胜，是党组织争取过来的一个贩烟土客，经过党的教育，打仗很勇敢，但纪律性较差。党组织为了对白德胜进一步加强政治思想教育，特派任志贞担任一分队政治指导员。共同的战斗生活，使任志贞与白德胜产生了爱情，后来他俩结成了革命伴侣。任志贞到游击队后，由于苦学苦练，不久学会了双手打枪的本领，在安定和延川边境一连打了几个胜仗。一天，她女扮男装和游击队员刘二虎、井铁蛋去刘家沟杀掉了恶霸地主“刘干棍”。群众奔走相告，任志贞的威名一下子传开了，敌人也扬言要活捉赤匪任志贞。由于掩护她的地下党员戴宗智叛变告密，任志贞于1933

年11月被捕，被押送到瓦窑堡城内。1934年2月13日下午，敌人把任志贞夫妇押出瓦窑堡南门外，残杀了两位年轻坚强的革命战士。任志贞牺牲时，年仅20岁。（张民富）

白德胜（1910—1934） 1910年出生在子长县安定镇白家崖堤村。曾任陕北游击队红一支队分队长、代支队长职务，是女英雄任志贞的丈夫。白德胜从小爱学拳术，身高体壮，臂力过人。1927年，为了谋求生路，和几名好友一起去国民党石谦部当兵。1930年冬，在韩城驻防时，他持枪离队，后无奈投奔了土匪张翰林。安定西区地下党的负责人谢德惠，根据谢子长的指示，派共产党员王志明去匪部给白德胜和其他失足群众做思想工作，动员他们弃暗投明，投身革命。一天晚上，白德胜带王志明闯入张翰林的住室，一枪打死张翰林，带领部分愿意革命的人，参加了游击队。1933年2月，白德胜参加了红军游击队第九支队，同年加入了中国共产党。4月，第九支队改编为陕北红军游击队第一支队。德胜作战勇敢，先后担任一分队长、二中队长和代理支队长。1933年7月，党组织派任志贞到一分队担任政治指导员。在任志贞和白德胜的共同努力下，一分队的面貌发生了很大变化。共同的战斗情谊，使他俩结成革命伴侣。他和任志贞一起，带领游击队，出没于延川、子长一带，曾先后镇压了高守荣等十多个罪恶累累、民愤极大的地主、恶霸和作恶多端的伪政府官吏，多次袭击了国民党反动地方民团。同年冬，白德胜带领游击队在延川关庄一带活动时，敌人派出了两个连的兵力，尾随追击了三天三夜，为了使其他同志安全脱险，他选择有利地形，命令部下突围，他一人连续打退敌人三次进攻，最后由于敌众我寡，身负重伤，在昏迷中被俘，关在瓦窑堡监狱。在狱中，他坚贞不屈，坚持斗争，在重刑下不低头，金钱面前不动心，表现了一个共产党员高尚的英雄气概。1934年2月13日下午，国民党反动派将白德胜和任志贞一起，押往瓦窑堡南门外杀害。白德胜时年24岁。（李润富）

强世清（1911—1934） 又名强士英，1911年出生在子长县栾家坪乡强家湾村。他是陕北游击队中一员英勇善战的指挥员和有名的虎将。1930年初，世清曾随谢子长到宁夏等地开展兵运工作。1931年春，他奉谢子长命令，带先遣队回到安定秘密开展武装斗争。9月，晋西游击队转战到这里，强世清率安定游击队与之会合，壮大了游击队的力量。1932年1月，强强清受党组织派遣，和史法治从红二十六军回到他的家乡，以自己的村子为联络站，开辟革命根据地。2月24日，强世清获悉，反动县长刘述明由安定去瓦窑堡巡视，便带毕维周、栾新春等四人，击毙刘述明于栾家坪河边桥头，缴枪两支，群众拍手叫好。1933年4月，接陕北特委指示，强世清所在的九支队改为中国工农红军陕北游击队第一支队，强世清任支队长，李成荣任政委，活动于清涧县和安定西区，多次袭击敌人，声震陕北。1933年11月2日，在攻打枣树坪战斗中，为掩护战友，强世清腿部、胳膊多处受伤。在王新庄养伤期间，北区区委交通员柳玉元叛变投敌，出卖了强世清。敌人以一个连的兵力包围了王新庄。强世清带着重伤的身体，仍掩护弟弟先突围。终因寡不敌众，兄弟二人被捕。强世清入狱后，安定县长蒲有儒、敌营长张建南、民团头子李丕成等采取软硬兼施的手法，妄图使强世清屈服。1934年农历正月的一天，一队荷枪实弹的宪兵将强家兄弟拖出狱门。凶残的敌人同时开了枪，强家兄弟二人双双倒下。强世清年仅23岁。（中共子长县委党史研究室）

王泰吉（1906—1934）　字仲祥，陕西省临潼县北田镇尖角村人。他的父亲早年参加同盟会，后来一直在政界、军界和教育界任职。

1921年，王泰吉考入陕西省立第三中学，受到革命思想的熏陶，积极参加党领导的革命活动。并接受党的派遣，于1924年5月进入广州黄埔军校学习。不久便加入了中国共产党。1926年受党派遣，王泰吉转入陕军甄寿珊政治部工作，后任该部教导团一营（学兵营）营长。1928年春，在国民党蒋介石、冯玉祥进行反共“清党”活动之时，王泰吉积极响应共产党关于武装起义的号召，率部发动了麟游起义。但因遭受国民党甄寿珊部镇压，起义宣告失败。

王泰吉复到渭华，参加了由刘志丹、唐澍等领导的渭华起义，任许权中旅改编的西北革命军参谋长。渭华起义失败后，王泰吉不幸被国民党于1929年逮捕解押南京。经他的父亲转请杨虎城将军具保获释。杨虎城素知王泰吉骁勇善战，博学多才。所以将王泰吉留在他的十七师补充二旅任副旅长。1930年调任新兵训练处处长，后新兵训练处改为骑兵团，继任骑兵团团长。

1932年秋，王泰吉的骑兵团由西安移驻三原县，翌年夏又移驻耀县，王泰吉根据当时的形势和中共陕西省委的意图，于1933年7月下旬率领骑兵团果断地举行了耀县起义。起义的“西北民众抗日义勇军”遭到了敌人的残酷镇压，7月30在辘辘把被打散后，王泰吉毅然重集余部百余人，进入中共陕甘边特委所在地照金根据地。

1933年8月14日，陕甘边特委在陕西省照金的陈家坡，召开党、政、军联席会议，决定成立中国工农红军陕甘边游击队临时总指挥部，王泰吉被任命为总指挥。之后，王泰吉率部转入外线作战。于9月21日奇袭国民党旬邑县城张洪镇，打死了团总朱洪璋，缴枪百余支。10月中旬，王泰吉、刘志丹又指挥长途奔袭了国民党合水城，大获全胜，消灭守城敌人200多人，缴获步枪100多支。这时照金失守，王泰吉、刘志丹便率红军临时总指挥部，转战于陇东合水、庆阳一带，先后在卅里铺、城壕川、毛沟门获胜，打击了当地民团和国民党驻陇东的反动武装。

1933年11月3日至5日，红军临时总指挥部党委在甘肃省合水县包家寨子召开会议。恢复中国工农红军第二十六军，成立四十二师，王泰吉任师长，高岗任政委，刘志丹任参谋长。11月8日，王泰吉在甘肃合水县葫芦河的莲花寺，召开陕甘边区红军游击队全体军人大会，对部队进行了整编。

1934年1月上旬，南下支援第三路游击队的王泰吉、刘志丹率红二十六军四十二师返回合水县连家砭时，王泰吉向四十二师党委提出要求去豫陕边做兵运工作，去说服在那儿率领山东人民武装近万人的刘桂堂举旗抗日。党组织接受了他的请求，同意他辞去四十二师师长职务，改由刘志丹担任这一职务。2月15日，王泰吉改装易服，去完成这一艰巨使命。不幸的是，王泰吉一进入白区，行至淳化县的通润镇，便被他的“旧友”国民党团总马云从所出卖，将他押解交给了国民党陕西省主席邵力子。1934年3月3日，王泰吉在国民党西安军法处英勇就义。年仅28岁。（赵晓红）

白阳珍（1872—1934）　甘肃省华池县南梁荔园堡村人。1933年秋参加革命，同年底加入中国共产党，任南梁地区第一个农民联合会——金岔沟农民联合会主任。1933年10月中、下旬，张策、习仲勋等受陕甘边区党的指示，先后来到南梁，开始做创建根据地的准备工作，他们常常落脚在白阳珍的家里。在张策等人的指引下，白阳珍走上了革命道路，成立了金岔沟农民联合会，这是南梁地区第一个贫苦农民自己的组织，白阳珍被推选为主任。年底，白阳珍首批加入了中国共产党。次年初，他的儿子白天章也入了党，还当选为陕甘边区革命委员会副主席。1934年春，国民党地方军仇子康部和庆阳谭世麟民团千余人向南梁发动大规模“围剿”。4月28日，敌人进占荔园堡，大肆烧杀抢掠，搜捕革命干部和红军家属。白阳珍迅速组织群众转移。为掩护群众脱险，白阳珍被捕。敌人把白阳珍押往离金岔沟不远的阎洼子村，关在窑洞里。敌于1934年5月4日拂晓逃窜前，用铡刀将白阳珍杀害。白阳珍时年62岁。（王来才）

李青山（1900—1934）　出生于河南省孟津县一个贫寒的农民家庭。14岁起就出外学艺，以做铁活苦度日月。1920年，他千里迢迢逃荒到甘肃庆阳南梁。老百姓习惯地叫他“李炮匠”。1931年10月，在刘志丹的领导下，李青山走上了革命道路，成了南梁革命根据地初创时期的秘密联络员。这年他受游击队指示，以给阎洼子赵富奎民团修理枪支为名，打探该民团的情况。他不仅机智地摸清了赵团的活动情况及堡子内的设防，还将一些修制好的枪件转送出去，连同军事情报一起送给了红军游击队。红军游击队根据青山送的情报，乘一个雨夜摸进堡子，活捉了赵家15口人，缴获54支枪，拔掉了南梁的这个“钉子”，充实了游击队的装备。1933年初冬，红军游击队打下了荔园堡后，李青山便公开地为红军修理起枪支来。次年夏，红军游击队在陕北吴旗三道川缴获到张廷芝机炮营（兵工厂）的器材，在林镇小河沟创办起了南梁军械修理所，李青山是军械所唯一的技术人员。1934年5月，敌人发动了对南梁的第一次“围剿”，红军主力采取避强击弱的战术主动从南梁地区撤离。李青山奉上级指示，留下来积极组织群众坚壁物质，侦察敌情，给游击队传递消息。一日，李青山被谭世麟部3个骑兵抓住，拉到南梁的阎洼子村。敌人企图从青山口中得到情报，结果一无所获，于次日凌晨撤离时，把李青山杀害在阎洼子村半山坡上。时年34岁。（王来才）

黄宗万（1915—1934）　乳名万子，华池县悦乐镇庙咀子村人。1933年冬在他的家乡参加庆阳游击队，同年底加入中国共产党。在他入伍后的一年战斗生涯中，曾参加过攻打悦乐堡、五蛟堡大小战斗十余次，表现英勇机智，经受了革命斗争的锻炼和考验，先后被提任为庆阳游击队班长、中队指导员等职。1934年5月中旬，庆阳游击队与保安游击队、骑兵大队分兵三路，进袭驻在吴旗王西沟的赵昆、张七、王万邦等土匪。黄宗万带领17名战士沿一道小沟按计划直抵王西沟目的地时，因天下大雨，其他部队未能准时到达。战斗打响后，黄宗万带领战士直取王西沟山峁，但因寡不敌众，被压了下来。黄宗万只得命令游击队迅速撤退，他在后掩护阻击，不幸中弹受伤被俘。敌人割下他的头颅，高悬山头，惨状目不忍睹。黄宗万牺牲时年仅19岁。(王来才)

白雪山（1905—1934）　代名周凯，1905年出生于陕北清涧县李家河村一个农民家庭。1924年到绥德四师上学，后经校长李子洲介绍，加入中国共产党。1926年秋，奉党指示，考入冯玉祥部随军军官学校。1927年和该校30名党员一起参加北伐战争。蒋介石发动反革命政变后，先后在徐州、上海等地以店员身份掩护，从事地下活动。1928年回到陕北，从事武装斗争。后任陕北游击队二支队支队长，红二团团长。1934年9月3日，在清涧土黄梁山战斗中，身负重伤，壮烈牺牲，时年29岁。

刘存元（1890—1934）　出生在子长县李家岔乡马圈坪村。1926年参加革命，1929年加入中国共产党。是安定西区地下党第二任支部书记。他为安定西区的农民运动，为红色根据地的建立与发展，为革命武装力量的壮大，出生入死，做了大量工作，立下了不朽的功勋。1933年8月，反动民团头子李丕成，带领民团包围了马圈坪，要群众交出刘存元，否则要血洗全村。在这万分危急的时刻，刘存元为保护群众，从人群中冲出，大喊一声："我是刘存元，不准向群众开枪，他们无罪！"就这样，群众脱险了，刘存元被捕了。刘存元被捕入狱后，伪县政府知道他掌握西区地下党的全部机密和游击队人员名单。于是把他转押瓦窑堡，交敌驻军营长张建南审问。但各种刑法丝毫不能征服他。1934年7月，谢子长打进安定城，救出了被敌人打的遍体伤痕的刘存元。谢子长表扬了他在狱中坚贞不屈的斗争精神。同年12月，由于叛徒告密，刘存元二次被捕入狱。敌人知道在他口里得不到任何东西，入狱后的第三天，决定对他下毒手，晚上，秘密将他枪杀在安定西门外。刘存元时年44岁。（郝凤鸣　李润富）

南贵成（1912—1934）　出生于安定白杨树坪一个贫苦农民家庭。1933年春，陕北游击队第一支队成立时，他是十名队员之一。1933年11月底，谢子长以西北军事特派员身份回到安定。南贵成立即跑去找老谢。在第一支队恢复成立的百十天时间里，跟随谢子长住在山窑子里，每天起早贪黑，活动在各村庄，一边调查掌握敌人动向，发动群众；一边为山上的同志搞饭吃，负责联络。年底，为了和南梁的刘志丹取得联系，南贵成化装成石匠，怀揣谢子长的亲笔信，连夜起程，要饭走到南梁，带回刘志丹的信和

200块银洋。

1934年3月8日，红一支队恢复成立后，南贵成跟随谢子长参加了打安定城、景武塌、窑则峁河、张家屹台、董家寺等战斗。每次战斗，他都是突击队员，冲锋在前。这年秋，谢子长再次写信给刘志丹，仍然派南贵成化装送信。返回途中，被敌保安旦八寨民团捕捉，他把刘志丹的回信吃到肚里，被敌活埋。牺牲时年仅22岁。（郭杨全）

谢子长（1897—1935）　原名德元，又名浩如，字子长，化名冬阳。1897年元月19日出生于陕西安定（今子长）县西区枣树坪。1918年秋考入西安省立第一中学，第二年转入榆林中学学习。一年后，未及毕业，受校长杜斌丞“教育救国”思想影响，回家乡安定办学。1921年夏季，投笔从戎，投考山西太原“学兵团”。1923年6月“学兵团”毕业后，赴京求索革命道路。1924年春回安定办民团，掌握武装。1925年二次赴京，在北京大学加入中国共产党。此后返回陕北，在军队中建党，开展农民运动。1927年10月12日，领导了在中国北方打响第一枪的清涧起义；次年，又参与领导了渭华起义。败不丧志，又奔走西北华北各地，从事兵运工作。1931年九一八事变后，同刘志丹一起组织反帝同盟军，任总指挥。1932年2月改编为中国工农红军陕甘游击队，任总指挥。1933年赴察哈尔参加抗日同盟军。年底被中共北方局派任西北军事特派员，回陕北重振旗鼓，成立陕北游击队总指挥部，任总指挥。后又任红二十六军四十二师政委、西北军委主席。在粉碎国民党对陕北根据地“围剿”的河口战役中负伤，于1935年2月21日牺牲，终年38岁。他是陕甘红军和陕甘根据地的创始人之一，他的家乡安定县改名为子长县。毛泽东主席三次为他题词，称他为“民族英雄”，“虽死犹生”，并亲笔为他题写了碑文。

梅生贵（1903—1935）　华池县山庄乡算账沟人，父亲为“恒义兴”的佃户，他本人从20岁开始，也成了“恒义兴”家的揽羊工。1933年10月，梅生贵参加了红军。刘志丹分配他做地方工作。不久，梅生贵就在南梁二将川组织起了赤卫军大队，担任大队长。1934年2月，陕甘边区革命委员会成立，同时在南梁一带还建立起陕甘边5个赤卫军大队，其中二将川一带为第四大队，梅生贵被任命为四大队队长，下编5个中队。由于梅生贵工作十分出色，而且军事水平提高很快，由中共陕甘边区特委委员张策、蔡子伟介绍加入了中国共产党。1934年11月7日陕甘边区苏维埃政府正式成立，同时成立了赤卫军总指挥部。梅生贵被任命为赤卫军副总指挥兼参谋长，统管南梁根据地18个赤卫军大队，负责保卫陕甘边区苏维埃政府的安全工作。1935年4月14日，马鸿宾部队抢占老爷龄，进驻二将川，陕甘边区苏维埃政府和军委所在地荔园堡、寨子湾失守。敌人还派出500余人的兵力四处追寻陕甘边区政府机关。4月16日，习仲勋带领的机关工作人员在豹子川、白沙川交界的张岔岭被马家军及由合水方面来的100余名便衣队包围。梅生贵奉命阻击，掩护习仲勋等转移。他率领赤卫军用大刀、长矛和土枪土炮打退了敌人多次进攻，习仲勋带领的机关工作人员得以转移到白沙川，不料在白沙川又遭敌人三面包围，形势更加险恶，在这极端严峻的时刻，梅生贵把生死置之度外，沉着指挥赤卫军抗击强大的国民党正规军，经过激烈战斗，赤卫军伤亡惨重，最后只剩下了梅生贵一个人。他占据有利山头继续阻击敌人不得进前，使政府领导和工作人员终于脱离了危险；这时梅生贵不幸右腿中弹负伤，倒在了地上。当敌人发现山峁上只剩一个人并且只能爬行时，立即从四面冲上来。此时此刻，梅生贵忍着巨大的疼痛，双手端枪，当敌人临近时，他射出了最后的5颗子弹，击倒3个敌人，自己昏倒在地！敌人抓到梅生贵如获至宝，要梅生贵招供，梅生贵痛斥敌人，揭露国民党反动派残害人民的种种罪行。敌人将梅生贵杀害在杏树湾，并把他的头颅割下，悬挂在荔园堡城门上示众。梅生贵时年33岁。（赵晓红）

张汉民（1903—1935）　山西稷山县人，1903年5月6日出生于一个农民家庭。1924年新绛县中学毕业后，毅然投笔从戎，西渡黄河，到陕北安边杨虎城将军创办的训练基层军官的教导队学习军事。后任杨部教导营中尉排长、营副。1925年冬，张汉民率部驻守三原期间，加入中国共产党。1930年11月任杨虎城卫士营营长，1931年该营扩编为警卫团任团长。在中共陕西省委领导下，进行秘密工作。在该团建立党团组织，党员达200余人。他积极秘密地协助地方党和红军游击队工作，多次给我运送枪支、弹药，支援物资，掩护干部，传送情报，发展地方武装。1935年2月27日，警卫团扩编为警备第三旅，任旅长。1935年4月7日，红二十五军在九间房设伏，将警三旅歼灭。张汉民同志被俘，被错当作反革命分子杀害，时年32岁。1945年党的七大时，被追认为革命烈士。

曹　渺（1904—1035）　甘肃省华池县城壕乡鹞子原人，1933年1月参加革命，同年加入中国共产党，起初受党的指示做地方工作，后参加庆阳游击队，任第二大队分队长。1935年4月的一天，国民党东北军骑兵部队百余人，经城壕李家原一带“围剿”南梁革命根据地。曹渺带领7名游击队员在李家原一带牵制诱惑敌人，毙敌排长1名。后因寡不敌众，即命令其他队员迅速撤退，自己只身阻击追随之敌，打退了敌人3次冲锋，使其他战友脱离险境。而他自己由于身负重伤，落入敌手，被杀害。时年31岁。（王来才）

龙治祥（1912—1935）　华池县元城乡西和平人，1933年参加革命，任乡农会主席。他思想进步，工作积极，常组织群众给红军送粮送草，做军鞋。1934年红四十二师在刘志丹指挥下决定攻打元城子山寨。龙治祥马上积极组织群众积极配合红军作战。在群众积极支援下很快攻下了山寨。消灭民团70余人，缴获了部分毛毡、枪枝，拔掉了华池北面的一个钉子，给元城人民除了一害。1935年4月，龙治祥正在家里吃早饭，国民党政府军马鸿宾部队，突然从环县过来直奔龙家将其捆绑。马家军将龙治祥和另一个人绑在新庄洼一群众的囤架上，龙治祥悄声对被绑的另一个人说："就是杀头，也不能说出游击队在哪里！"第二天上午，匪军将龙治祥拉到一个小屋子又进行拷打，逼问："红军在哪里？游击队的枪埋在什么地方？"龙治祥还是坚强地回答："不知道！"敌人从龙治祥口中得不到任何情况，恼羞成怒，将他拉到元城南街戏台后面杀害了。牺牲时年仅23岁。（曹向阳）

张有财（1911—1935）　华池县乔河乡虎狐村枣刺砭人。从小给人扛长工。1933年间，红军开始在南梁一带进行革命活动，张有财参加了赤卫军。不久，张有财和其他赤卫队员一起被编到庆阳游击队。先后当上了班长、分队长。因张有财作战十分勇敢，大家称他"张二冒"。1934年的一天，游击队在攻打吴旗县白豹许廷祥的堡子时，由于枪弹奇缺，3天3夜未能攻破。张有财便乘黑夜带领全班战士，搭着云梯爬上堡子，消灭了守夜哨兵，夺得长枪4支，子弹4袋。待堡内敌人发现逼近时，张有财纵身从几丈高的堡子上跳了下来。由于枪弹得到补充，堡子很快被攻破，游击队给张有财记了一等功。1935年5月，陕北蔡丰民团集结定边五谷城子，胡作非为。庆阳游击队和红军骑兵队、赤安游击队配合消灭蔡丰部百余人。在追击蔡丰溃散逃兵时，张有财冲锋在前，一人夺枪3支。在随后的攻打金鼎山、道庙、华山城子战斗中，张有财勇敢机智，表现突出，都立了战功。同年夏，安塞、庆阳等游击队整编为陕甘边区独立第一营，张有财任独立营运输队长。7月15日，他前往吴旗县刘家砭凤凰寺运粮，由于阴雨连绵，河水暴涨，道路中断，当天未能将粮食运回部队，影响了部队正常生活，被枪决。10月，中央红军到吴旗后，张有财所在部队战士一致提议，张有财有错无罪，不应枪决。根据中央有关政策，当即给张有财平反昭雪，并追认为革命烈士。（赵晓红）

谢福成（1908—1935）　出生在子长县李家岔乡马圈坪村。是谢德惠的二儿子。因过继给安定镇姑母史家，曾改名史尚直。由于受革命家庭的影响，福成从小向往革命，追求进步，在安定高小读书时，他和其他同志一起，积极参加党领导的农运、学运活动；经常为党传送信件、散发传单、张贴标语，做了不少有益的工作。1926年，谢福成高小毕业以后，参加了革命。1927年加入中国共产党。同年10月，随谢子长参加了清涧起义。宜川战斗失利后，奉命返回安定，开展党的地下工作。1932年2月，谢福成参加了强世清领导的中国工农红军陕北游击队第九支队。他经常出没在西、北区一带，打得敌人胆战心惊。同年10月，谢福成随栾新春领导的游击队，离开安定，开往延川，在田家川一带开展游击活动。在不到半年时间，先后消灭国民党的一个民团，缴获了一批枪支弹药，壮大了游击队的力量，开辟了四个红色根据地（村）。1933年4月底，谢福成被捕入狱。在狱中，他同敌人进行了坚决勇敢的斗争。敌人用尽了各种刑法，但他始终保持了共产党员的本色，不屈不挠，继续宣传革命道理，揭露敌人的丑恶行径。1934年7月16日，谢子长带领红军打进安定城，救出谢福成，调他到十二支队任指导员。1935年在甘泉下寺湾战斗中谢福成身负重伤，光荣牺牲。时年27岁。（郝凤鸣、李润富）

张静文（1906—1935）　陕西省兰田县人。1932年4月，张静文在西安女师学习，任学生队长。张静文带领同学积极参加反对卖国政府的斗争，痛斥国民党极右分子戴季陶。后被学校开除。刘志丹等同志率领红二十六军开辟了以南梁为中心的革命根据地后，1934年春，张静文偕同丈夫徐国连，秘密携带为红军搞到的枪支，离家别子，徒步跋涉，来到南梁。她是一位很有才学的青年知识分子，能双手挥毫，还擅长绘画。她到南梁后，积极组织宣传队到街头村落演出，向群众宣传翻身闹革命的道理，为工农民主政权的建立作出了贡献。1934年11月，陕甘边区苏维埃政府在南梁荔园堡正式成立，张静文被选为南梁苏维埃政府妇女委员长。苏维埃政府成立不久，陕甘边区办起了第一所红色学校——列宁小学，张静文和另一名同志担任了教员。学校初创，条件极差，她就自己动手垒土台当凳子、架木板当桌子，自己编教材，还经常给学生缝补浆洗衣服，深受学生和群众的爱戴。1935年3月，张静文同志的爱人徐国连奉命回西安搞武器，不幸在途中被反动民团杀害。静文悲痛万分，但她化悲痛为力量，以更高的热情夜以继日地工作。1935年九十月间，由于“左”倾路线错误的肃反，张静文同志也被误定为“奸细”，在党中央和中央红军到达陕北之前遇害，时年29岁。（李占年）

栾新春（1917—1935） 小名更兴。出生于子长县栾家坪一个贫苦农民家庭。1927年11岁就参加革命，传递信件、情报，散发传单。1930年，14岁的栾新春加入了中国共产党。他年龄虽小，但胆量过人。1932年2月，他跟随强世清，在栾家坪的小桥上伏击，打死了到瓦窑堡巡视的国民党伪县长刘述明，缴获了长、短枪各一支，震动了全县。1932年，中国工农红军陕北游击队第九支队在延川成立，栾新春自告奋勇第一个报名参加。1933年4月，九支队改为一支队。年仅16岁的栾新春被任命为一支队分队长。1934年7月，八支队在安定杨道峁成立，栾新春担任了支队长。是年9月，红二十七军红一团成立后，栾新春先后任该团排长、连长职务。1935年4月，栾新春所在的红一团，在刘志丹的直接指挥下，参加了吴家寨子战斗。他奉命带队伏击敌人一个连。在玉家湾召开的庆祝大会上，刘志丹授予红一团"少年英雄红一团"，授予新春所在的连为模范连。6月，在攻打延长县城时，栾新春担任了攻城敢死队队长，首创了陕北红军第一次攻坚夺城取胜的先例。接着在攻打靖边城的战斗中，栾新春所在的二连成为陕北红军中赫赫有名的"好汉连"，他也获得了"好汉连长"的称号。1935年9月，栾新春所在的红二十七军八十四师改编为八十一师，栾新春任该师一团一营二连连长。劳山战役中，栾新春所在的八十一师担任围困甘泉之任务，一团受命堵击由延安向甘泉增援的正面之敌。一营二连由栾新春指挥打头阵，将援敌堵在白土坡。在向敌高地发起猛烈冲击时，栾新春不幸腹部中弹，但他毫无惧色，迅速用绷带扎住伤口，咬紧牙关，端起枪，继续向敌冲去。他前进了一百多米时，终因伤势过重，流血太多而昏倒在地。战斗结束后，同志们把他抬下阵地，当晚因抢救无效牺牲，年仅18岁。（高渊）

阎志耀（1908—1935）　乳名应娃，个子高大，作战勇敢，打起仗来，总是冲锋在最前面，所以，人们又亲切地称他为“冲锋老阎”。他是子长县冯家屯乡过家楼村人。1927年，阎志耀就跟上谢子长参加了农民协会。1930年2月，阎志耀加入了中国共产党。从此，他的家成了党的联络点，他成了党的地下交通员。1933年5月，阎志耀参加了红一支队。9月25日，在参加旬邑县张洪镇的战斗中，他冲锋陷阵，首先爬上城墙，抓获敌哨兵，接着跟强世清直奔县衙门，活捉了伪县长。11月2日晚，攻打枣树坪的战斗中，一支队指挥员强世清身负重伤，在这危险的关头，他冒着生命危险和惠泽仁同志指挥部队撤退，使队员们脱离了险境。1934年3月，阎志耀被选为一支队第二中队队长。8月，被任命为红军独立一团二连连长。26日，跟随谢子长夜袭清涧县河口镇，谢子长不幸负伤，阎志耀临危不惧，继续作战，把火力引向自己，掩护谢子长撤退。1935年成立了十五军团，红二十七军编为八十一师。阎志耀被调到师部当警卫排长。1935年10月1日，我军在劳山战斗中，他在担任警卫任务时，不幸中弹身亡。（郝凤鸣　李润富）

谢绍安（1908—1935）　陕北红一支队的创始人之一，1908年3月6日，出生在子长县李家岔枣树坪。小名连成，外号老实人。其父谢德惠是谢子长的大哥。谢绍安1933年5月，参加了红一支队。同年6月，加入中国共产党。任红一支队五队队长。1933年11月底，谢子长以西北军事特派员的身份回到安定。谢绍安不顾个人安危，到处寻找失散了的原一支队干部、战士，为恢复红一支队做了大量的工作。1934年3月8日，在刘家圪塄，谢子长正式宣布陕北红一支队恢复。谢绍安任副队长。1934年7月17日，谢子长率部攻打安定城，谢绍安带领一支队首先攻进监狱，打开牢门，用事先准备好的斧头，砸开同志们的镣铐，及时把被敌人关押的200多名党员、群众解救出城。1934年9月，在二次攻打安定城的战斗中，谢绍安率领保卫大队，与党的地下工作者刘光汉取得联系后，顺利地通过了城门楼子，冲进民团团总李丕成住房，将双手沾满人民鲜血的刽子手李丕成当场击毙，并将我地下党掌握的民团拉出。1935年8月，红二十七军红四团成立，谢绍安任团长。谢绍安率领红四团在横山县石佛墕驻扎时，敌人派两个连的兵力追击红军。谢绍安把战场布置好后，令一个排化装成赤卫队，穿上便衣，拿上大刀和矛子、棍棒等，在敌人驻地把老百姓的牛羊赶上向北跑，以诱敌深入。待敌人进我伏击圈时，绍安一声令下："打！"并亲自带上团部的通讯排一下子冲到敌人后边，堵住敌人的退路。谢绍安冲进敌营，首先把指挥顽抗的两个连长打死，使敌人乱了阵。这次战斗消灭敌人一个连，击溃一个连，缴获长短枪一百多支。1935年10月，谢绍安率红四团到横山的盛家高梁时，和榆林敌二十二军史老幺的骑兵团相遇。谢绍安亲自指挥打冲锋，不幸胸部中弹牺牲。时年27岁。（张民富）

郝文明（1900—1935）　甘肃省华池县南梁乡白马庙村人，弟兄4人，排行第四，当地人又称郝四。1933年冬，南梁金岔沟农民联合会建立后，郝文明积极参加"农联会"组织的各种活动，经常在晚上步行20多里路去参加会议。他奔波于白马庙川、玉皇庙川、荔园堡川的村头院落，向群众宣传革命思想，很快在白马庙川等地组建了贫农团，雇农工会和赤卫军等革命组织。他在群众中很有威信。不久，他由南梁早期党员张志德、张钦贤介绍加入中国共产党。1934年11月，陕甘边区苏维埃政府在荔园堡成立，郝文明当选为陕甘边区苏维埃政府肃反委员长。1935年5月，国民党地方军马鸿宾部“进剿”南梁，陕甘边区苏维埃政府转移。郝文明主动请求党组织把他留下。他说：“我是本地人，情况熟，留下来对开展工作更有利。”在此期间，他的家成了伤病员和革命干部的秘密聚集点，掩护和转移了许多伤病员，工作做得很出色。马鸿宾部占领南梁后，5月中旬，郝文明接上级指示，要他去陕北靖边一带协同先期到达那里的周子恒、白东做西靖边县革命委员会的组建工作。他们在充分发动群众的基础上，很快于靖边的桃李洼成立了西靖边县革命委员会，郝文明任肃反委员长。9月下旬，根据上级指示，成立靖边战区，郝文明任战区主席。领导靖边人民同国民党反动势力进行斗争，为扩大靖边苏区，加强基层政权组织建设做了大量工作，区乡政权由原来4个区、26个乡很快发展到9个区、35个乡，地域1300平方公里。1935年11月27日上午，敌人包围了正在沙湾一带开展工作的郝文明、王国庆、李白锁等5人。郝文明等被包围后，马上组织随同人员英勇突围，但终因力量单薄未成，不幸被捕。郝文明等面对敌人的酷刑和利诱，坚强不屈，只字未吐。敌人无可奈何，便用铡刀将郝文明等5人杀害。郝文明时年35岁。（王来才）

马世明（1902—1935）　原籍陕西省，后逃荒定居华池县乔河乡火石沟门村。1934年春，陕甘边红四十二师在南梁开辟根据地，马世明当即参加了革命，被分配做地方群众工作。不久担任了柔远区土地委员。带领群众打土豪、分田地。没收地主浮财、牛羊、烧毁地契，很快在柔远区乔河一带组织起了农联会、雇工会等群众组织。9月在柔远乡东沟二次组建了区政府。10月29日，马世明被群众推选为区苏维埃政府主席。11月9日上午，马世明在区政府临时驻地杨高庄主持召开工作会议，不幸被国民党杜成章民团获知，带领民团60余人倾巢而出，包围了区政府驻地杨高庄。马世明等人仓促突围被抓住。民团土匪成性，刚抓住马世明就在他臂膀上狠狠砍了一马刀，鲜血染红了他的半边身子。马世明被捕后，当晚即被押解至庙巷乡红庄村。途中他们将世明的鞋袜、外衣全部脱下扔掉，马世明每走一步，就狠打他一枪托，还逼问他"区政府里还有什么人？他们现在在哪里？"但不管他们怎么施展淫威，马世明始终沉默不语，土匪们无可奈何便朝他头部打了一枪，并在他臂膀上连砍数刀，又朝他的胸口扎了一矛枪。马世明牺牲时仅33岁。（赵晓红）

刘志丹（1902—1936）　名景桂，字志丹。1902年10月4日出生于陕西保安（今志丹）县金汤镇。1922年考入榆林中学，受革命思想影响，积极参加革命活动。1924年秋，成为榆中第一批共青团员。1925年春，转为共产党员。1926年初，进入黄埔军校第四期炮兵科学习。同年秋毕业，随军东征。冬，奉命派往国民军联军第四路军马鸿逵部，任党代表兼政治处长。1928年5月，领导渭华起义，任军委主席。渭华起义失败后，回陕北任特委军委书记，领导兵运及武装斗争。1931年底任西北工农反帝同盟军副总指挥。1932年任陕甘游击队总指挥。1933年先后任红二十六军四十二师参谋长、师长，创立了以南梁为中心的陕甘边革命根据地。1934年南梁政府成立时，被选为军委主席。1935年2月，当选为西北工委委员和西北军委副主席，谢子长逝世后继任为主席，领导了陕北的反"围剿"斗争。后任红二十五军团副军团长兼参谋长。同年10月被"左"倾路线执行者诬陷为"右倾反革命"入狱。中央红军长征到达陕北后平反出狱，任红二十八军军长、红军北路军总指挥。1936年率军东征中，在山西中阳县三交镇指挥战斗时，中弹牺牲，年仅33岁。他是中国共产党的优秀党员、西北红军和陕甘革命根据地的创始人之一。1936年党中央应广大群众要求，将他的家乡保安县改名志丹县。1943年毛泽东题词："群众领袖，民族英雄。"周恩来题诗："上下五千年，英雄万万千。人民的英雄，要数刘志丹。"

杨　琪（1895—1936）　字建亭，陕西延川县北原村人。1895年12月14日出生于贫困的农民家庭。从小精通农活，有"务农状元"之称。1925年，年近30的杨琪奔赴河北，参加冯玉祥部当骑兵。1926年4月，杨琪到西北入杨虎城部任排长。后回陕北，建立起一支20余人的反抗土豪的武装。1928年，杨琪回到家乡参加"保运武装"。1931年秋，率部与晋西游击队联合行动，接受党的领导。后参加陕甘游击队，任大队长。1932年5月加入中国共产党。率骑兵连英勇作战，后任陕甘第二路游击队总指挥，转战陕甘，为建立发展南梁根据地作出了重要贡献。1935年任红二十七军八十四师师长。1935年9月，被王明"左"倾机会主义分子关押，出狱后任红二十八军三团团长。1936年3月9日，在指挥红三团攻占绥德岱王庙战斗中不幸头部中弹，壮烈牺牲，时年41岁。

杨　森（？—1936）　原名杨宗楷，陕西乾县人，出生在一个贫苦的农民家庭，1926年进入陕西省职业学校，次年加入中国共产党。1928年至1930年在西安从事秘密活动。1931年参加西北工农反帝同盟军。先后任红二十六军四十二师骑兵团政委，四十二师师长。为创建以南梁为中心的陕甘边革命根据地立下了汗马功劳。1935年受王明"左"倾路线迫害。党中央到陕北后出狱，任红二十八军副军长兼参谋长。1936年，红军东征返回陕北时，他率领二十八军作后卫部队，为使主力红军胜利地渡河回到苏区，在阻击敌人进攻的战斗中，身负重伤，壮烈牺牲。

路文昌（1906—1936） 又名路侯保。出生于子长县玉家湾镇路家寺村。1929年在校读书时，就积极投身革命活动，1930年入党，1931年入伍。1933年12月任红一支队中队长。1934年9月18日，一支队与八支队合编为中国工农红军二十七军八十四师独立一团。路文昌任副团长兼参谋长。1935年9月，红二十七军八十四师改编为红十五军团八十一师，路文昌任八十一师参谋长，参加了著名的劳山战役。中央红军长征到达陕北后，中央军委任命他为红军东征部队北路军二团团长。1936年3月18日凌晨，路文昌率领二团攻打清涧县寺子河镇寨子时，遭敌重兵包围。路文昌命令部队突围，他和几个战士在后面掩护，陷入重围。他镇静地向敌人射击，直到最后中弹牺牲。万恶的敌人，捉不到活的路文昌，就从尸首上砍下他的头，在田庄镇寨门上悬挂了三天。（李润富）

秦善秀（1909—1936） 甘肃省正宁县五顷原回民乡西头村人，正宁县早期的共产党员之一。1934年初，张仲良等率领中国工农红军陕甘边第三路游击队来到这里；不久党的地下工作者杜宛、李尚勤等也来到这一带，秦善秀经李尚勤等介绍，在五顷原西头村与其他几个青年农民参加了中国共产党。后来在湫头一带成立中共正宁县第一个党支部，秦善秀担任宣传委员。秦善秀入党后，受组织委派，在底庙一带发动群众，组建了一支游击队，开展武装斗争。1934年底，国民党旬邑县民团团总万盈山带着民团来到底庙镇，要将共党分子"一网打尽"，斩草除根。秦善秀与赵德荣的游击队配合，智破底庙镇，活捉了万盈山。处决了万盈山和几个罪大恶极的劣绅。秦善秀和他领导的底庙游击队也名声大振。随着革命形势的发展，陕甘边南区党委决定以底庙为中心向外发展，将新正六区（即底庙）改为永红县。秦善秀负责筹建，于1935年10月正式完成永红县的建制。1936年初，秦善秀被任命为关中特区苏维埃政府主席，习仲勋、张邦英为副主席。后来国民党的东北军向关中发动进攻，中共关中特委和特区苏维埃的主要领导人奉命向北转移，秦善秀留下就地坚持斗争。他立场坚定，斗争顽强，战胜了许多困难。不久，中共新宁县委书记焦怀兴在乐兴战斗中牺牲，秦善秀又被调新宁县接替焦怀兴的职务。这年夏初的一天，秦善秀和老崔一起外出，被敌民团包围。秦善秀和老崔以半截山墙为掩护，与敌人死拼，打得敌人不敢前进，最后弹尽无援，二人为革命流尽了最后一滴血。秦善秀牺牲时年仅27岁。（苏惠民　彭晓东）

何占胜（1914—1936）　乳名背景，甘肃省华池县悦乐建沟门村人。6岁丧母，12岁起为人牧羊。1934年2月，王宝珊带领庆阳游击队途经悦乐小川沟，何占胜遂参加游击队。九十月间，庆阳游击队曾接连攻打悦乐堡子和五蛟堡子，何占胜均表现勇敢，受到游击队嘉奖，不久光荣地加入中国共产党。1935年3月后，何占胜和20余名游击队员编入红二十六军二团，开赴陕北作战。不久他被提升为红二十六军二团二连副连长。二十五军、二十六军、二十七军合编为红十五军团后，何占胜任先锋连连长，随军相继参加了劳山、榆林桥、直罗镇战役，每次战斗中，他都冲在最前边，表现得极为勇敢。1936年2月，何占胜奉命率先锋连随军出发东征。一日深夜，在陕北清涧县河口附近上船东渡。船至对岸时，遭到国民党阎锡山部队守兵猛烈阻击，先锋连伤亡惨重。看到战友纷纷倒下，何占胜心急如焚，奋不顾身，一方面组织火力掩护，一方面亲自带两名战士匍匐前进，至距敌地堡20多米处，他立身将一捆手榴弹掷出，随着一声巨响，敌人地堡立即坍塌。为了东征抗日，何占胜献出了宝贵的生命。时年仅22岁。（王来才）

汪占祥（1901—1936）　祖籍陕西省横山县富家坪乡，后逃荒定居华池县南梁乡高台村。幼年曾间断读过几年“冬塾”，1934年2月，陕甘边革命委员会在南梁成立后，汪占祥参加了赤卫军，在打土豪、分财产，开展土地革命斗争中，他处处走在前面，发挥模范带头作用，得到了群众和赤卫军领导的赞扬。1935年后季，汪占祥被选拔为赤卫军营长。1935年9月，华池战区工人联合会成立，赤卫军营长汪占祥兼任战区工会主席。为了宣传教育群众，汪占祥刻苦学习文化知识和革命道理，然后把学下的东西，用通俗易懂又幽默诙谐的板话、顺口溜的形式教给民众。经过汪占祥的宣传和细致的思想工作，大批的青壮年都积极行动起来参加赤卫军；广大妇女也纷纷起来同封建思想作斗争，参加社会活动、放足、争取婚姻自主，给红军做军鞋。1936年7月，汪占祥带领两个战士去河连湾开会，返回途中，在华池县白马乡将台附近与当地民团杜成章部相遇，陷入重围，3人一同被捕。汪占祥守口如瓶。反动民团在一无所获的情况下，将他杀害，时年36岁。（赵晓红）

李兴玉（1911—1936）　华池县乔河乡窑渠村人。1933年11月，李兴玉参加了安定游击队。1935年，党组织派他回家乡华池组建了柔远游击队，李兴玉任队长。1935年11月9日，李兴玉带领4名游击队员到柔远区政府驻地杨高庄同柔远区主席马世明商量扩建游击队事宜。当天深夜，他们被从元城流窜到柔远的杜成章民团60余人包围逮捕。敌人从马世明口中得不到点滴机密，便凶残地将其杀害。并且威胁李兴玉等若不说出区政府秘密，马世明的下场就是他们的下场。面对敌人悬在头顶沾满鲜血的屠刀，李兴玉威武不屈，只字不吐，还鼓励郭占锦等战友同敌坚决斗争。后经组织营救，李兴玉脱离了虎口。1936年7月，陕甘红军独立师在曲子组建，李兴玉任独立师二团连指导员，并加入了中国共产党。8月10日，独立师野营环县皮大岔。次日拂晓，被国民党民团军包围，李兴玉一边急忙组织战士撤退，一边带领数名战士留后阻击。在阻击战斗中，李兴玉壮烈牺牲。时年仅25岁。（赵晓红）

冯世祥（1912—1936）　陕西省横山县韩岔乡黄圪塄村人。13岁起就给本村一家地主拉长工。1929年，沿途乞讨，逃荒到甘肃省华池县南梁四合台村。1933年11月，红军游击队来到南梁，冯世祥毅然报名参加了在他家乡小河沟刚刚组建的保安游击队。冯世祥胆大心细，精明能干，不久提任游击队班长。1934年4月，他光荣地加入了中国共产党，后来担任保安游击队中队长。1935年5月，保安游击队在庆北游击队的配合下，在定边党家畔石场沟伏击高七宝反动民团，毙敌十余人，俘敌三百多，缴获步枪四十多支。在这次战斗中，冯世祥担任正面堵截，对歼灭敌人起了决定性作用。6月下旬，游击队与骑兵大队配合作战，在定边三圪盆崾岘突袭贺凤喜民团。在战斗中，冯世祥为追击逃窜的敌人，不幸中弹受伤。1935年12月7日，伤口刚愈的冯世祥带领游击队战士受骗攻打旦八寨时，不幸落入敌网。敌人施尽奸计利诱和酷刑折磨，逼其投降。但冯世祥坚强不屈，痛斥匪首和叛徒。1936年春的一天，惨无人道的敌人，将冯世祥用绳子吊在旦八寨子上处死。牺牲时年仅24岁。（王来才）

杨风岐（1907—1936）　陕北安定（今子长）一带早期党组织和革命

武装的创始人之一。出生在子长县史家畔乡杨家河村一个农民家庭。1926年7月，杨风歧考入绥德省立第四师范。1927年秋，他光荣地加入中国共产党。从此，他积极地投身于革命活动。1928年底，杨风歧接受党的指示，回到家乡杨家河、湫峪沟一带开展革命工作。1934年3月，党组织任命杨风歧为东区游击队长兼政治指导员。杨风歧率领东区游击队打土豪、惩恶霸，袭击反动武装。神出鬼没地活动于安定、延川、绥德一带，深受群众的信赖与爱戴。1935年春，杨风歧调任九支队政委，同年7、8月间，杨风歧又调任红宜地区游击队政委。中央红军到达瓦窑堡后，他调任陕北省军事科长。1936年4月，他被调任米西分区游击师司令员兼政委。率部积极活动于米西一带。8月间，游击师在米西（现子洲、安定、横山交界处）与敌高桂滋、高双成部相遇，游击师师部被张云衢营包围，面对敌人的强大攻势，杨风歧沉着坚定，指挥自如，一面指挥战斗，一面组织突围。当大部队突出重围后，杨风歧与警卫员率先断后，把敌人引进我大部队突围的反方向。当他们退到一个山峰的断崖边时，后面追来的敌人越来越多。他当机立断对警卫员说："跳崖自杀，不当俘虏！"说完两人毅然决然地跳下了悬崖。敌人从山脚下抓到受了重伤的杨风歧，用毛驴将他驮到绥德城，打入狱中。敌人以高官厚禄、金钱美女引诱。软的不行又来硬的。在敌人各种酷刑面前，杨风歧无所畏惧，坚贞不屈。1936年10月的一天，敌人将杨风歧杀害于绥德城外。杨风歧年仅29岁。（高渊）

薛毓瑞（1902—1936）　生于安定县南沟岔区薛家渠村一个地主家庭。爷爷薛必达，父亲薛振权都是武秀才。薛毓瑞1927年参加革命，同年加入中国共产党。曾任党支部书记，党的地下区委书记。在此期间，受党指示，曾任国民党北二区副区长、区长。后又任红军连指导员，营教导员，团政委等职。薛毓瑞作战勇敢，屡立战功。1936年2月，东征开始后，薛毓瑞任二四一团政委。3月10日，兑九峪战斗打响，在战斗进行到异常激烈的时刻，薛毓瑞奉命加强总部的警戒。当该团正跑步接近总部时，发现叶剑英总参谋长正组织总部的警卫人员与偷袭总部的敌人激战。薛毓瑞立即指挥该团发起攻击，配合正面部队很快击溃了敌人，保卫了毛主席和总部的安全，保证了整个战役的胜利。1936年11月18日晚，在靖边张家畔，敌人突然包围了团部。在激烈的战斗中，终因敌众我寡，薛毓瑞不幸腰部中弹，英勇牺牲。时年34岁。（张民富）

谢德惠（1882—1936）　谢子长的胞兄，人称“谢老大”，生于安定县李家岔乡枣树坪村一个农民家庭。1925年，谢德惠变卖家产准备盘费，送弟谢子长去京寻求革命真理。并于这年参加了革命。1927年1月，谢子长率部由宜川返往安定驻防，组织农民协会，建立农村政权，谢德惠积极响应，并担任了西区农协会主席，组织带领农民烧毁了地主豪绅的文契、帐簿，废除苛捐杂税，打土豪、惩恶霸。这年4月，谢德惠经子长介绍加入了中国共产党。担任了西区第一任区委书记。从此，他把自己的家作为区委驻地和进行革命活动的联络点。成立了区委领导下的第一个支部。这年夏天，谢德惠遵照安定县委和谢子长指示，担任了西区区公署区长，利用合法身份，开展党的工作。1933年4月，陕北红一支队成立后，谢德惠先后动员三个儿子谢福成、谢绍安、谢绍生，两个侄子谢绍宜、谢绍彦参加了游击队。主动为一支队送粮、送款，积极给群众宣传党的政治主张，鼓励群众坚持革命，坚持斗争，拥护红军。10月间，因敌强我弱，红一支队暂时失利，部分同志产生了悲观情绪。谢德惠知道后，主动找这些同志谈心，语重心长地说："失败是暂时的，胜利是肯定的，只要我们坚定信念，一定会东山再起，革命终将胜利。"是年12月，谢子长受北方局指派再次回到安定，谢德惠闻讯立即返回家中，帮助子长做恢复红一支队的工作。他不辞劳苦，四处奔波，寻找一支队分散人员，筹划活动经费。谢德惠把自己的整个生命和全部家产无私地献给了党和人民。六个儿子，三个参加红军，两个战死疆场。他先后将几十亩土地，两头牛、一头驴、一匹马、一百多只羊变卖后，给游击队购置武器、弹药和活动经费。1936年，为了躲避敌人的追捕，谢德惠再次带领家眷转移到安塞等地，白天隐蔽在深山老林中，晚上，跋山涉水出没于白庙岔、安定、石湾一带，张贴标语，散发传单，教育群众团结起来，坚持斗争。由于积劳成疾，1936年12月，在安塞县毛家砭，谢德惠与世长辞。终年55岁。（高渊）

杨再宏（1911—1937）原籍山西省包头。1925年因家乡遭灾，流落华池县山庄乡苗砭村。幼时读过6年私塾，后因家境贫困辍学，随父租田种地和打短工为生。1933年冬，参加革命，被派往尚湾、山庄一带搞群众工作。杨再宏接受任务后，千方百计接近群众，利用一切机会做思想工作。金岔沟农会建立后不久，他就在尚湾发动群众建立农会、贫农团，掀起了群众革命运动的热潮。1935年春，他奉命到白马区工作。1936年2月调华池战区委员会任秘书。庆北办事处和华池战区合并成立华池县后，组织任命他为太白区区长。他不怕辛苦，冒着险情发动群众，建立和完善了乡村政权，积极组建群众组织和群众武装，使本区工作有明显好转。1937年2月，他带领3名工作人员，到平定川的倒水湾侦察敌情，与国民党榆林二十二军

12名便衣特务相遇，在力量悬殊的情况下遇难。（曹向阳　郝兴华）

黄克秀（1910—1937）　出生于安徽省濉溪县中阳乡一个一贫如洗的农民家。6岁时，随父母逃荒要饭来到华池葫芦河的龚家沟门定居。克秀八九岁上，就给财主放牛牧马、背柴挑水。因受生活磨练，他自幼练出了一副好身体和坚强不屈的性格。1932年暮春，刘志丹派共产党员黄德明到葫芦河一带开展革命活动。6月，正式成立了石马坪乡农会和葫芦河赤卫队，黄克秀担任了乡农会会长和赤卫队队长，从此走上了革命道路。1933年3月，葫芦河赤卫队扩建为东华池赤卫军大队，黄克秀担任大队长。同年6月，由黄德明单线发展黄克秀加入中国共产党。8月，共发展党员15名，遂于龚沟门罗家洼小学成立了葫芦河党支部，由黄克秀任第一任支部书记。1934年4月，黄克秀率领东华池赤卫军大队配合红四十二师主力作战，先后九战九捷。11月7日，华池县苏维埃政府与陕甘边区苏维埃政府同时成立。东华池赤卫军大队奉命改编为华池县政府保卫队，黄克秀任队长。1935年春改编为华池县政府保卫大队。1935年4月，国民党三十五师马鸿宾部冶成章旅和胡宗南六十一师杨步飞旅，相继进犯南梁，陕甘边区苏维埃政府和主力红军已经转移。黄克秀因熟悉地理环境，就地坚持游击活动，打击敌人。1936年7月，红军陕甘独立师在曲子县花旗村成立，黄克秀任红四团团长。1937年7月18日，陕北土匪张廷芝进犯陇东解放区。黄克秀奉命率红四团截剿，给来犯之敌以迎头痛击。二将川一仗，旗开得胜，毙张部团长李向银。7月20日，张部返逃华池县老爷岭，凭借天然屏障，据险顽抗，适值大雨倾盆，黄克秀命令部队冒雨冲锋，一连突破敌人四道防线，当攻击第五道防线时，敌人居高临下，以密集火力封锁，红四团屡次冲

锋仍不奏效。正当他下令再次冲锋的一刹那，一颗子弹击穿了他的腹部，顷刻倒在血泊之中。牺牲时年仅27岁。（曹清珂　任守彦）

饶　俊（1913—1937）　甘肃省华池县悦乐镇饶湾人。1933年冬参加庆阳游击队，次年春加入中国共产党。曾任庆阳游击队战士、班长，陕甘边区独立营骑兵队指导员、队长、连长等职。在4年的戎马生涯中，他身经大小战斗数十次，作战勇敢，机智灵活，尤其善于骑马，远程奔袭敌人。1934年春，饶俊刚参加游击队时，随部队在庆北家乡打游击。由于他对当地情况熟，常常作为“小向导”、“侦察员”活动在城壕、悦乐、五蛟一带，侦察敌情，袭击散匪。参加过攻打悦乐堡、五蛟堡等战斗，表现机智勇敢。在任陕甘边区独立营骑兵队指导员、队长期间，饶俊随骑兵部队经常活动于吴旗、赤安、定边一带，配合兄弟部队，为开辟新苏区立下了功。陕甘边界人民称赞他的骑兵队是“共产党派来的‘神兵’”。1937年10月，饶俊率部北上定边、盐池一带活动，遭敌宁马部重兵包围，在突围中不幸牺牲。年仅24岁。（王来才）

许权中（1893—1943）　原籍山东临淄县许家村人，1889年父亲逃荒到陕西临潼县北屯聂家村落户。权中少时半工半读就学，后考入陕西甲种工业学校学习。辛亥革命后，投笔从戎。曾到孙中山创立的韶关讲武堂炮科学习，毕业后回陕西任过靖国军的连、营长等职。1925年在李大钊、史可轩的教育帮助下，加入中国共产党。1926年7月7日，率史可轩旅在北京东郊门头沟起义，在妙峰山击溃吴佩孚五个旅，支援了北伐。1928年4月，率部参加渭华起义。同年秋，被党派往莫斯科东方大学、红军大学学习。1930年冬回国到天津北方局工作。1933年5月到抗日同盟军任军委常委兼十八师师长。西安事变中，任杨虎城十七路军独立旅旅长。抗日战争中，率部屡立战功。1942年，他利用国民党第四集团军中将高级参议和集团军农垦主任的合法身份为我党积极工作。1943年12月9日，他到陕西千阳一带察看地形，返回途中被胡宗南的保安司令埋伏下的匪徒杀害。时年50岁。

惠子俊（1911—1944）　生于陕西省西安市一个产业工人家庭，在西安兵工厂工作期间加入中国共产党。1933年秋天，在王明“左”倾路线导致红二十六军主力南下终南山遭到惨重失败的情况下，惠子俊带领西安兵工厂的10余名工人，毅然来到照金根据地参加了红军。在他的组织领导下，很快在照金创办了红军修械所。这年10月间，他随军转移陇东，参加了创建南梁根据地的艰苦斗争。1934年2月，惠子俊接替习仲勋任庆阳游击队政委，为创建庆北根据地（今华池县柔远、乔河、五蛟、悦乐、城壕等地）作出了重要贡献。他又接替张秀山任中共陕甘边特委书记。1935年2月，陕甘边特委和陕北特委在赤源县周家崄（今陕北子长县境内）召开的联席会议上，为加强陕甘边、陕北两块根据地的统一领导，成立了中共西北工作委员会，惠子俊被推举担任了西北工委书记的重要领导职务。

1935年7月，王明“左”倾路线的推行者打着“反对右倾机会主义”的招牌，给惠子俊强加了种种莫须有的罪名，撤销了他的西北工委书记职务，派往米脂西区任区委书记。党中央、毛泽东率领中央红军长征到达陕北后，果断纠正了西北根据地的错误肃反，惠子俊为革命作出的卓越贡献得到了党和人民的充分肯定。1937年，惠子俊回到西安，担任中共陕西省委常委。后因遭到国民党反动派迫害，党中央调他回延安工作。1943年，他担任了绥德分区物资局长兼贸易公司副经理。

1944年10月13日，惠子俊因患胃癌医治无效去世，时年34岁。（肖蒿）

王尚德（1890—1946）　陕西地区党团组织的创建人之一。当地知名教育家。又名王璋峰，1890年9月1日出生于陕西渭南县郭壕村一个贫农家庭。1918年考入武昌中华大学。五四运动中，积极参加了中华大学的学生运动。1920年春，参加了恽代英、林育南创办的利群书社的活动。1921年夏，参加了林育南、李求实等发起成立的共存社，接受了马列主义。1922年7月加入中国社会主义青年团。1922年8月，受董必武指派回陕建立团组织，创办了赤水农职学校，以教师身份开展革命活动，发展团员。1924年6月正式建立赤水支部干事会，不久扩大为赤水特别支部，任书记。1925年，加入中国共产党。秋，中共赤水特别支部成立，任书记。领导成立了陕西最早的农民协会——渭南县东张村农民协会，积极开展农运、学运。1926年5月，到黄埔军校政治部宣传科任科员，协助恽代英、王懋廷工作。1927年春，到西安任国民党陕西省党部执行委员兼农民部长，筹备省农民协会。1928年春，参加了渭华起义。后以教育工作为职业，积极从事革命活动，曾几度被捕入狱。1946年8月13日被国民党特务暗杀在赤水农职学校门外，时年56岁。

杜斌丞（1888—1947）　原名丕功，字斌丞。陕西省米脂县城人，1888年5月20日出生在一个破落地主家庭。

1917年夏天，从北京国立高等师范学校史地部毕业后，杜斌丞回到偏僻落后的陕北，在榆林中学担任校长。他采用蔡元培在北京大学实行的“循思想自由原则，取兼容并包主义”的方针，立志改革，传播新思想；提倡科学民主，反对封建迷信；提倡革命进步，反对保守落后。大胆聘请魏野畴、李子洲、呼延震东等共产党员和进步人士来校任教，传播马克思主义，开展新文化运动。他当了10年校长，培养了谢子长、刘志丹、霍世杰、曹力如、王子宜、李力果等一大批革命青年和爱国志士，后来他们都成了中国共产党的优秀党员和重要干部。

土地革命战争时期，杜斌丞向杨虎城提出了“联共反蒋抗日”的建议，促成了西北军十七路军和红四方面军达成了“各守原防，互不侵犯”的协定，粉碎了蒋介石妄图使西北军与红军互相残杀、两败俱伤的阴谋。西安事变前，他又向杨虎城提出了“变三方对立为三方联合”抗日的建议，对促成杨虎城和张学良联合红军，团结抗日以至发动西安事变都起了积极作用。西安事变当日，受命担任政治设计委员会委员和陕西省政府秘书长。后又代表杨虎城参加了由周恩来主持的红军和东北军、西北军三方组成的“联合办公厅”的工作，为联合抗日作出了卓越的贡献。毛泽东称赞他是“彻底的民主主义者，中国共产党最忠实的朋友。”

此后，杜斌丞专心致志从事抗日民主运动，为民主四处奔走呼号，反对蒋介石国民党反动派的独裁统治。任中国民主同盟中央常委及西北总支部主任委员，创办了《秦风·工商日报联合版》、《老百姓报》、《新妇女》等报刊，高举民主主义革命的旗帜，为老百姓说话，猛击时弊，切中要害，使国民党反动派十分头痛与惧怕。1947年3月20日，国民党军队攻占延安的第二天，杜斌丞被捕。在狱中，他正气凛然，据理抗争。同年10月7日凌晨被杀害于西安，时年59岁。

史秀芸（1917—1948）　出生于安定县（今子长县）一个贫民家中，

由于家贫，从小随之父要饭度日。7岁时，在亲戚的资助下，上了安定女子小学，她勤奋学习，热心参加各项社会活动。1929年，她12岁就开始走上了革命道路，13岁加入共青团。当时，陕北革命正处于低潮，白色恐怖笼罩着安定内外，经常发生关押、枪杀革命群众的血腥事件。敌人严禁人们自由出入安定城，使城内外党组织联系中断，急需送往城外的文件、药品，无法投送。史秀芸就主动承担了这一危险的任务。1934年7月17日，陕北游击队总指挥谢子长根据南风池、强晓初、高维芳和史秀芸提供的情报，率领一、二、五支队和赤卫队一举攻进安定城，打开监狱，救出被捕党团干部和革命群众200余人。1934年8月，谢子长在清涧河口战斗中负伤。组织安排史秀芸护理谢子长。1935年，刚满18岁的史秀芸转为中共正式党员。这年4月，她担任了陕北共产主义青年团特委组织部副部长，青妇部长。她和团特委宣传部长白治民、秘书长高朗山，分头编了“妇女解放歌”“打土豪分田地”等歌曲，教育群众，宣传革命道理。发动群众，积极开展了查烟、戒烟，禁止买卖婚姻，废除童养媳，动员妇女放足等革命活动。分别举办了青年妇女团员、积极分子培训班，用通俗的语言和生动的事例，宣传马列主义，传播革命道理，培养了一批妇女干部。5月，史秀芸和其他妇女干部一起在反“围剿”斗争中，为部队送水、送饭、缝补衣服，支援前线，做了许多工作。中央红军到达陕北后，史秀芸和其他妇女干部一起，积极热情地组织当地妇女做军鞋，缝军衣，募捐各种生活用品，解决了红军初到陕北时的困难。不久，她奉命调任陕北省委妇女部长。为了完成扩红任务，她除了抓好妇女干部积极配合扩红外，还兼任了一个县的扩红突击大队长。她深入农村，亲自动员，在预定时间内胜利完成了扩红任务。1936年“双十二”事变后，史秀芸参加了李坚真为首的中央工作团，前往延安，开展群众工作。史秀芸充分发挥本地人的特长，深入到群众之中，宣传共产党的政策，动员组织群众，很快打开了工作局面。成立中共延安市委时，她担任市委组织部长。1937年5月，她出席了苏区党的代表大会。1938年3月，她参加了由蔡畅领导，李坚真负责筹备召开的陕甘宁边区第一次妇女代表大会，在这次代表大会上，她作了题为：“边区妇女运动的任务”的发言。1938年4月，她响应党中央关于开展敌后游击战争的号召，奔赴山东抗日根据地。任山东省委、山东分局妇女部长，并兼任组织部干部科长。1939年，中共鲁中区委成立，秀芸担任组织部部长。10月被选为党的七大代表。1940年进中央党校学习。她积极参加了1942年至1944年的整风运动和大生产运动。1945年，她出席了党的第七次代表大会。同年被选为全国解放妇女联合会筹委会委员。日本投降后，史秀芸奉命调到东北，带病先后坚持在长春、牡丹江铁路管理局和东北铁路管理总局搞党的机关工作。1948年12月9日，史秀芸因积劳成疾病逝。时年32岁。（中共子长县委党史研究室）

杨虎城（1893—1949）　原名彪，号虎城。1893年11月20日出生于陕西蒲城县孙镇甘北村一个贫苦农民家庭。

1908年农历五月初二，杨虎城的父亲，杨怀福因受仇家陷害，被清政府以绞刑处死于西安。为了营葬，15岁的杨虎城和本村7户农民成立了一个丧葬互助合作组织“孝义会”。葬埋了他的父亲之后，就以这个“孝义会”为基础，成立了一个叫作中秋会的组织，杨自任领袖，到辛亥革命前夕，该会发展到数百人之多。辛亥革命时，杨率领中秋会一部分人参加了辛亥革命队伍，与清军作战于乾州、永寿一带，击败了清军。1913年退伍还乡。1914年，率众打死地方恶霸李桢，劫夺了税款，搞起了一支抗暴武装。

1915年接受旧民主主义革命思潮，率部参加讨伐袁世凯的战争，作战英勇，迭获胜利，成为一支战斗力较强的武装。

1917年，率部参加了于右任、井勿幕为首建立的靖国军，任第三路司令，部队改编为四个团。1922年冬到1925年春在榆林期间，杨虎城结识了共产党人魏野畴和民主人士杜斌丞，接受了新的思想。并直接与孙中山取得联系，1924年，国民党一大在广州开会期间，正式加入中国国民党。他拒绝北洋军阀的收编，坚持革命原则，拥护孙中山。1925年，回师关中，杨部编为国民军第三军第三师，杨任师长，在耀县设立了“三民军官学校”，聘任魏野畴为政治部主任，刘含初、吕佑乾等共产党人任政治教官，支持学生“驱逐吴新田运动”。1926年，在进步力量支持下，进驻西安，抗击北洋军阀刘镇华镇嵩军的围攻，坚守西安孤城八个月。拖住了号称10万之众的镇嵩军，在战略上策应了北伐战争。

1927年春，就任国民军联军第十路（旋改军）总司令。5月率部东出潼关，到中原参加北伐，任前敌总指挥。1929年，杨部改编为国民革命军新编第十四师，1930年3月，新编十四师改编为陆军第十七师，后扩编为第七军及讨逆军第十七路，杨任军长及总指挥。于是年11月进占西安，任陕西省政府主席。在陕期间，压缩军费作为教育基金发展教育事业，任用进步青年知识分子担任校长，扩充省立各中学学生名额；提倡学术自由，包括马列学说，都可自由讲授；培养进步青年，资送留学生。1931年九一八事变后，积极主张抗日，接受中共中央抗日民族统一战线主张，与中共中央建立直接关系。1936年12月12日，联合张学良共同发动西安事变。提出“停止一切内战”等八项救国主张。1937年6月被迫出游欧洲期间，积极宣传抗日，应伦敦大学邀请演讲中国抗日问题，参加巴黎旅法侨胞抗日宣传大会，在巴黎世界青年保卫和平大会上发表抗日讲演。1937年11月26日，杨毅然决然归国参加抗战，但一到香港，即被国民党特务囚禁，历时12年。直到解放前夕，于1949年9月17日，连同他的儿子杨拯中、秘书宋绮云夫妇和两个不足10岁的孩子在重庆被国民党特务残酷杀害。终年56岁。

六、谢子长革命活动地点示意图

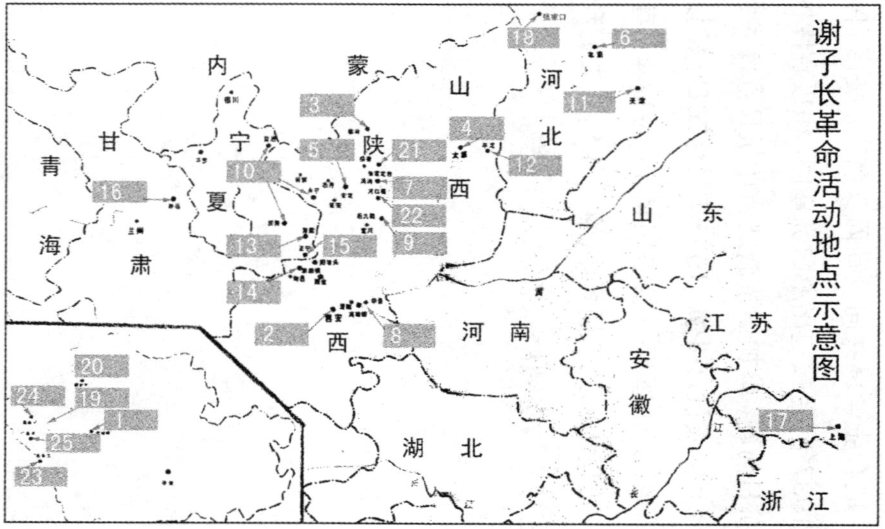

谢子长革命活动示意图说明

1. 1897年1月19日，谢子长出生在枣树坪村。
2. 1918年秋，在西安省立一中上学。
3. 1919年在榆林中学上学，接受五四运动新文化、新思想的影响。
4. 1921年至1923年在太原“山西陆军学院学兵团”学习军事。
5. 1924年在安定办民团、任团总；1927年春组织农民协会，开展农民运动。
6. 1925年由陕北到北京加入中国共产党。
7. 1927年10月12日，领导清涧起义。
8. 1928年5月，参加和领导渭华起义。
9. 1929年夏，到杨庚武部做兵运工作。
10. 1929年到1930年，在甘肃、宁夏、陕西等地开展兵运活动。
11. 1930年冬到天津出席北方局召开的关于传达党的六届三中全会精神的会议；1933年夏，由上海到天津中共北方局工作。
12. 1930年冬，由天津到平定会见高桂滋部做兵运工作的杨重远、吴岱峰等并传达了天津会议精神。
13. 1931年10月，到南梁传达省委关于建立游击队的指示，1932年1月，西北反帝同盟军成立，谢子长任总指挥。
14. 1932年2月至4月，谢子长率陕甘游击队，接连取得职田镇、阳坡头、照金等战斗的胜利。
15. 1932年2月12日，西北工农反帝同盟军在正宁三嘉塬，改编成立中国工农红军陕甘游击队，谢子长任总指挥。
16. 1932年5月，组织领导了“靖远兵变”。
17. 1932年12月，由陕甘游击队到上海中央局受训。
18. 1933年8月，到抗日同盟军吉鸿昌部许权中师从事党的工作，在这里与尤祥斋结婚。
19. 1934年7月8日，陕北游击队总指挥部在阳道峁成立，谢子长任总指挥。
20. 1934年8月17日，指挥陕北游击队、红三团和赤卫队在景武塌歼敌一个连。
21. 1934年8月22日，率红三团和陕北游击队在绥德张家圪台歼敌两个排。
22. 1934年8月26日，在清涧河口镇战斗中负伤。
23. 1934年12月，红二十七军八十四师在白庙岔宣告成立。
24. 1935年2月5日，陕北、陕甘特委召开联席会议，谢子长被推选为西北军委主席。
25. 1935年2月21日，在灯盏湾病逝。

七、陕甘游击队战斗历程略图（一）（二）（三）（四）*

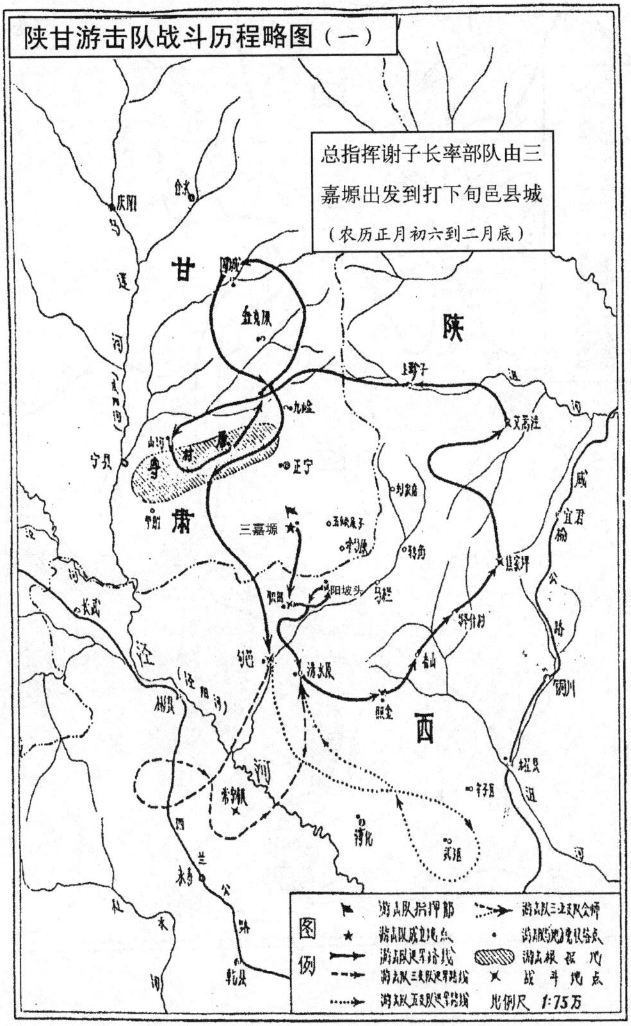

陕甘游击队战斗历程略图（一）

* 这4幅图由时任陕甘游击队第二大队大队长的吴岱峰同志提供。

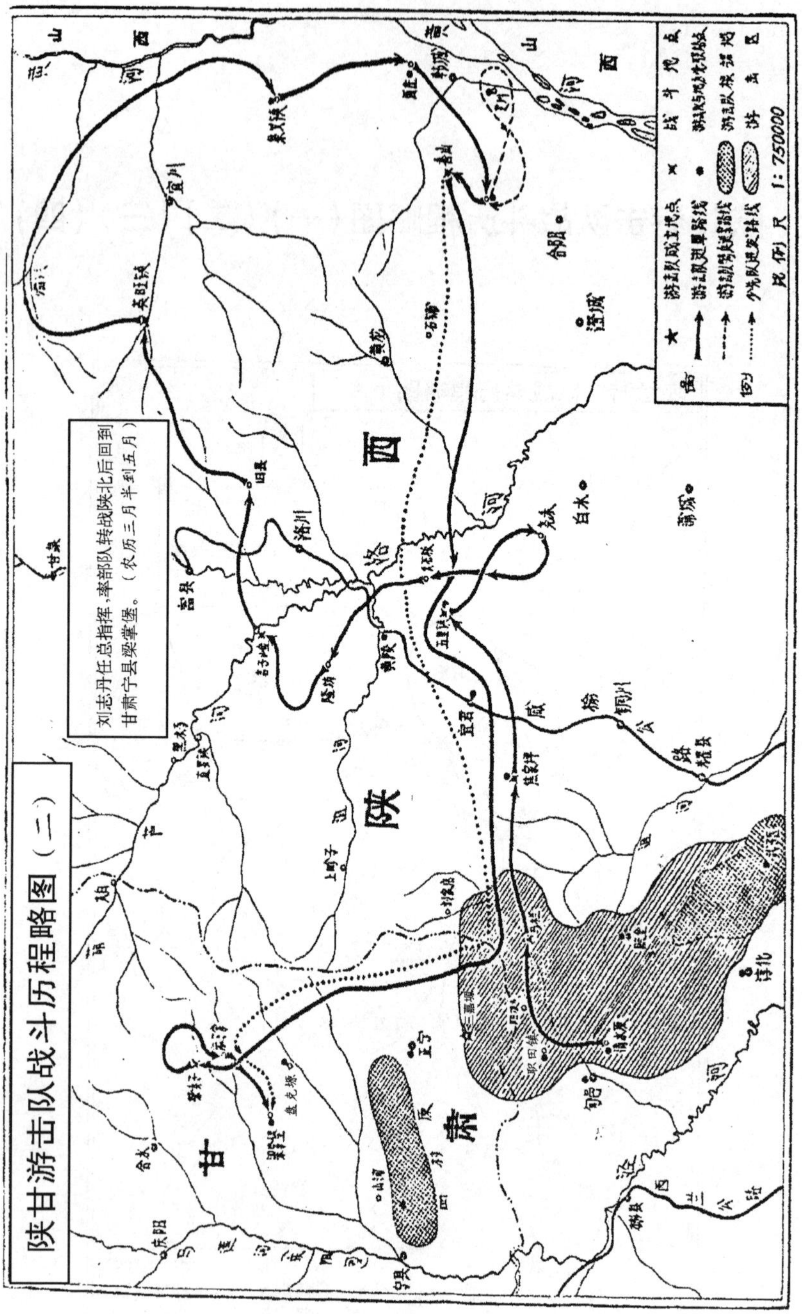
陕甘游击队战斗历程略图（二）
刘志丹任总指挥，率部队转战陕北后回到甘肃宁县梁掌堡。（农历三月半到五月）

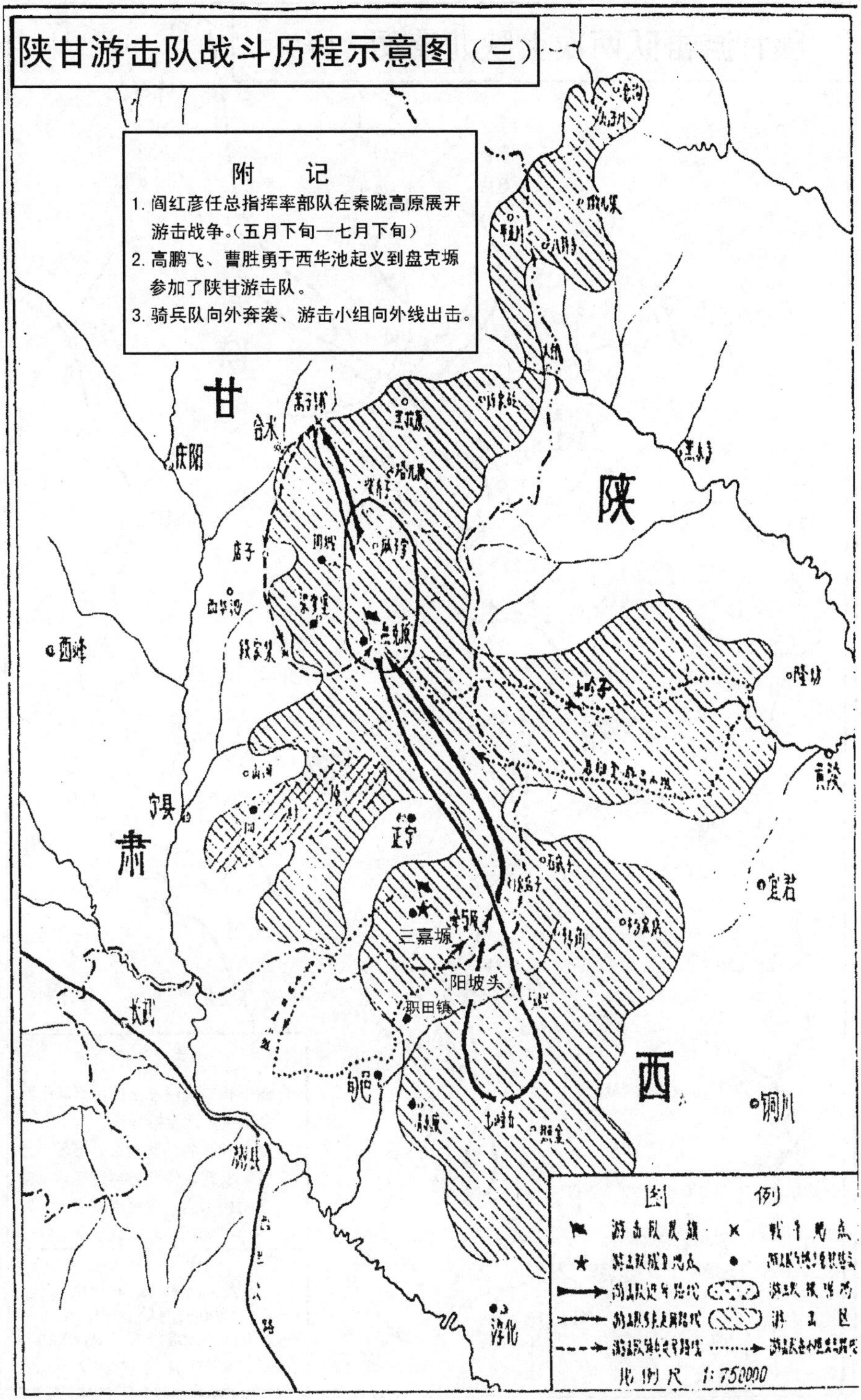
陕甘游击队战斗历程示意图（三）
附　记
1. 阎红彦任总指挥率部队在秦陇高原展开游击战争。（五月下旬—七月下旬）
2. 高鹏飞、曹胜勇于西华池起义到盘克塬参加了陕甘游击队。
3. 骑兵队向外奔袭、游击小组向外线出击。
甘
肃
陕
西
合水
庆阳
店子
西华池
西峰
宁县
正宁
三嘉塬
阳坡头
职田镇
旬邑
长武
淳化
宜君
铜川
图　例
游击队队旗
战斗地点
比例尺 1:750000

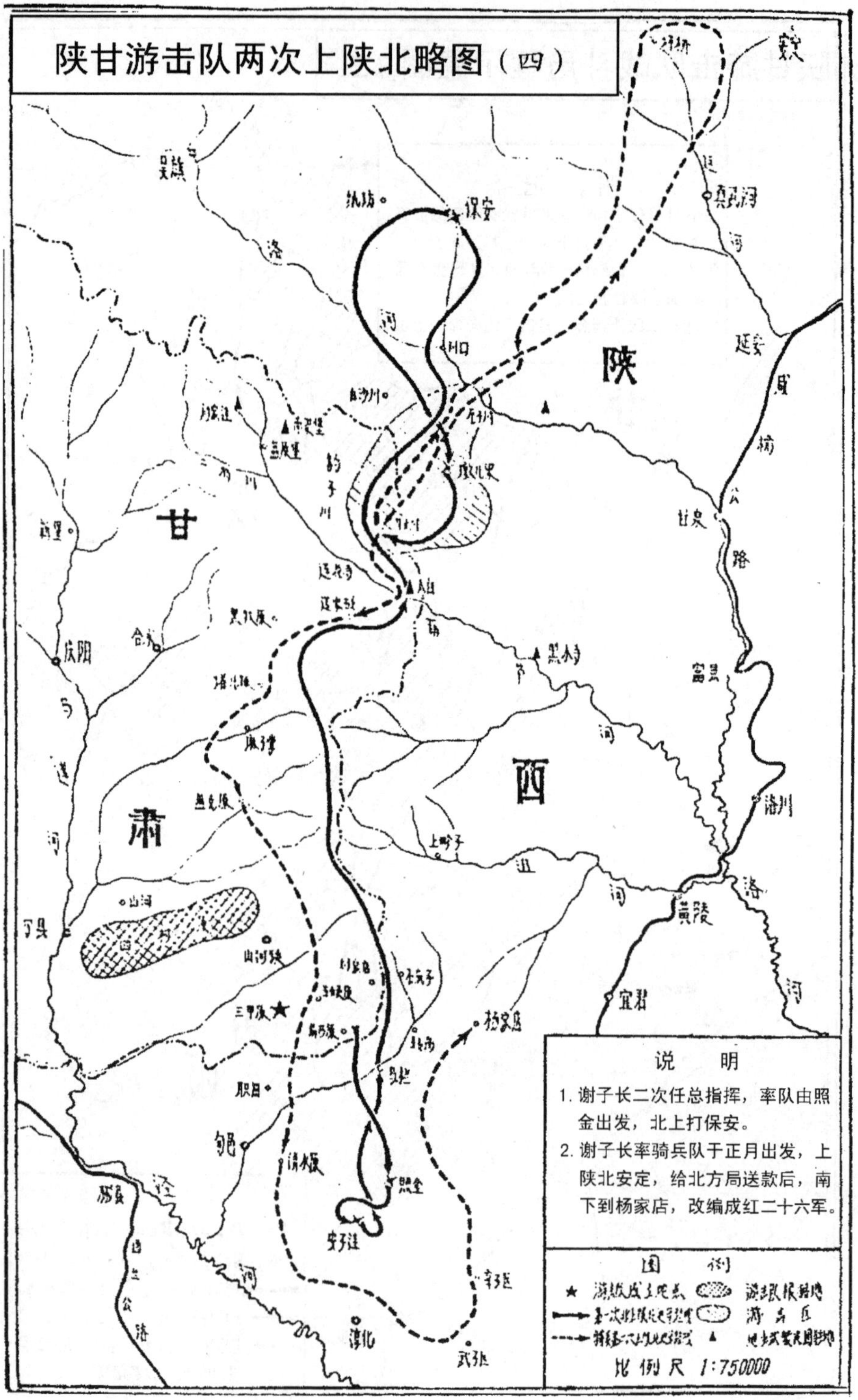
陕甘游击队两次上陕北略图（四）
保安
陕
甘
肃
西
庆阳
延安
甘泉
富县
洛川
黄陵
宜君
照金
杨家店
淳化
说　明
1. 谢子长二次任总指挥，率队由照金出发，北上打保安。
2. 谢子长率骑兵队于正月出发，上陕北安定，给北方局送款后，南下到杨家店，改编成红二十六军。
图　例
比例尺 1:750000

后 记

1978年4月，我帮助原甘肃省政协副主席雷恩均同志撰写回忆谢子长烈士的文章时，深为子长烈士的革命事迹和精神所感动，便产生了为子长写传的念头。心想，烈士当年为革命胜利献出了宝贵的生命，自己是个后来者，未赶上戎马倥偬的战争年代，鲜艳的五星红旗上没有我的鲜血，但是，自己有责任和义务将先烈的英雄业绩写出来。我生长和工作在这块印着子长烈士战斗足迹的土地上（陕甘宁边区的陇东革命老根据地），更是责无旁贷。于是，便下定决心写一本传记体的通俗读物《谢子长》。

从1978年开始收集资料，到1980年春节动笔，直到现在脱稿，前后经历了8个年头。这期间，我曾三次到陕北，去追寻子长当年的影子；多次到子长战斗过的南梁、林镇、太白、西坡、湫头、山河、三嘉等子午岭山区去寻觅子长当年的足迹；也曾到太原、兰州、西安、延安、北京去寻访子长当年的音讯；分别访问了子长烈士的夫人尤祥斋，儿子谢绍明，侄子谢绍宣、谢绍生、谢绍彦、谢绍旺，子长的入党介绍人白超然及熟悉子长烈士的王世泰、贺晋年、张秀山、刘景范、高锦纯、吴岱峰、蔡子伟、李赤然、杨和亭、马云泽、马佩勋、杨林、白占玉、刘明山、刘约三、徐锡龄、徐昌弟、刘光汉、李蕴生、沙增录、高兰英、史光书、李向春、杨丕胜、王殿斌、宋飞诸同志及当地许多群众，他们都提供了史料。

特别值得感谢的是：子长的老部下、1925年入党的陕北老红军雷恩均同志和1927年曾任中共安定特支书记的冯又新老先生（当时名冯景异）向我提供了大量史料。他俩不顾八十高龄，帮我订正了全稿。冯老先生还伏在子长县农村窑洞的煤油灯下，帮我撰写了数万字的材料。

尤祥斋、谢绍明、刘明山同志将自己撰写和保存的史料慷慨地提供给我使用，并帮助我审订了事实。

王世泰、贺晋年、吴岱峰同志认真地审阅了稿件，对写好此书提出了许多中肯的意见。贺老“七十学画”①的精神，对我写成此书更有直接的鼓励作用。

谢子长同志的入党介绍人白超然同志临终的前一周在病床上审听了有关章节。

甘肃人民出版社和甘肃政协文史办公室的同志及甘肃省原文联主席曲子贞同志、西北农学院马列教研室的张守宪同志、西北师范大学党史教研室的潘富盈同志、庆阳地委党史办的刘凤阁同志和秘书处的王富金同志，庆阳行署教育处的董清治等同志阅看初稿后，都提出了很好的意见。

此书在写作中，还参阅了《中共党史人物传》、《革命回忆录》、《李大钊传》、《甘肃党史资料》、《甘肃文史资料选辑》、《陕西文史资料选辑》、《宁夏文史资料选辑》、《山西文史资料选辑》、《新民主主义革命时期陕西大事记述》、《陕西地区党组织的建立》、《陕北革命根据地的创立和发展》、《革命英

---

① 解放军装甲兵原副司令员贺晋年将军，是陕北红军创建人之一，谢子长的老部下。他戎马一生，叱咤风云。1980年他年满70岁时，潜心字画，自称“七十后学”。尤以画竹为长，被誉称“将军竹”。黄镇同志曾对贺晋年同志说：“在解放军里，称得上画家又是将军的，可能就是你我两人吧。”1982年贺老赠本书作者一幅“墨竹”，“红梅”、“白梅”各一幅。作者以贺老“七十学画”的精神激励自己，边学边写，完成了《谢子长》一书的写作。

烈》等书籍资料和习仲勋、高克林、张秀山、阎揆要、黄罗斌、孙作宾、高郎亭、李树林、冯世光、王子庄、李瑞阳、白坚、崔田夫、王云、郑殿华、刘映胜、李锦峰、王儒林、王四海、呼震西、张家修、白盛英、阎红彦、李象九、史唯然等同志的回忆文章。

此书在写作过程中，得到子长的亲属及贺晋年、吴岱峰、王世泰、高锦纯、杨和亭等领导同志的大力支持和热情的鼓励；中共庆阳地委、陇南地委和甘肃省委党校也为作者提供了许多方便，给予了大力支持。这本书能够问世，是党组织和同志们热情帮助的结果，特别是老同志积极支持的结果。

在此，一并致谢。

本书力求真实，宁可实而无华。所写事实均有依据，且反复核实。但自己文学修养差，写得平淡无奇，欠形象生动。另外，这本书是业余时间，在几年内断断续续写作，且囿于资料限制，前后体例不尽一致，详略也不甚得当。从某种意义上说，仅是我8年来收集整理的关于子长烈士的一本史料。

愧于形丑，写好后一直未拿出。适逢今年2月21日，是子长逝世50周年，谨以此书作为我在陇东革命老根据地的子午岭山中采集的一束山花，敬献于子长烈士的墓前吧！

作 者

1985年2月于庆阳西峰

补　记

我的这本小册子没有多少分量，出世却不容易。

从收集资料到完稿，历时八载。这8年间的许多业余时间都被它占去了。我记得，1980、1981、1982年这三个春节，我就是在写稿中度过的。我爱人跟着抄稿子也熬过好多夜。

稿子写出来后，核对事实也费了不少的事。为了做到最大限度的真实，王世泰、贺晋年、吴岱峰、尤祥斋、谢绍明等老同志都耗费了心血。这部书稿，中国青年出版社曾列入《祖国丛书》准备出版，后却因故放下了。以后中共中央关于解决西北历史问题的文件下发后，这书才有了出版的可能。

去年，甘肃人民出版社前总编曹克己同志患癌住院期间，在病中看了书稿，在生命弥留之际表态说："这本书有史料价值，即使赔点钱，也值得出。"在曲子贞等几位老同志和政治理论编辑室几名年轻同志的努力下，本书今天得以问世，是应该感谢曹克己、曲子贞等诸位同志的，不幸的是，曹克己同志已于去年病逝了。

鼓励我写此书的雷恩均、白超然老同志也都未能看到此书，于出版前相继过世了。

现在，党中央重提继续发扬艰苦奋斗的革命传统，我这"红色的"又有了一席之地。特别是中顾委副主任薄一波等老同志为本书题词，我感到十分欣慰。我想，为中国革命献出生命的谢子长同志在九泉之下也会安息的。

人们是永远不会忘记为社会主义江山流血牺牲的革命烈士的！

1989年8月补记于陇南成县

再版后记

我的这本小册子，20年前写就，10年前出版。

这次再版，我就近10年新收集到的资料，主要是依据中央、省、市、县党史研究有关资料和谢子长同志当年的老部下和战友吴岱峰、王世泰、贺晋年等同志的回忆录，对书中记述的事实再次进行了核实。

这本书的生命力和价值在于真实。如果它能为读者真实地再现谢子长的一生，就是实现了我的愿望。

这次仅修改了个别地方。如国民党陕西绥靖公署悬赏通缉谢子长、刘志丹同志的赏价据吴岱峰同志记忆改为“3000元大洋”。又如陕北游击队总指挥部成立时的“300余名指战员”改为“200多名指战员”。

总之，再次核对的结果，改动不多。可见，事实还是经住了时间的考验。

这次再版，根据后收集到的资料，增补了《状告县长》（第一章　青少年时代）、《清算“立三路线”》（第四章　奔走陕甘宁）、《在南梁没立住脚》（第五章　创建西北红军　转战陕甘）、《战友加兄弟》（第八章　在最后的日子里）等5节。特别是第五章《创建西北红军　转战陕甘》和第七章《回陕北重整旗鼓》这两章增补了一些内容。因为这几年是子长一生中最辉煌的时期——为创建陕甘红军和陕北根据地历尽艰难困苦。不仅要战胜强大的敌人，而且还要遭受来自内部执行王明“左”倾路线的陕西省委杜衡等人的打击迫害。

西北红军和西北革命根据地是谢子长、刘志丹和许多革命老前辈，经过千辛万苦，流血牺牲而创建的。它给党中央和中央红军提供了长征的落脚点和抗日的出发点。毛泽东主席1945年在《“七大”工作方针》中指出：“有人说，陕北这地方不好，地瘠民贫。但是，我说，没有陕北那就不得下地。我说陕北是两点，一个落脚点，一个出发点。‘七大’在陕北开会，这是陕北人的光荣。”

陕北人的光荣，就来自谢子长、刘志丹等革命先烈的浴血奋斗。先烈的革命精神，激励着我们一代又一代的年轻人。我就是在这种精神培育下走过来的。而今，我已是快退休的人了。在新世纪现代化的征程上，时代不同了，但我认为这种革命精神，依然是需要的。

这就是为什么我要再版我的这本小册子的理由。

感谢全国政协副主席马文瑞同志，去世前在医院的病床上，为我写就了再版序言。

作　者

2004年7月1日

于兰州新华社甘肃分社

我的这本书再版付印时，支持关心它的许多老前辈都相继谢世了。马文瑞副主席在病床上给本书签署再版序言两个月后就仙逝了，贺晋年将军也在本书再版的几年前离开了人间。特别是给本书以很大支持帮助并作序的甘肃省首届文联主席曲子贞同志在10年前本书正付印时，还未看到本书就突然患脑溢血去世，令人十分悲痛。

老实说，我的这本书，也有曲老的心血和汗水。他是一位很值得尊敬的老革命。1938年，他毅然放弃到美国继承财产的优越生活条件，带着廖承志写给他的介绍信，从香港奔向延安，并于同年加入党组织，从事文艺工作。他在甘肃乃至全国都有着较大名气，是著名的文艺评论家、作家。

我仰慕他的学识、人品、为人，他是我的良师益友，我们是忘年交。在本书写作中，我多次求教于他。书稿完成后，他不顾年迈体衰，仔细地阅看了全稿，甚至连抄错的标点都改正了！并花费很大精力写了序，还推荐给了他的老友——甘肃人民出版社总编辑曹克己同志。现在，这两位老同志都作古10多年了。我的这本书再版，也是对他们的纪念。

2005年2月21日

子长逝世70周年纪念日又记

《谢子长》第三版后记

我的这本书，现在是第三版。书是30年前写成的。写了8年，核对审查了10年。最后，经薄老一波老前辈认可，题词“风范长存”，1993年8月，甘肃人民出版社出了第一版；2003年11月3日，全国政协副主席马文瑞提议并作序，2005年2月，由中国文史出版社以《民族英雄谢子长》为书名，出了第二版。这次，经中央党史研究室副主任高永中同志建议，由中共党史出版社第三次出版。

这30年间，我一直未停止对谢子长烈士革命事迹的收集与研究。真实地再现这位西北革命领袖的事迹风采，是我这一生的追求和义务。我将尽最大的努力，把这位被一代伟人毛泽东称为“虽死犹生”的“民族英雄”谢子长短暂而光辉的一生还原给人民。

这次再版，无大的改动，仅增加了新搜集到的谢子长1921年报考太原学兵团时写的《秦人在晋言志书》、陕甘游击队成立时的讲话及寺村塬革命委员会等其他一些史料。另外，对收入的民歌做了一点艺术加工。同时，对《陕甘著名革命英烈小传》作了增补，由31位增加到66位。

再次感谢使这本书能第三次面世的中央党史研究室的高永中同志和他的同事们。

这次，又请我的同事、老友，年逾古稀的新华社高级记者田恒江先生，对本书作了通盘校订。在此，一并致谢。

作　者

2014年8月11日 于兰州

新华社甘肃分社寓中

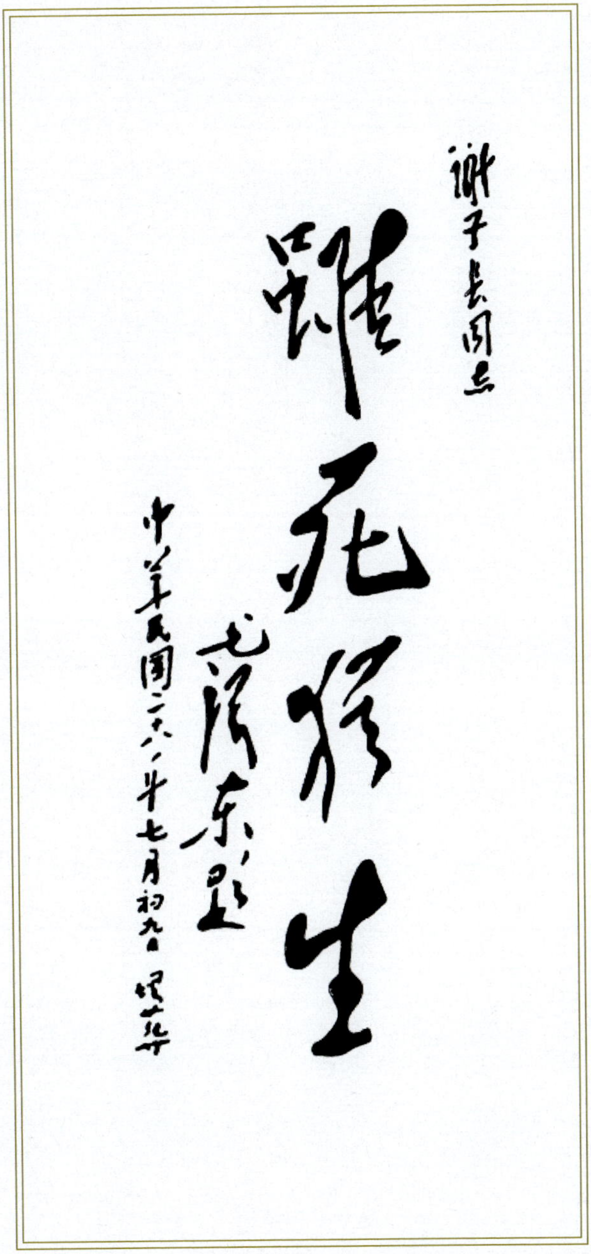

◎ 1939 年 7 月 9 日，毛泽东第二次为谢子长题词。

◎ 1939 年 6 月 23 日，毛泽东第一次为谢子长题词。

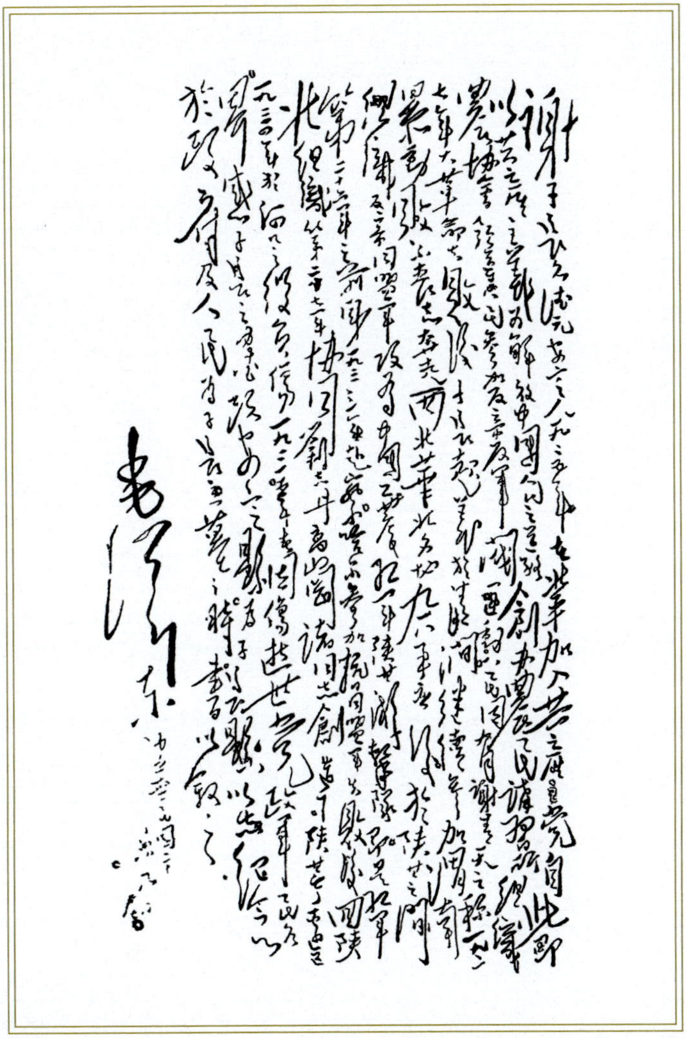

毛泽东主席为子长烈士写的碑文

谢子长名德元安定人一九二五年在北平加入共产党自此即以共产主义为解放中国人民之道路创农民讲习所组农协会领导人民参加反帝反军阀运动人民因有谢青天之称一九二七年大革命失败后子长起义于清涧继参加渭南暴动败不丧志奔走西北华北各地九一八事变后于陕甘之间组织反帝同盟军改为中国工农红军陕甘游击队即是红军第二十六军之前身一九三三年赴察哈尔参加抗日同盟军失败后回陕北组织第二十七军协同刘志丹高岗诸同志创造了陕甘宁边区一九三四年于河口之役负伤一九三五年春因伤逝世党政军民各界感子长之功德改安定县为子长县以志纪念于政府及人民为子长立墓之时书以序之

毛泽东题

中华民国二十八年七月初九日

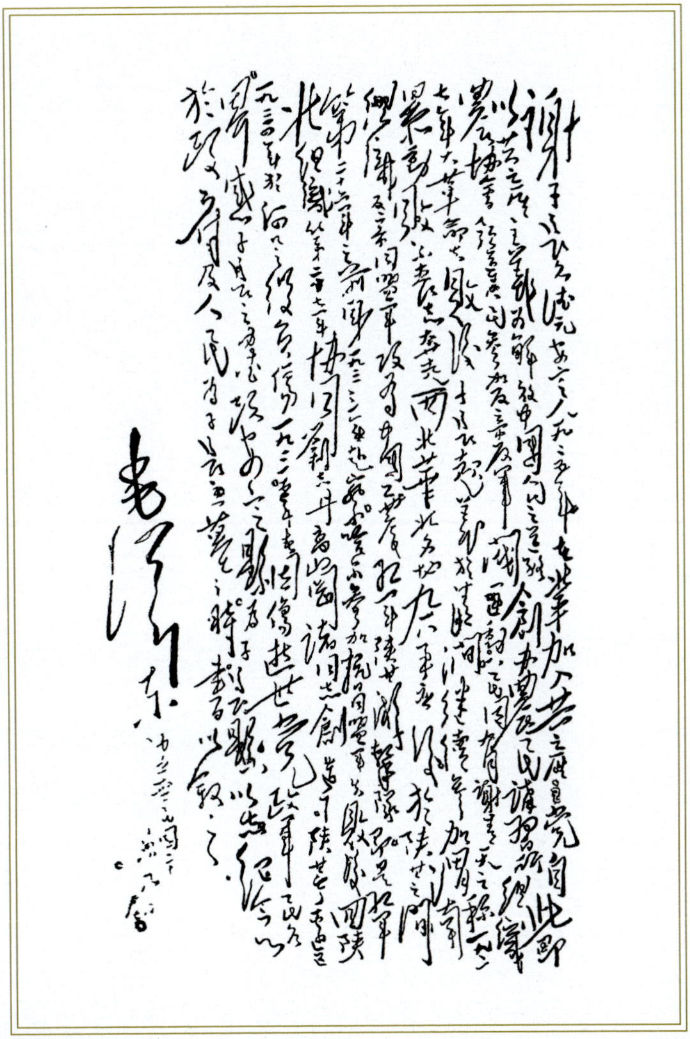

毛泽东主席为子长烈士写的碑文

谢子长名德元安定人一九二五年在北平加入共产党自此即以共产主义为解放中国人民之道路创农民讲习所组农协会领导人民参加反帝反军阀运动人民因有谢青天之称一九二七年大革命失败后子长起义于清涧继参加渭南暴动败不丧志奔走西北华北各地九一八事变后于陕甘之间组织反帝同盟军改为中国工农红军陕甘游击队即是红军第二十六军之前身一九三三年赴察哈尔参加抗日同盟军失败后回陕北组织第二十七军协同刘志丹高岗诸同志创造了陕甘宁边区一九三四年于河口之役负伤一九三五年春因伤逝世党政军民各界感子长之功德改安定县为子长县以志纪念于政府及人民为子长立墓之时书以序之

毛泽东题

中华民国二十八年七月初九日

◎ 1988 年 5 月 11 日，邓小平为谢子长烈士陵园题词。

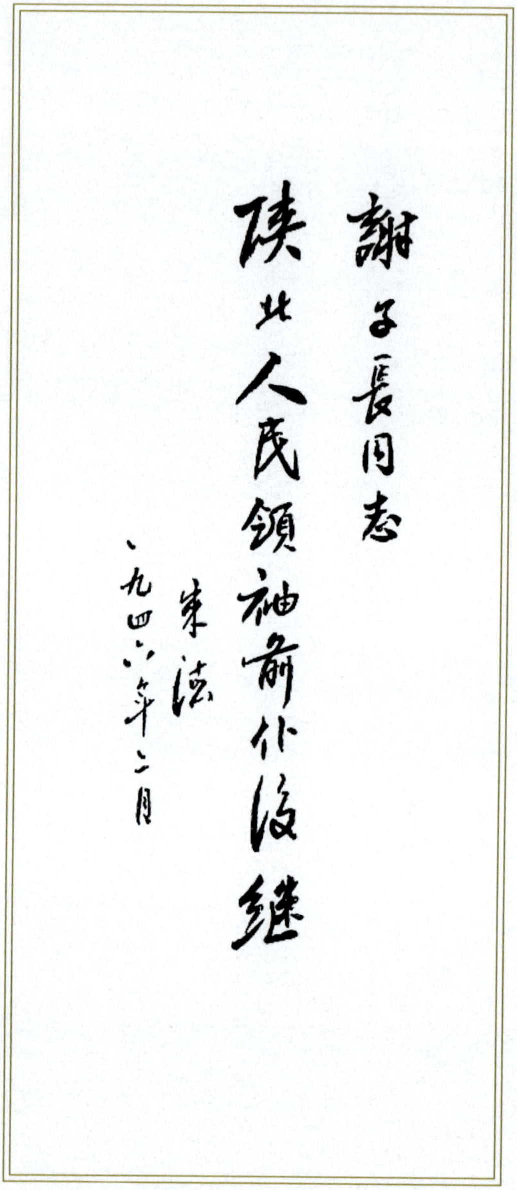

◎ 1946 年 2 月，朱德为谢子长题词。

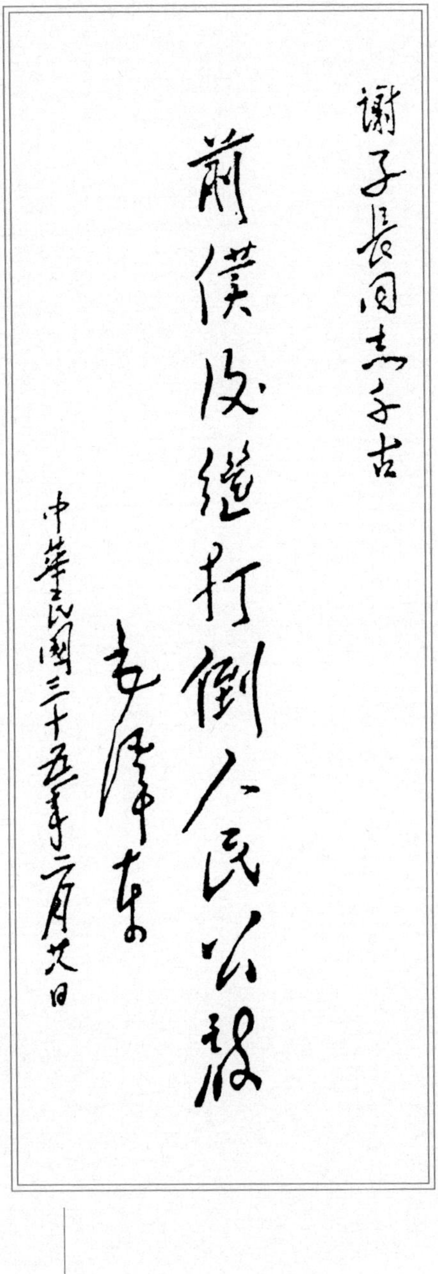

◎ 1946 年 2 月 28 日，毛泽东第三次为谢子长题词。

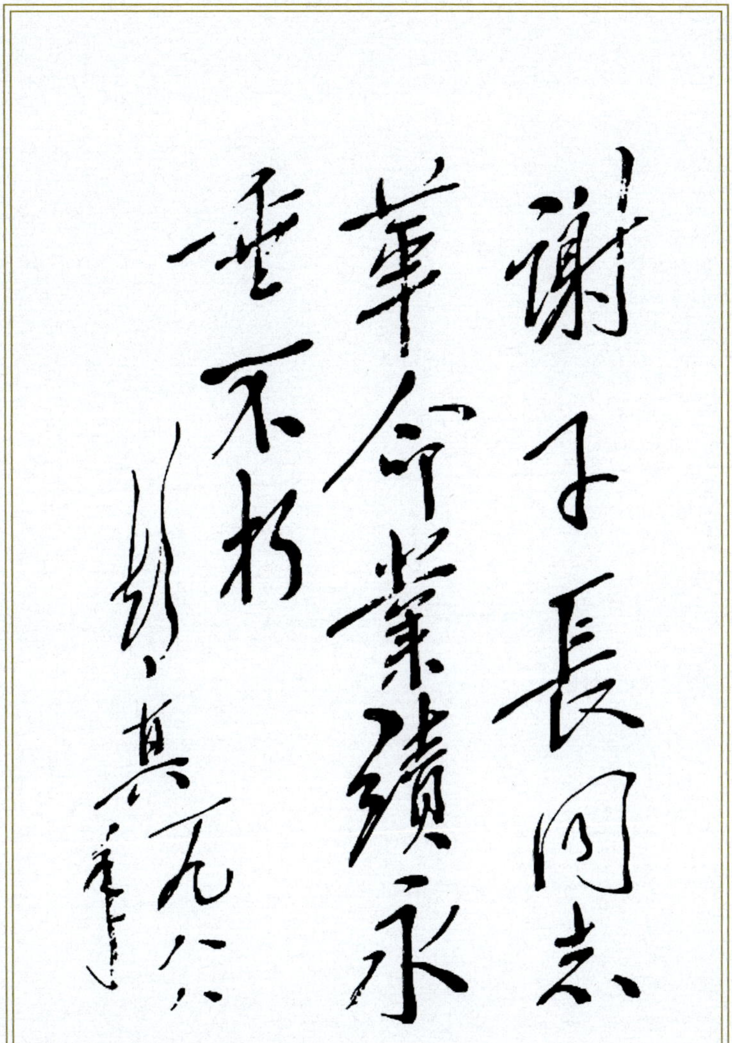

◎1988年，彭真（时任全国人大常委会委员长）为谢子长题词。

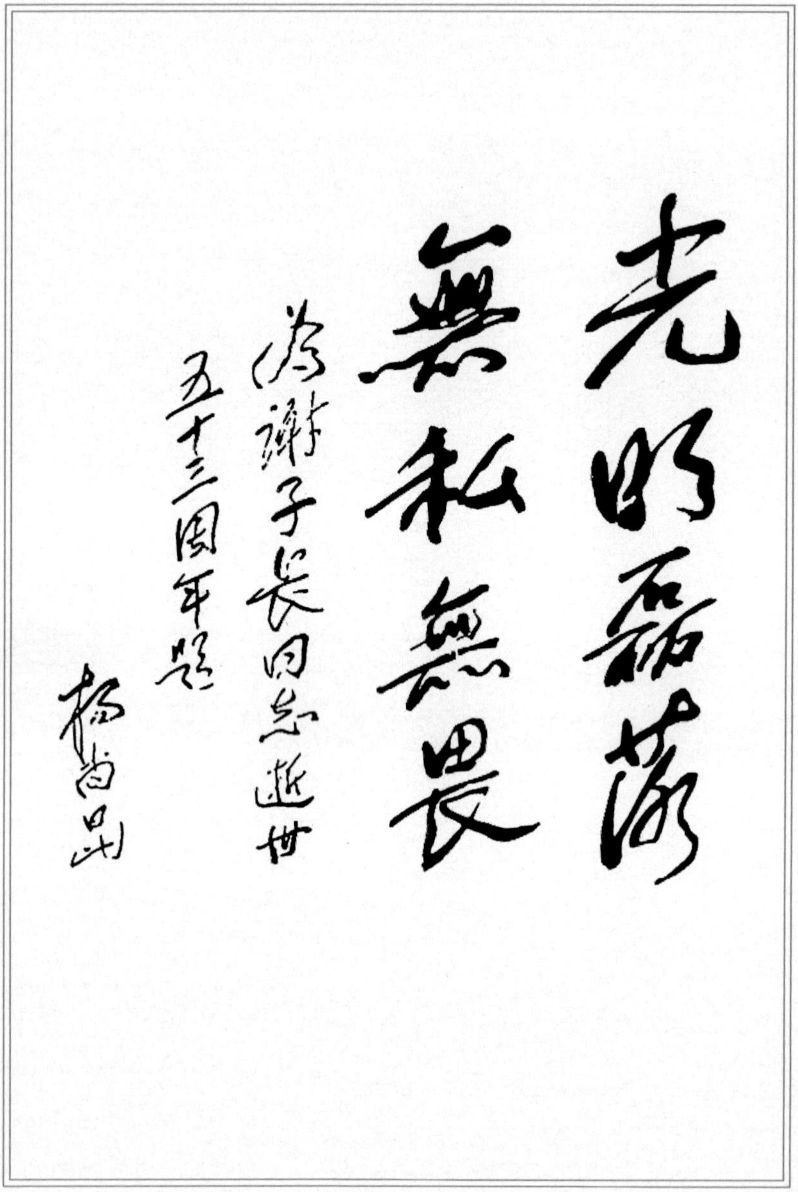

◎ 1988 年，杨尚昆（时任国家主席）为谢子长题词。

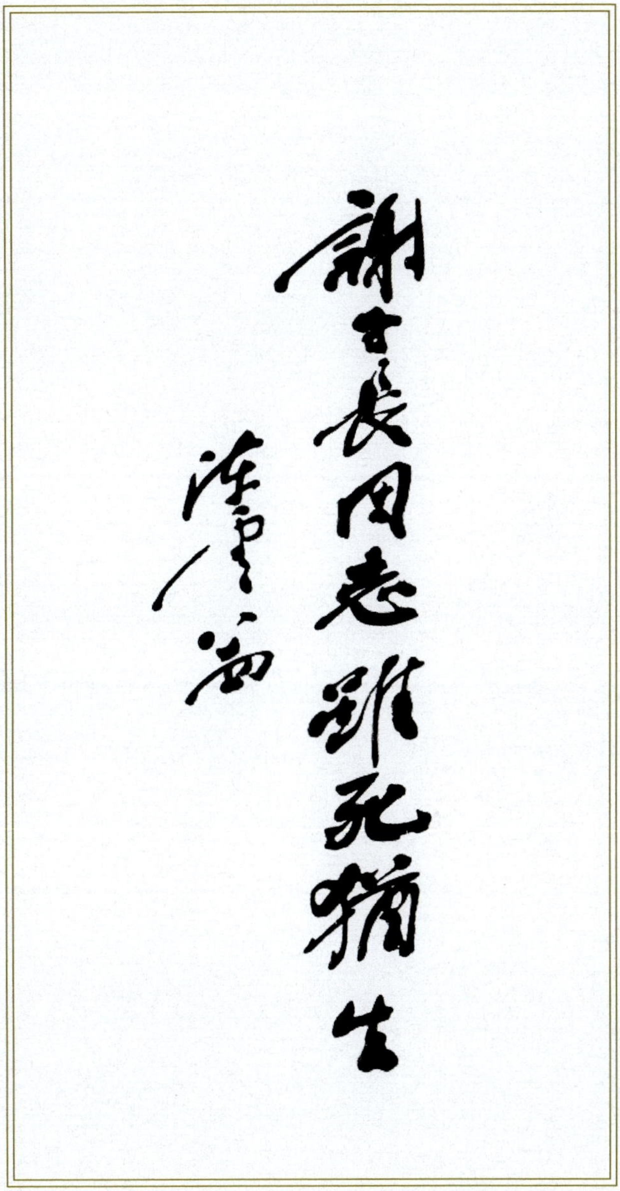

◎1988 年，陈云（原中顾委主任）为谢子长题词。

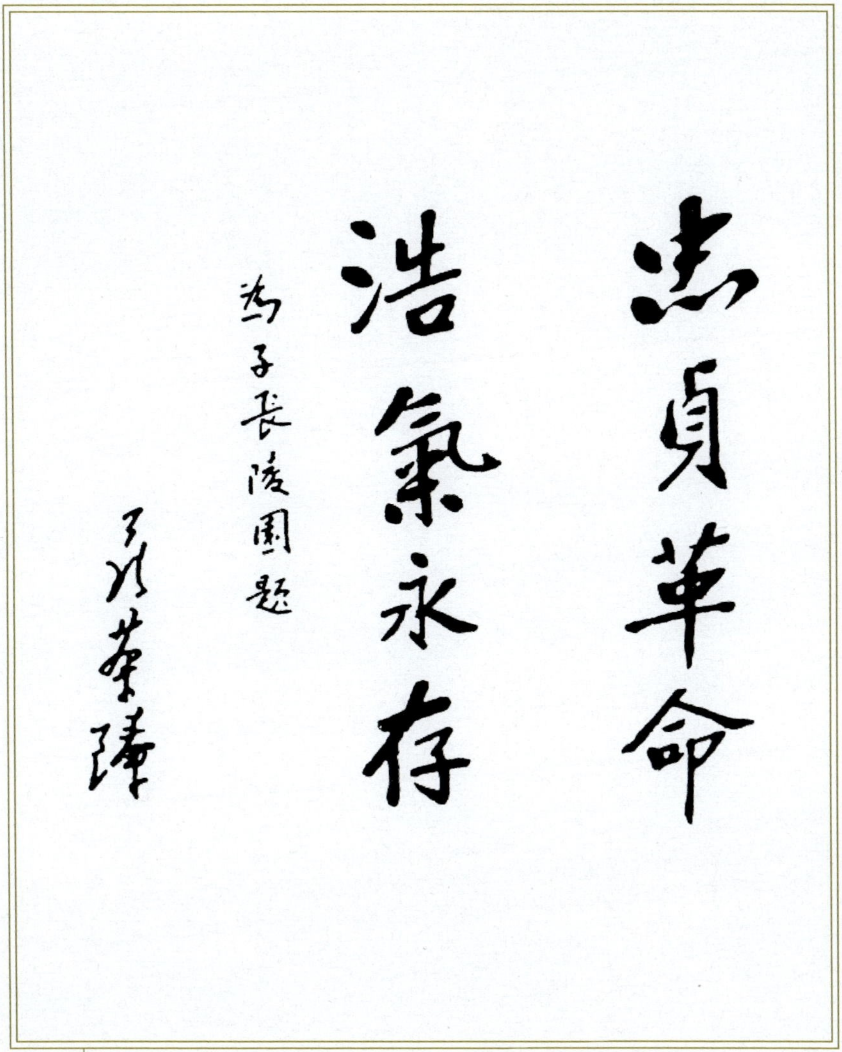

◎1988 年，聂荣臻（原中央军委副主席）为谢子长题词。

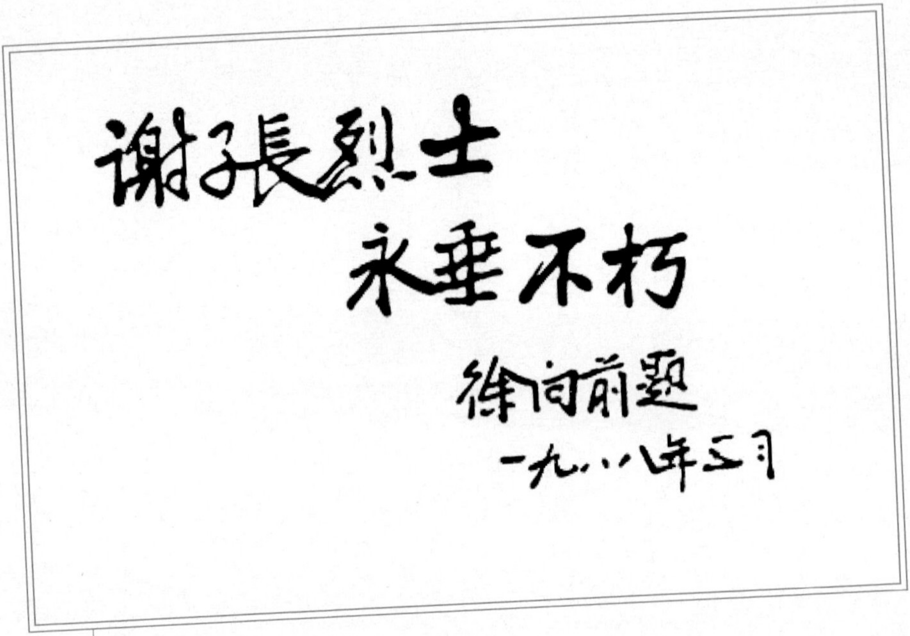

◎ 1988 年，徐向前（原中央军委副主席）为谢子长题词。

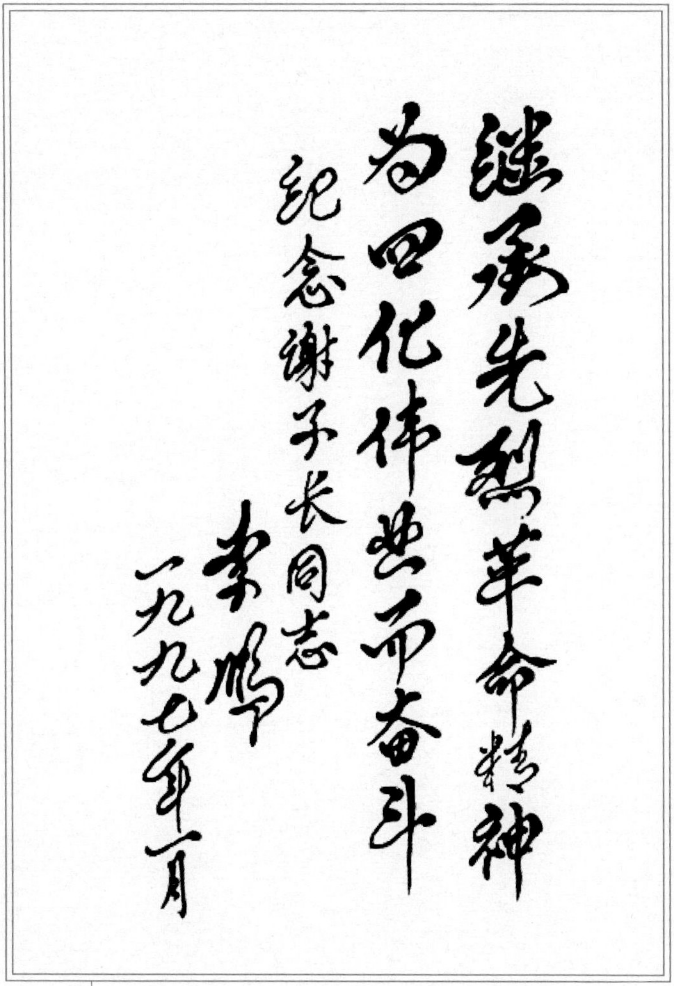
继承先烈革命精神
为四化伟业而奋斗
纪念谢子长同志
李鹏
一九九七年一月

◎ 1997 年 1 月，李鹏（时任国务院总理）为谢子长题词。

◎1988 年，肖劲光（原全国政协副主席）为谢子长题词。

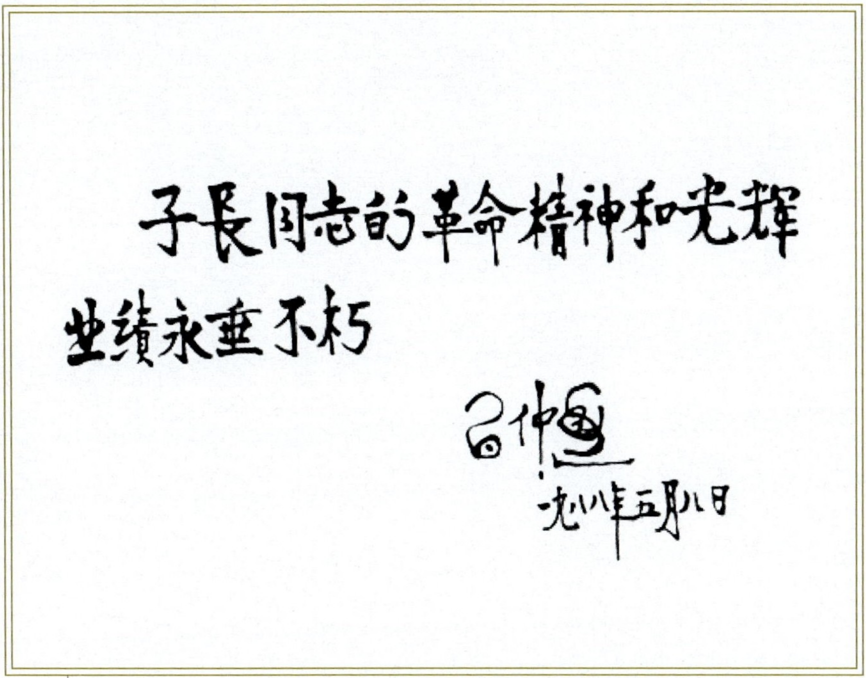

◎1988 年，习仲勋（原全国人大常委会副委员长）为谢子长题词、

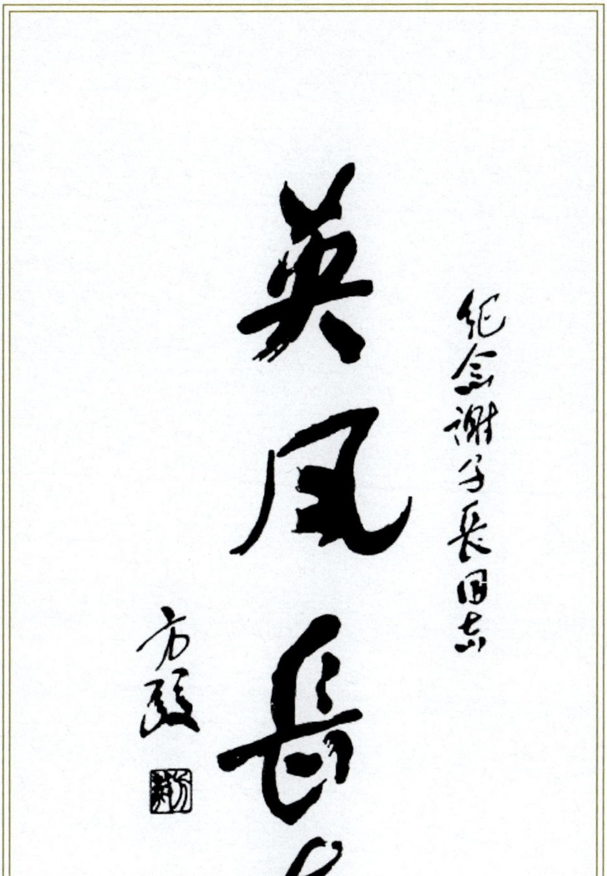

◎ 1988 年，方毅（原国务院副总理）为谢子长题词。

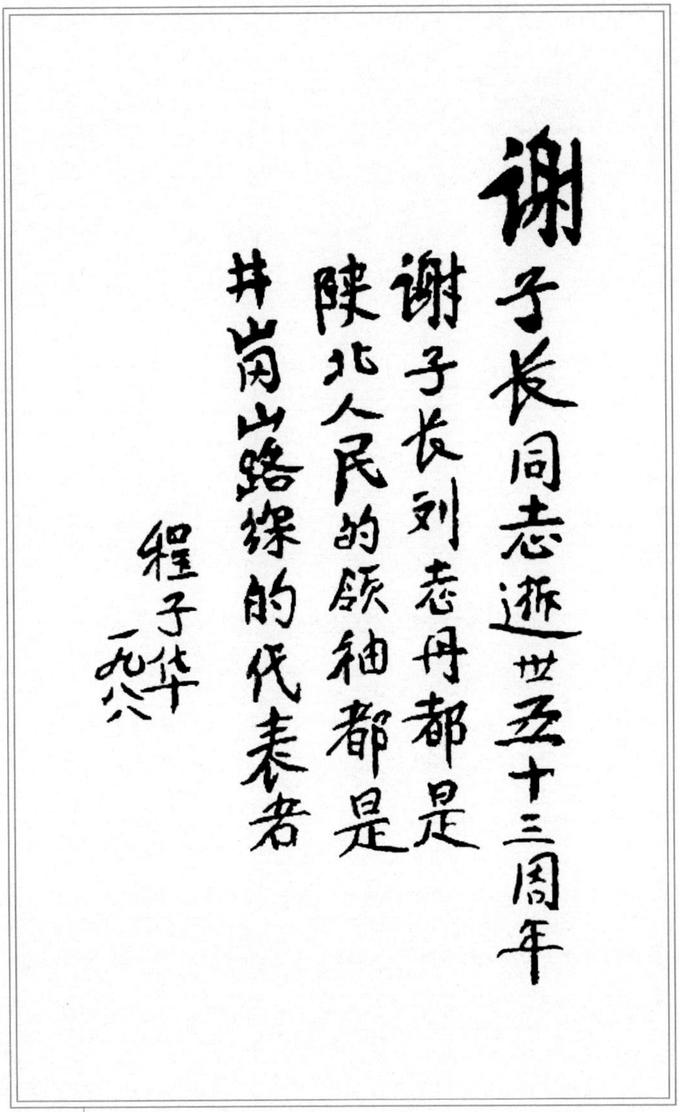

◎ 1988 年，程子华（原全国政协副主席）为谢子长题词。

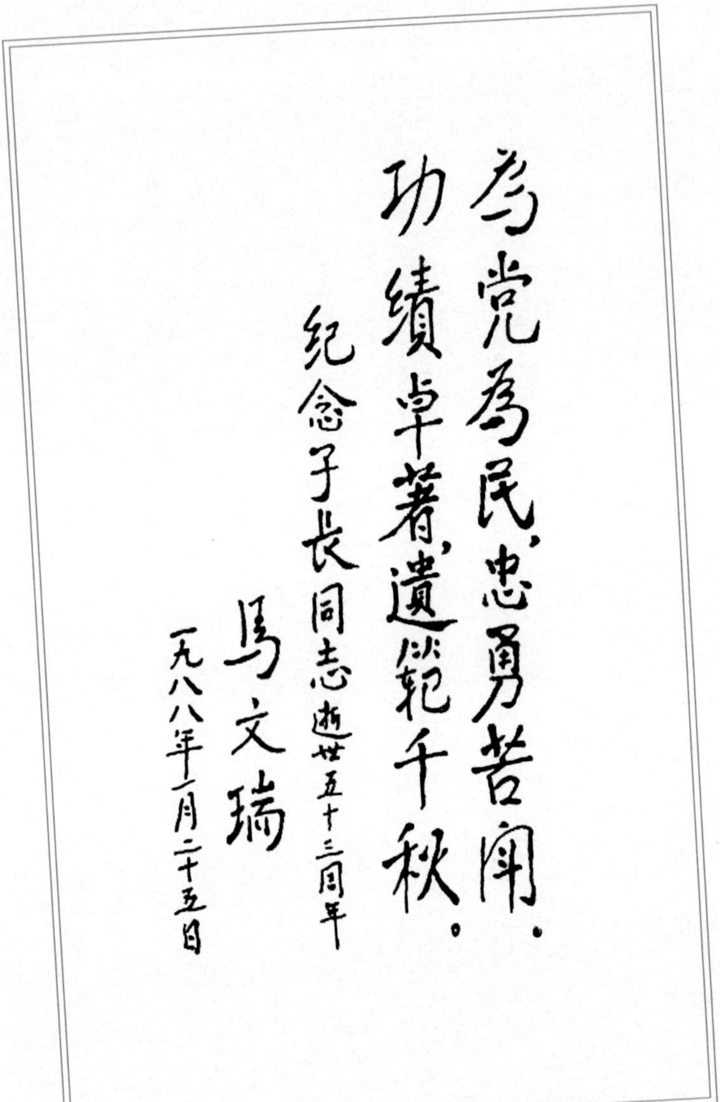

為党為民，忠勇昔聞。
功绩卓著，遺範千秋。
纪念子長同志逝世五十三周年
馬文瑞
一九八八年一月二十五日

◎ 1988 年，马文瑞（原全国政协副主席）为谢子长题词。

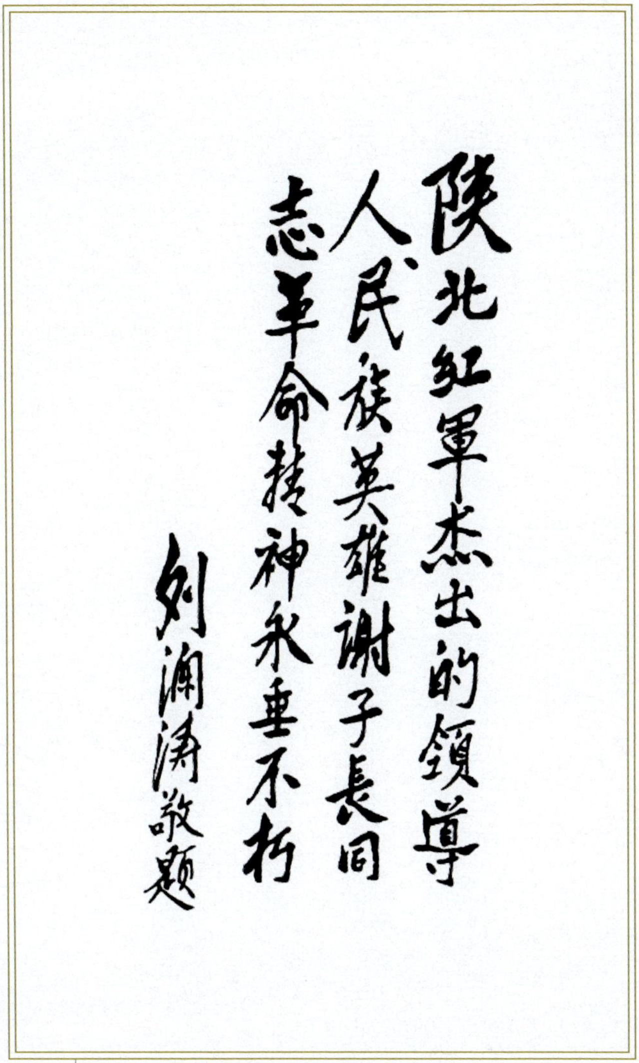
陝北紅軍傑出的領導
人、民族英雄謝子長同
志革命精神永垂不朽
劉瀾濤敬題

◎1988年，刘澜涛（原全国政协副主席）为谢子长题词。

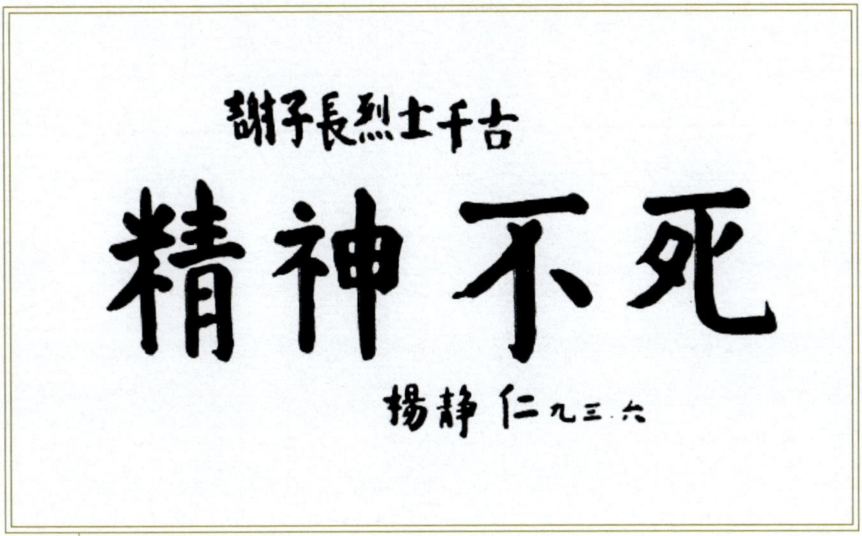

◎1993年，杨静仁（原全国政协副主席）为谢子长题词。

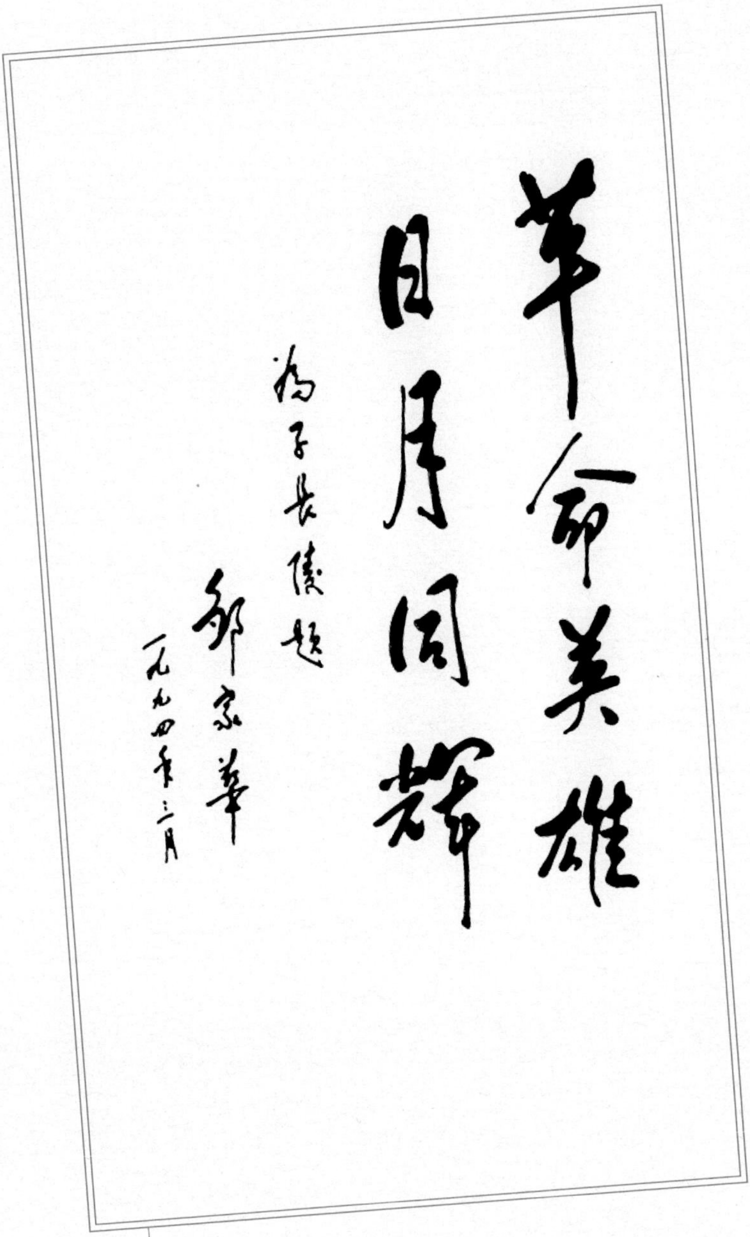

◎ 1994 年，邹家华（原国务院副总理）为谢子长题词。

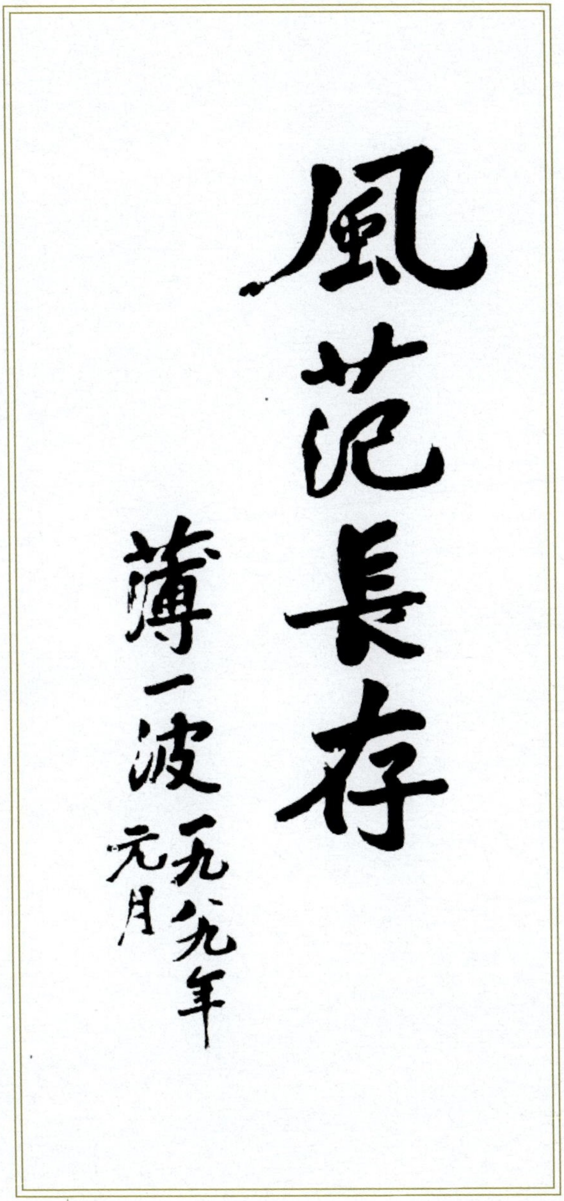

◎薄一波（原中顾委副主任）为《民族英雄谢子长》题词。